主　编　高　超

主　审　钟玉海

副主编　王劲松

编　者　（以姓氏笔画为序）

王劲松　　叶　俊　　代祥龙

刘志梅　　许晓燕　　李先进

李　茵　　余　靖　　贡媛媛

严　虹　　吴晓倩　　周孟平

胡道明　　胡吉芬　　贺应龙

施训斌　　高　超　　高灼荣

高梅梅　　钱红军　　贾小青

大学生素质教育十八讲

◇高 超 主编

人民出版社

正确认识自我　不断完善自我（代序）

王明方

　　认识自己是一个人真正开启自觉人生的起点，对一个人的修养、事业、人生都至关重要。在希腊中部帕尔那索斯山上的德尔斐有座历史很久远的阿波罗神庙，现在门楣上还可看见当年留下的神谕："人啊，认识你自己吧！"数千年来，穿越时空，一直给人以理性的昭示和警醒。相传古希腊大哲学家苏格拉底是希腊最富智慧的人，人们尊称他为"众师之师"，他就极为赞颂"人啊，认识你自己吧！"这一箴言，认为它蕴含着无限深奥、无比丰富的哲理，还将它引为自己的座右铭。我国古代哲人老子的"知人者智，自知者明。胜人者有力，自胜者强"，《论语》中的"吾日三省吾身"，同类内容的警句，也已成为世代格言。毛泽东同志也强调"人贵有自知之明"。为什么古代哲人和我们党的领袖都特别注重、强调认识自己？我以为，第一，认识自己是自觉人生的起点，也是修养的起点；第二，只有认识自己，才能处理好自己与他人、与社会、与自然的关系；第三，只有认识自己，才能找准位置，负起责任，发挥作用，实现价值；第四，只有认识自己，才能把握自己，保持良好的心态，调整好自己的状态。

　　知人很难，知事也难，知理更难，知己最难。认识自己是件复杂的事情，不仅有艰难性，甚至有痛苦性。我以为一个人似有六重自我：一是公开的自我，就是工作中的自我、生活中的自我、交往中的自我。这个自我自己知道，大家也都知道。二是背后的自我，背后的自我自己不知道，别人知道，非常坦诚的朋友可能会告诉你一些，但你难以全部知道。我们认识自己，往往就在这个自我上出现偏差，别人背后怎么看的，跟自己感觉的、跟自己当面听到的常常不一样。三是内部的自我，内部的自我大多数人不知道，自己知道，家人知道，身边的人知道。四是潜在的自我，潜在的自我自己不太清楚，别人也不易搞清楚，所以要注意看一个人的潜质，不能简单地用过去他干过什么来说明他今后只能干什么。五是主观的自我，就是内心世界的自我，包括自己的理想、信念、动机、目的、知识、能力，以及自我认知、自我判断、自己的努力等等。六是客观的自我，就是事实上发挥的作用，所做的事情，取得的成效。主观的自我与客观的自我永远是有差异的。可见认识自我是多么不容易。

2007 年，杨绛先生在她 96 岁高龄所著的《走到人生边上》一书中颇有感触地谈道："了解自己，不是容易。头脑里的智力是很狡猾的，会找出种种歪理来支持自身的私欲。得对自己毫无偏爱，像侦探侦察嫌疑犯那么窥伺自己。"这是老人家历经 96 载人生的深邃洞悉。要正确认识自我，真是要痛下苦心啊！正确地认识自我，必须真诚地听取他人的意见；必须经常进行自我反思和自我剖析，特别要看清楚自己的缺点、弱点和不足。千万不要把个别人当面的恭维和奉承当作全部的评价；千万不能盲目地自我欣赏，自我陶醉。这种状况，如稍不留神就可能出现，一定要警之、戒之。

认识自己的目的在于完善自己。克服自己的缺点、弱点和不足，往往要经历思想上的斗争，这种斗争有时也是十分激烈的。人生最大的战场就在自己的心中。我想，将前述阿波罗神庙上那句"人啊，认识你自己吧！"作为上联，把"人啊，把握你自己吧！"作为下联，将"灿烂心态"作为横批是颇有意义的。可谓，漫漫人生何所为，真谛就在把握中。

要在政治上把握好。就是立场要坚定，牢固树立中国特色社会主义共同信念，坚决拥护党的领导，大是大非不糊涂，大风大浪不摇摆。对自己政治上的把握是最重要、最基础的把握，政治上一旦出了问题，不仅影响事业，而且自毁前程。所以一定要善于从政治上观察问题、判断是非，眼睛里、脑子里都要装上政治的标尺，任何时候头脑都要十分清醒。

要在思想上把握好。就是一定要坚持与时俱进，思想常新，理想永存。要不断研究新情况，解决新问题，总结新经验，支持新事物，坚持不懈地追求真理、探索规律,努力使自己的认识跟上不断变化的客观实际,保持思想旺盛的生机和活力,永不自满,永不僵化,永不懈怠,永不停滞。

要在名利上把握好。就是一定不能看重名利,不能妄为名利。名利这东西,如不能妥为把握,最能折磨人的精神、损耗人的心智,让人六神无主、心力交瘁。千万不能"财"迷心窍,那样会"利"令智昏,做出蠢事,甚至会酿成悲剧。

要在情绪上把握好。就是要努力做到保持平和宁静与积极主动相统一。现代社会节奏快,变化快,浮躁的东西比较多,诱惑比较多,人们承受的压力比较大。在这样的环境中,一定要注意调整好自己,保持平和宁静、处之泰然、充满激情、奋发进取的心态,否则,干事就沉不下去,学习就钻不进去,思考也深不进去,灵感难以产生,创造难以实现,工作也难以大进。《管子·内业》一书中有句话,"静则得之,躁则失之"。意思是说,宁静方能得道,急躁、浮躁、焦躁就会失其道。修身之本在于安心,不安心、不凝神,就难以修身,这是古人的人生智慧,也是我们加强修养的基本要领。

要在言论上把握好。就是要言之以理、言之以情、言之以实、言之以当。言为心声,言论是心态最经常、最生动的表现。要努力透过平和诚恳的言谈,给人以温暖,给人以信心,给人以春雨润物般积极正面的引导。有些时候,一句不负责任的话,不仅会挫伤同志的信心,疏远同志的感情,影响团队的和谐,也有损自己的身份,所以一定要注意把握好。

要在行为上把握好。就是不论大事小情,都要行不失身份,为不损品格。慎于行,不仅要清醒地把握好自己每一个具体的行为,而且要自觉做到慎独慎微,当面背后一个样,明里暗里一个样,勿以善小而不为,勿以恶小而为之,始终一身正气,坦坦荡荡。当年大庆人的"三老四严"精神,即"对待革命事业,要当老实人,说老实话,办老实事;对待革命工作,要有严格的要求,严密的组织,严肃的态度,严明的纪律。"我看在改革开放的今天,仍然值得大力提倡。

(作者系中共安徽省委副书记)

中共安徽省委委员、卫生厅党组书记、
厅长高开焰同志点评

　　欣见《大学生素质教育十八讲》书稿,深感教育工作者,不仅在实践素质教育,且余暇仍在思考如何进行素质教育。此书是理论与实践结合的产物。作为医科学生教育当以德育为先,厚德载物,笃学洁行,树"爱众亲仁"之品德,行"救死扶伤"之职责。愿安徽医专为人民健康事业培养出更多高素质应用型人才。

二○一○年三月

中共安徽省委教育工委书记、
教育厅长程艺同志点评

　　大学生的素质取决于"全面"与"质量"。对大学生开展素质教育,是高校的责任与使命。该书从多个侧面去教育引导大学生,提高自身的素质,促进全面发展,无疑将会起到潜移默化的作用。愿当代的大学生知识素质与时俱进,学习生活充满阳光!

二〇一〇年三月

目　录

第一讲　读书可明事理　诚信铸就真人

　　大学，是"囊括大典，网罗众家"的学府。当代大学是公开追求真理的场所，传授知识的殿堂，教育新人成长的摇篮，学术碰撞勃发的世界。人生能接受高等教育既是儿时的梦想和期盼，更是深造自己的熔炉和过程。但是，大学生活是短暂的，要使自己在短短几年的时间里学有所长、学有所专，成为合格的建设者和可靠的接班人，尤其为自己今后可持续的发展奠定"全面"和"质量"两个方面的基础，就需把读书作为大学的重要生活。

　　2009年4月，温家宝总理在国家图书馆与读者交流时说："读书决定一个人的修养和境界，关系一个民族的素质和力量，影响一个国家的前途和命运。"全国人大常务委员、民进中央副主席、中国教育学会副会长朱永新说："一个民族的精神，一个民族未来的发展，在很大程度上取决于这个民族对阅读的热爱程度，因为一个人的精神发展史就是一个人的阅读史，一个人的气质和社会责任感，在很大程度上取决这个人是不是能认真读书。"在大学里读书，加惠于我们的不仅是知识的增加和阅历的广泛，而且还在于精神的感化和陶冶。知识滋养着我们的思想生活，也改变提升着我们对人生问题的看法和态度，影响着我们的言行举止，从而可以根本上改变我们人生的轨迹和命运。子路原是个鄙野粗人、一介武夫，孔子开导子路读书，使这棵"南山竹子"安上了羽毛，磨利了箭头，终于成为"一支利箭"，一个历史上以"政事"闻名的"贤人"。

　　读书，首先要解决目的问题。有的人读书是为了提高自己的学历学位层次；有的人是为了获得一项专家学者的职称桂冠；有的人是为了跨过就业或官阶的门槛……在市场经济大潮中，人们要生存，要发展，离不开必要的物质条件，完全割裂读书与名利的关系是不现实的。但仅仅为了追逐名利而读书未免太狭隘了，应该与时俱进地新解"读读读，书中自有黄金屋，书中自有千锺粟，书中自有颜如玉"。读书的目的是为了使广大人民都能够住上"黄金别墅"，过上"小康生活"，都有一副健康的体魄与容颜；做一个有益于国家、有益于社会的人，在更好地为人民服务中实现自己的人生价值。绝不能像报端披露的湖南某教师所散布的读书的目的是"挣大钱，娶美女"。"问渠哪得清如许？为有源头活水来。"只有树立了正确的读书目的和奋斗目标，读书学习起来才会知难而进、锲而不舍，才能学到真本领，才能将学习的成果转化为生产力，也才能成就一番事业，造福于社会。

其次，要解决读懂的问题。俄国一位剧作家把读书分为三种，一种是读而不懂，一种是又读又懂，另一种是读而懂得书上没有的东西。我认为，这也是读懂书的过程。一开始，可能似懂非懂，继而懂得更多、更深。读书十遍，其义自见。这里有反复理解、温故知新的升华过程，最后读出言外之意，收获更大。

美国作家莫提默·J.艾德勒等提出的观点值得借鉴。他认为要读懂一本书，就必须对自己提出以下四个问题，一是这本书到底在谈些什么？你一定要想办法找出这本书的主题，作者如何依次发展这个主题，如何逐步从核心主题分解出从属的关键议题来。二是作者说了什么，怎么说的？你一定要想办法找出主要的想法、声明与论点。这些组合成作者想要传达的特殊信息。三是这本书说得有道理吗？是全部有道理，还是部分有道理？四是这本书跟自己有什么关系？如果这本书给了你一些资讯，你一定要问问这些资讯有什么意义。为什么这位作者会认为知道这件事很重要？你真的有必要去了解吗？如果这本书不只提供了资讯，还启发了你，就更有必要找出其他相关的、更深的含义或建议，以获得更多的启示。[①] 就这四个问题而言，我们在看书时需做到"四到"，即眼到、口到、手到、心到。眼到，就是要

---

① [美]莫提默·J.艾德勒、查尔斯·范多伦：《如何阅读一本书》，商务印书馆2004年版。

看得仔细、真切,而不是一目十行,浮光掠影;口到,指的是有些优美的语言要反复诵读以增强记忆与理解,这对自己讲话或写文章能朗朗上口、顺理成章大有裨益;手到,就是对重要文字做记号,甚至写读书笔记,以帮助我们消化和吸收;心到,就是专心致志,认真思考。"读书而不思考,等于吃饭而不消化。"唯有认真思考,相互启发,才能在不同书籍的阅读中,察觉其中内在的一致之处,才能触类旁通,举一反三,有所创造。比如,学习物理学的压强公式 $P=F/S$(P 表示压强,F 表示压力,S 表示受力面积)时,受启发可以联想到解决心理压力的方法,即我们平时的工作、学习、生活也有不同程度的压力,它也可能存在难以量化的公式:压力=负载/能力。当你提高能力,卸下不必要的负载,你的压力就会减轻;反之,你的压力就会加大。

第三,要解决运用的问题。美国一位政治家曾说过:"读书而不能运用,则所读书等于废纸"。所谓"读万卷书,行万里路",一是指求知;二是指实践。即积极进取,不懈追求,不断学习,不断实践。唯有如此,方能使有限人生取得最大值的进步和成熟。人类社会也正是凭借这自强不息的努力而不断向上、进化,提升到新的高度。古今中外凡是创造伟大成果者,都是善读书、勤思考、重实践和运用的。毛泽东同志就是读书运用的典范。他一生酷爱读书,把卧床当书床,昼夜与书为伍,他"学习的目的全在于应用",他结合中国实际,用马列主义原理指导中国革命实践,使无产阶级革命事业从一个胜利走向另一个胜利。牛顿从苹果落地发现了万有引力,虽然显得偶然,其实是读书运用的必然;爱因斯坦经过 10 年边读书思考边实践探索,打破了人们对牛顿绝对时空观的固有认知,建立了狭义相对论的时空观,是读书学习成果的转化。这些实例,真切地告诉我们,学会运用是一种更重要的读书,千万不能把自己读成书呆子,不要"死读书,读死书,读书死",而要"活读书,读活书,读书活"。学以致用、学为所用,将学到的知识、得到的真知灼见,自觉地运用到生活和工作中去,我们就会深切地感受到读书学习给生命带来的活力。

第四,要解决读书"面"的问题。世间的书浩如烟海,而人的一生是短暂的,我们在短短几十年的生命历程中,不可能读完所有的书,尤其是在大学的时光里。虽说开卷有益,但不是读所有的书都有益。有的书就像不能喝的"三鹿奶粉",内容拼拼凑凑,粗制滥造,以讹传讹,误导甚至毒害广大读者,要坚决抵制;有的读之味同嚼蜡,食之无味,只能丢掉。古人说:书犹药也。好书是医愚的良药,是净化人的心灵、助人成才、催人奋进的良药。坏书则毫无疑问是侵害人灵魂的毒药。这就要求我们要有选择地读书,正如温家宝总理所阐明的"读那些有闪光思想和高贵语言的书,读那些经过时代淘汰而巍然独存下来的书"。

培根说:"读史使人明智,读诗使人灵秀,演算使人精密,哲学使人深刻,伦理学使人庄重,逻辑修辞之学使人善辩。""读书破万卷,下笔如有神。"这些话从概念上道出了博览群书对一个人可能产生的有益影响。大量阅读各种门类的好书,无疑是启人心智、明了做人道理的最有效途径之一。俗话说:"地基打得越宽广,楼房才能盖得越高大。"现实生活中我们可以看到,读书面广的人士,大多胸襟开阔、眼光远大,遇事主意对、办法多,无论做工、务农、从政、经商还是治学,取得成绩的概率明显比较高。因此大学生在大学期间,要多读经典著作。因为经典著作是人类经验智慧的集中体现,对于增长知识、陶冶情操很重要。要多读专业性和实用性的书。因为大学生将来要成为社会高素质技能型或研究型专业人才,大学期间在这方面花费的时间要多一些,但也要精选,不可乱读。还要多读权威性的报刊,以了解和吸收最新最高的科研成果。世界已经进入了一个人类知识趋向新的综合,触类旁通、边缘突破等现象越发普遍的时期,这就要求我们大学生更要抓紧一生中最好的时光博览群书,打下广博坚实的知识底子,迎接新时代的挑战。

这里,还有一个读书的态度问题。可能有人认为,读书的态度只是兴趣问题,其实不然。读书是自得其乐,且乐于其中的生活。但,读书又是难的,"书山有路勤为径,学海无涯苦作舟"。因此,端正读书的态度,是当代大学生亟需要解决的问题,大学生要学会"把生活中寂寞的晨光换成巨大的享受",当以严肃、认真的态度,扎实地钻研学问,诚心地热爱读书这一活动。

"书到用时方恨少"告诫我们,何必待到在实际运用中,才领悟到知识的贫乏,懊悔当初,莫若早作知识的储备,多一些知识的积累,少一些遗憾。既然知识对解决实际问题至关重要,就要使自己养成"读书习惯",以习惯为根基,就会觉得读书有乐趣。要培养自己的"三味":"读经味如稻粱,读史味如肴馔,读诸子百家味如醯醢。"把读书作为日常生活中的佳肴美味、所必需的精神食粮,就会产生一种学习动力、一种学习的欲望,从而自觉、主动、持续终身地去读书。被誉为"美国头号读者"之一的莉莎在人世间活了29864天(近82岁),总共读过38237本书,平均每天约读1本多书。如今她人虽然去世了,但爱读书、真读书、勤读书的佳话传遍了全球,其精神也值得我们学习。著名科学家钱三强就曾说过:"知识,主要是靠主动'抓'出来的,不是靠'教'出来的。"大学生获得知识营养的渠道和条件比较多,其中,图书馆是个好去处。要勤"跑"图书馆,少逛大街;勤"蹲"图书馆,少去闲聊;勤"泡"图书馆,少泡网吧,这样才能"抓"到丰富的知识。

古人早就说过:"读书以明理为要"。明理,就是明了宇宙与人生世相的真理。读书在于明理,是追求知识的过程,也是探求真理的过程。读书是同作者进行思想交流的过程,读本好书,就是与智者进行思想和灵魂的对话,要吸取其思想和方法,悟出其中的道理。我们读日月经天、江河行地之书了解自然之理;读达尔文的《进化论》明了变易之理;读哲学书籍明白辩证之理;读数学的"黄金分割"领略数字与美关系之理;读孟郊《游子吟》"谁言寸草心,报得三春晖"感受到亲情之理;读文天祥的《过零丁洋》"人生自古谁无死,留取丹心照汗青"学习到忠诚爱国之理;读范仲淹的《岳阳楼记》"先天下之忧而忧,后天下之乐而乐"感受到责任之理;读王之涣的《登鹳雀楼》"欲穷千里目,更上一层楼"悟出"无限风光在险峰"之理。

明理的过程,不仅在于知识的掌握、认识和觉悟的提高,更重要的是规范自己言行,是实践、创新。从古人"智圆行方"的人生哲学里学到为人处世之道:凡事都在圆中预,方中立,这是古人谋事的原则。孟子说:"规矩,方圆之至也。"人生的方圆同样是终生研究不完的大学问。所谓"胆欲大而心欲小,智欲圆而行欲方。"方是规矩,是准则,是框架。圆是广博,是宽厚,是大智若愚,不是圆滑世故。我们做人治事,都要圆内有方,方中有圆,方圆有度。做事要方,就是说做事要遵循规矩,遵循法则,讲究原则和立场;方中有圆,在循规蹈矩中遇到难题和问题,也要讲究方式方法,要在大事面前讲原则,不糊涂;在小事方面讲风格,不计较。凡事只要内心走圆,清净明志,心胸坦荡,淡泊名利,该坚持的坚持,该放弃的放弃,就会方圆得当而有度。我们在欣赏毕加索的名画《和谐》(画面为鱼在鸟笼里,鸟在鱼缸里)时,也不仅仅只是感官的享受和对艺术的赞叹,从中也能悟到一些道理:原本和谐的,不要人为地去破坏它(鱼就应该在水里游,鸟就应该在天空飞,这是自然现象);和谐可以产生丰富的想象力、凝聚力和创造力(鱼可以游到鸟笼中,鸟也可以飞到鱼缸里);和谐是要有条件的(鱼在鸟笼但它不能离开活水,鸟在鱼缸,但它不能离开天空)。这对我们建设和谐社会也有借鉴之处。

作为新时期的大学生,要通过读书,在掌握科学理论知识的同时,还要加深对党的路线方针政策的理解,坚定建设有中国特色社会主义的理想信念;增强明辨是非、区分真假的能力;明确"立身做人"的基本道理,培养健康的精神追求和生活情趣,将坚持真理、崇尚科学内化为自觉的行动。

读书还需诚信。《说文解字》中对诚信的解释:"诚,信也","信,诚也"。可见,诚信的本义是要诚实、有信,反对隐瞒欺诈、弄虚作假。这里所说的诚信,重点是衡量书读未读、义懂不懂、理明未明的问题。毛泽东同志说:"知识的问题是一个科学问题,来不得半点虚伪和骄傲,决定的需要的倒是其反面——诚实和谦逊的态度。"读书、学理论、学习科学文化知识要有诚实和谦逊的态度,要有严谨的科学精神。孔子说:"知之为知之,不知为不知,是知也。"孔子的这句话提倡对待读书学习要诚实有信,知道就知道,不知道就不知道,会就会,不会就不会,不能不懂装懂,这才是明智的、智慧的。只有这样才能由不知到知,由知之较少到知之甚多。温家宝总理在第25个教师节前曾在北京第35中座谈会发言中谈到关于岩石分类,由于报道中遗漏了温总理口语时说的"比如"二字,导致岩石分类的异议。但温总理仍然致信新华社总编室,表示"文责自负"并致歉。这种对待科学的严谨态度,令我们肃然起敬。科学是严谨的,知识面前人人平等。当代大学生要切实摒弃望文生义、毛估带猜、自己都觉得不踏实的学习态度;要避免"读书读封皮、阅刊阅标题"这种浮光掠影的学习作风。在上课、实验、作业、考试及撰写毕业论文过程中,都要着实做到一丝不苟,诚实有信,这样汲取的知识是真实的,取得的成绩是自豪的,获得的文凭是可靠的,拿到的学位也是沉甸甸的。

"惟诚可以破天下之伪,惟实可以破天下之虚。"现在的"诚信"已成为一种世界观、一种社会价值观和道德观。诚信乃立身之本,无信则不立。我们生活在以人为本的社会里,个人的知识和力量是有限的,一个人在所居住的生存空间内,是不可能完成他的一生的,只有诚信,才能与他人和谐共事,和睦相处,形成凝聚力、战斗力。商鞅"立杆"诚信,获得人们的信任,使商鞅新法很快在秦国推广。而对于一个不诚信的人来说,终究要暴露"庐山真面目",当年的南郭先生"滥竽充数"就落下了历史的笑柄。诚信要从"我"做起,不论是在商海中搏击,或是在学术中追求,或在政治生涯中成长,都应始终讲诚信。如此这样,商海中搏击者能永站潮头,学术上造诣者能"腹有诗书气自华",政治上进步者能"情为民所系,利为民所谋"。诚信更是一种财富,不仅使科学王国不再壁垒森严,同时也可改写世界的经济疆界。世界化的科学与技术的诚信合作,早已超越了国境线,是诚信将财力、物力和人力资源优化组合在一起,提高了生产力,增加了社会财富总量,在更大的范围内造福人类。

当今社会,最需要的是学习型、复合型、创新型的人才,而读书是基础和前提。飞速发展的时代和瞬息万变的情势,都昭示我们要时刻不断地读书学习、提升素养,以适应新形势、新任务、新发展的要求。作为正处在大学阶段的青年学生,在感慨新中国成立 60 多年来祖国取得的伟大成就、充分表达民族自豪感和爱国热情的同时,要认识到党和国家为我们当代大学生提供的愈加有利的学习条件、开辟的愈加广阔的空间,更要进一步增强理性爱国的共识,要有正确的判断能力和理性的行为能力,不浮躁、不盲从,不逞一时义气、不图个人之快,更不能借题发挥,做出有损国家利益的非理性行为,而是要倍加珍惜时光,倍加珍视条件,倍加努力"为中华之崛起而读书"。

第二讲 学当融会贯通 用宜博采众长

21世纪的世界是一个高度融通的世界,交通、通信的发达,技术、资金的流动,教育、文化的交流,地球越来越小,真正到了地球村的时代。因此,任何一个新世纪的青年都有必要有意识地培养自己放眼世界的胸襟,立足本民族文化,比较学习、辩证思考,借鉴学习异族文化,更好地融入世界。

一、比较学习 辩证思考

2008年一部美国电影《功夫熊猫》被称为融入了大量"中国元素",国内一些人将其视为好莱坞向中国文化致敬的一个有力证明,仔细分析,恐怕并不尽然。固然影片的主角——中国的国宝熊猫,还有那神秘玄妙的中国功夫,更有贯穿影片始终的画面、音乐,随处可见中国的印记,可是仔细比较就会发现,在熊猫阿宝成功的故事中,尽管影片中细节处的"中国元素"已经非常到家,一心希望子承父业的老爸对阿宝近似荒诞梦想的宽容,却分明是有别于中国的美国思想,西方文化的印记更是力透纸背、随处可见。影片中不同于中国文化中的"慈母"情结,显然西方人更偏重"父子"关系对孩子成长的重要性。再比如,热播电视剧《成长的烦恼》中那位精神科专家Jason几乎包揽了父亲、母亲的双重角色,而《海底总动员》一开始就让Nimo的母亲死去,《功夫熊猫》则压根儿就没提母亲。

通过比较我们清楚地看到:在中国,母爱几乎已经是所有伟大人物所具备的深厚的共情,但是西方恰恰相反,父亲的角色似乎明显地大过东方。辩证思考过后我们又可见到在中国文化的"慈母"模式下一代代中国人宽容、忍耐、勤奋,而西方"慈父"模式下成长的孩子似乎更具备乐观、幽默、勇敢的气质,两者各有特色、各有所长。

与这明显的东西方文化不同一样,无处不在的东西方差异在我们与世界交往的各个方面均有显现,需要我们青年学子善于比较学习,长于辩证思考,才能既不坐井观天、盲目自大,又不一味媚外、妄自菲薄。

(一)掌握科学的认识论、方法论

要比较学习、辩证思考,必须首先掌握科学的认识论和方法论,这就是马克思主义辩证法,辩证法也就是认识论和方法论。辩证法作为认识论和方法论就成为辩证思维方法,它是人们把握客观事物的一种认识工具。辩证思维,也称矛盾思维,是指按照辩证逻辑的规律即唯物辩证法的规律进行的思维活动。其最主要的特征是:事物普遍联系的观点、发展变化的观点和对立统一的观点。

邓小平同志曾经要求我们"照辩证法办事",就是要求我们把辩证法转化为认识论和方法论,转化为辩证思维方法。辩证思维方法是人们正确认识世界的中介,是人们正确进行理性思维的方法。辩证思维方法是一个整体,它是由一系列既相互区别又相互联系的方法所组成的,其中主要有:

1. 归纳与演绎

归纳和演绎是最初也是最基本的思维方法。归纳是从个别上升到一般的方法,即从个别事实中概括出一般的原理。演绎是从一般到个别的方法,即从一般原理推论出个别结论。归纳和演绎的客观基础是事物本身固有的个性和共性、特殊和普遍的关系。归纳和演绎是方向相反的两种思维方法,但两者又是互相依赖、互相渗透、互相促进的。归纳是演绎的基础,作为演绎出发点的一般原理往往是归纳得来的;演绎是归纳的前提,它为归纳提供理论指导和论证。在实际的思维过程中,归纳和演绎是相互推移、交替使用的。归纳和演绎都具有局限性,单纯的归纳或演绎还不能揭示事物的本质和规律,需要运用更为深刻的其他思维方法。

2. 分析与综合

这是更深刻地把握事物本质的思维方法。分析是在思维过程中把认识的对象分解为不同的组成部分、方面、特性,对它们分别加以研究,通过认识事物的各个方面,从中找出事物的本质;综合则是把分解出来的不同部分、方面按其客观的次序、结构组成一个整体,从而达到认识事物整体的目的。分析和综合的客观基础是事物整体与部分、系统与要素之间的关系。分析和综合是两种相反的思维方法,但它们又是统一的,相互联系、相互转化、相互促进。分析是综合的基础,没有分析就没有综合;综合是分析的完成,离开了综合就没有科学的分析。分析和综合的统一是矛盾分析法在思维领域中的具体运用。

3. 抽象与具体

抽象和具体是辩证思维的高级形式。抽象是对客观事物某一方面本质的概括或规定;思维具体或理性具体是在抽象的基础上形成的综合,它不同于感性具体,感性具体只是感官直接感觉到的具体,而理性具体则是在感性具体基础上经过思维的分析和综合,达到对事物多方面属性或本质的把握。由抽象上升到具体的方法,就是由抽象的逻辑起点经过一系列中介,达到思维具体的过程。

4. 逻辑与历史的统一

由抽象上升到具体的逻辑思维过程同客观事物的历史过程和认识的历史过程应当符合,也就是逻辑和历史的统一。逻辑指的是理性思维或抽象思维,它以理论的形态反映客观事物的规律性。历史包括两层意思:一是指客观现实的历史发展过程;二是指人类认识的历史发展过程。真正科学的认识是现实历史发展的反映,要求思维的逻辑与历史的进程相一致。历史是逻辑的基础和内容,逻辑是历史在理论上的再现,是"修正过"的历史。逻辑和历史的一致是辩证思维的一个根本原则。

恩格斯说:"一个民族想要站在科学的最高峰,就一刻也不能没有理论思维。"现代科学研究高度分化和高度综合相统一的时代特征,使辩证思维与科学研究的相互依赖性更加密切。一方面,辩证思维方法是现代科学思维方法的方法论前提。首先,辩证思维的基本精神渗透在现代科学研究方法之中,广泛作用于现代科学研究,离开辩证思维方法,科学研究就寸步难行;其次,辩证思维方法不仅是实现经验知识向科学理论转化的必要工具,而且已成为沟通跨学科研究的必要桥梁;再次,辩证思维方法为科学创新提供了理论支撑和动力,推动科研工作者以动态和发展的眼光去解决科学认识活动中的新问题,不断开拓创新。另一方面,现代科学研究方法及其成果丰富和深化了辩证思维方法,现代科学思维以其特有的方式证实和丰富了马克思主义哲学辩证思维的观点,并进一步促使辩证思维方法具体化、精确化。

虽然青年学子目前还没有达到进行现代科学研究的阶段,但科学的认识论、方法论是我们进入社会、建设社会的基础,尤其是在思维方式形成的阶段能否有一个科学的认识论、方法论关系青年学生对待整个世界的看法,甚至影响他们未来的人生道路。对于我们认识世界来说,辩证思维具有巨大的作用:一是统帅作用,辩证思维是高级思维活动,它根据唯物辩证法来认识客观事物,能够反映事物的本来面目,揭露事物内部的深层次矛盾,从哲学的高度为我们提供世界观和方法论,所以,它在更高层次上对其他思维方式有指导和统帅作用;二是突破作用,我们在活动中经常遇到困难,不是发现不了主要问题,就是因提供不出解决问题的有效方案而导致"僵局",往往在此时,辩证思维就成为我们打破僵局的有力武器;三是提升作用,人类对事物的认识总有一个由浅入深,由感性认识到理性认识的过程,上升为理论,这就需要辩证思维帮助我们全面总结思维成果,提升成果的认识价值。

（二）比较分析、全面了解、客观评价

由于地理等因素的影响,东西方形成了具备完全不同特质的文化,深深地影响着东西方人们的思想和行为,最终形成了今天我们所见到的东西方的巨大差距。

说到东西方文化的差异,大概大部分东方人,尤其是中国人,都会有种痛心疾首的无奈之感。15 世纪以前,文明的星火闪耀在东方,而中国则是举着这支星火的遥遥领跑者。放下古代四大发明不说,延绵海岸的海上丝绸之路,远销国外的白地青花瓷器……营造了神秘东方的传奇,很长时间里万物滋长,也都带着东方奇异的色彩。像是一支辽远的歌,低音大提琴缓慢而又深情地吟唱,接着小提琴优雅地飞扬出欢快的音符,一个个转音,像一个个飞速旋转的光斑,在人类的历史上奏响一段段炫目的精彩乐章。历史的长河到了 15 世纪,突然间,东方的上空一片寂静,所有的喧嚣都沉寂了下来。

这时天空中鸣响起的是西方工业革命的汽笛声,上帝说:"让理性去主宰世界。"于是,西方人用图纸、模型、实验和逻辑推理搭起了近代科学的基石,推动了社会的发展。至今我们所沿用和崇尚的,从社会上大多数人的毕生理想到小学生们所开始学习的知识,多多少少都不得不说是这种机械唯物论的相关产物。

于是东西方文化有了差异,这种差异不是被立即发现的,套用政治经济学的词,叫做有一定的"滞后性"。当洋人已经开始站在高处举着望远镜的时候,我们还关着门在家里洋洋得意,捧着"地大物博"的小册子反复翻看,深怕被别人偷学了去,实则已经被站在高处的人一览无余了①。

文明的产生均源于那些源远流长的大江大河。河流的存在在物质上保证了人们的生产生活空间。但是,世界上的河流由于经纬度、季节性的不同,潮汐起伏的不一样,在古代人类对自然认知不足的情况下也形成了不一样的古代宗教图腾崇拜的意识形态。在中国的古代,皇帝就是上天的代表,皇帝个人的言行在古人看来是影响上天的标准。皇帝有德则天必恩之;皇帝无道则天必惩之。这样的思想影响了中国数千年的封建社会。而在西方国家,则是大部分人群的行为显示上天的行为偏向。

首先,从社会背景上讲,古希腊社会强调个人特性和自由,是一种以个人主义为主的社会;而古代中国社会却强调个人与社会的关系,是一种以集体主义为主要特征的社会。这种不同的强调重点决定了相应的哲学信念,并导致对科学和哲学问题的不同回答。

其次,从社会认知系统上讲,东西方不同的哲学和认识论在社会历史背

---

① 《东西方文化的差异》:http://www.qqlxy.com/51/wencongling520-10036350.html。

景中建构了不同的心理学理论。中国人生活中复杂的社会关系使得他们不得不把自己的注意力用来关注外部世界,所以中国人的自我结构是依赖性的;相反,西方人生活的社会关系比较简单,所以他们更有可能把自己的注意力放在客体和自身的目标之上。于是,中国人的认知以情境为中心,西方人则以个人为中心;中国人以被动的态度看待世界,西方人以主动的态度征服世界。

最后,从生态背景上讲,中国文化基于农业社会,这种社会是一个复杂的等级社会,强调等级与和谐;而西方文化中典型的希腊文明则不完全依赖于农业,由于生态环境的原因,他们对狩猎和捕鱼的依赖较大,这些产业对个人特征的要求更高,所以与这种生态环境相适应,西方人的思维取向是个人式的,与中国人人际式的取向不同。①

这里,我们可以拿两个古代的神话来进行比较,一个是中国的大禹治水,另一个则是西方的诺亚方舟。当地球上最后一个冰川时代结束时,陆地、天空、海洋还没有形成相对的稳定,气候变化无常,洪水成了当时地球上主要的自然灾害,而对于洪水的态度,东西方人有着不同的行为态度。大禹治水,由堵转疏,最大限度地发挥了人对自然的能动性,讲究的是稳健与平衡,在不可能消灭洪水的情况下,利用当时仅有的技术与能力,以自己的能力帮助着自己与人民。而西方的诺亚方舟则是以上帝的指示为标准,人的善恶可从上天的态度得到不同的结果。诺亚将自己的未来托付给神的手中,在神告知他未来时,他以自己的智能制造了方舟,并按照上帝的标准带领动物上去,这表现的是一种处世的变通与遇到困境之后努力化解困难的毅力。两者之间的着重方向也不一样。大禹的行动证明了领导与行动之间的紧密联系,集体的力量在东方文化中得以体现,"其三过家门而不入"突出地说明了中国古代所宣扬的重义轻利的价值观。这种价值观从大的方面是促进社会和谐发展的有利助力,可是从另外一方面讲也可以说是限制了自身发展,是自我创造能力的障碍。而西方诺亚所做的就如西方社会如今所呈现的一样,个人能力出众,才华横溢,但也造成了个人主义泛滥等一系

---

① 侯玉波:《从思维方式看东西方文化差异》,《光明日报》2003年10月14日。

列问题。

东西方在文化特质上的差异最终影响了世界历史的发展,形成了东西方文化表现形式上的具体差别。爱因斯坦曾总结性地这样说过:"西方科学的发展因于两个伟大成就为基础,那就是希腊哲学家发明的形式逻辑体系以及通过系统的实验发现所找出的因果关系。在我看来,中国的贤哲没走上这两点,那是用不着惊奇的,令人惊奇的倒是这些发现在中国都做出来了。"①

二、借鉴学习 融入世界

(一)了解各自的文化核心,互为借鉴

东方文化的核心是"孝","万事孝为先"是东方文化的基本信条。上千年来,由"孝"派生出"忠孝节义"、"君君臣臣父父子子"、"君要臣死,臣不得不死;父要子亡、子不得不亡"的"三纲五常"(君为臣纲,父为子纲,夫为妇纲)和"天地君亲师"(一日为师,终身为父)。封建礼教中更有妇女要"三从四德"的规矩(在家从父,出嫁从夫,夫死从子)。

这种"孝"文化的实质是提倡绝对忠诚的愚忠,管理的实质是人治。一切按长官意志办事,执行严格的上下级服从关系。

优点是:在交通闭塞、信息封闭、社会人际交流很少的状态下,可以维持社会相对稳定、安定。事实上在中国封建社会几千年里,大多数时间也确实是相对稳定、安定的。缺点是:愚忠、保守、缺乏创新,由于墨守成规、思想僵化、一切按上级领导的指示办,一切按红头文件办,因而人们害怕变革,打击和反对改革。这种文化的结果是导致社会发展缓慢,在一旦被打破闭塞,时间和空间距离变得接近时,立即面临思想行为混乱,出现信任危机。

西方文化的核心是"爱",即博爱、仁爱。强调以"爱"作为行为准则。爱的本质是主动、控制、强制。我"爱"你,就是以自己的愿望主动控制,要求对象按照我的意图行为,要求对象实现我的目的,因而是主动的。这种文

---

① 《爱因斯坦文集》第 1 卷,商务印书馆 1979 年版,第 574 页。

化鼓励创新、开拓、扩展思维,因此促进了社会快速发展。在这种文化下,人们思维活跃,敢于表达自己的思想,鼓励挑战,敢于创新,敢于否定。当然也有缺点:竞争激烈,生存压力大,社会不安定。攻击性强,弱肉强食,自我为中心,个人英雄主义。①

(二)比较思维方式的差异,融会贯通

东西方文化,最根本的差异是思维方式上的。说个最简单的例子,日常生活中,中国人见面喜欢问"去哪啊?"这句话其实只是随便问问的一句话,对象是中国人那就随便敷衍一下而已,但是对象如果是外国人的话,则有70%的人会认为你干涉了他人的隐私而不乐于回答。再比如,我们比较一下迪士尼经典童话《灰姑娘》在课堂上的美国与中国两个不同版本:

美国版:

　　上课铃响了,孩子们跑进教室,这节课老师要讲的是《灰姑娘》的故事。

　　老师先请一个孩子上台给同学讲一讲这个故事。孩子很快讲完了,老师对他表示了感谢,然后开始向全班提问。

　　老师:你们喜欢故事里面的哪一个? 不喜欢哪一个? 为什么?

　　学生:喜欢辛黛瑞拉(灰姑娘),还有王子,不喜欢她的后妈和后妈带来的姐姐。辛黛瑞拉善良、可爱、漂亮。后妈和姐姐对辛黛瑞拉不好。

　　……

　　老师:所以,你们一定要做一个守时的人,不然就可能给自己带来麻烦。另外,你们看,你们每个人平时都打扮得漂漂亮亮的,千万不要突然邋里邋遢地出现在别人面前,不然你们的朋友要吓着了。女孩子们,你们更要注意,将来你们长大和男孩子约会,要是你不注意,被你的

---

① 《东方文化 PK 西方文化》,望海楼论坛:http://whllt. taizhou. gov. cn/viewthread. php? tid＝208008。

男朋友看到你很难看的样子,他们可能就吓昏了(老师做昏倒状)

老师:好,下一个问题,如果你是辛黛瑞拉的后妈,你会不会阻止辛黛瑞拉去参加王子的舞会? 你们一定要诚实哟!

……

老师:是的,所以,我们看到的后妈好像都是不好的人,她们只是对别人不够好,可是她们对自己的孩子却很好,你们明白了吗? 她们不是坏人,只是她们还不能够像爱自己的孩子一样去爱其他的孩子。

老师:孩子们,下一个问题,辛黛瑞拉的后妈不让她去参加王子的舞会,甚至把门锁起来,她为什么能够去,而且成为舞会上最美丽的姑娘呢?

……

老师:所以,孩子们,就是辛黛瑞拉没有妈妈爱她,她的后妈不爱她,这也不能够让她不爱自己。就是因为她爱自己,她才可能去寻找自己希望得到的东西。如果你们当中有人觉得没有人爱,或者像辛黛瑞拉一样有一个不爱你的后妈,你们要怎么样?

学生:要爱自己!

老师:对,没有一个人可以阻止你爱自己,如果你觉得别人不够爱你,你要加倍地爱自己;如果别人没有给你机会,你应该加倍地给自己机会;如果你们真的爱自己,就会为自己找到自己需要的东西,没有人可以阻止辛黛瑞拉参加王子的舞会,没有人可以阻止辛黛瑞拉当上王后,除了她自己。对不对?

学生:是的!!!

此为美国一所普通小学的一堂阅读课。我们是几岁的时候才想到这些层面?

——小学老师教的,终身受用——

中国版:

上课铃响,学生、老师进教室。

老师:今天上课,我们讲灰姑娘的故事。大家都预习了吗?

学生:这还要预习?老得掉渣了。

老师:灰姑娘?是……童话还是安徒生童话?他的作者是谁?哪年出生?作者生平事迹如何?

学生:……书上不都写了吗?不会自己看啊?

老师:这故事的重大意义是什么?

学生:得,这肯定要考的了。

老师:好,开始讲课文。谁先给分个段,并说明一下这么分段的理由。

学生:前后各一段,中间一段,总分总……

老师:开始讲课了,大家认真听讲。

学生:已经开始好久了……

老师:说到这里,大家注意这句话。这句话是个比喻句,是明喻还是暗喻?作者为什么这么写?

学生:(n人开始睡觉……)

老师:大家注意这个词,我如果换成另外一个词,为什么不如作者的好?

学生:(又有n人开始睡觉……)

老师:大家有没有注意到,这段话如果和那段话位置换一换,行不行?为什么?

学生:我又不是你,我怎么会注意到啊?(又有n人开始睡觉……)

老师:怎么这么多人睡觉啊?你们要知道,不好好上课就不能考好成绩,不能考好成绩就不能上大学,不能上大学就不能……你们要明白这些做人的道理。

很多学生作晕倒状。

造成如此差异的原因在于不同文化决定下的不同思维方式。

中国人的思维是一种辩证思维,包含着三个原理:变化论、矛盾论及中和论。变化论认为世界永远处于变化之中,没有永恒的对与错;矛盾论则认为万事万物都是由对立面构成的矛盾统一体,没有矛盾就没有事物本身;中和论则体现在中庸之道上,认为任何事物都存在着适度的合理性。对中国人来说,"中庸之道"经过数千年的历史积淀,甚至内化成了自己的性格特征。

西方人的思维是一种逻辑思维。这种思维强调世界的同一性、非矛盾性和排中性。同一性认为事物的本质不会发生变化,一个事物永远是它自己。非矛盾性相信一个命题不可能同时对或错。排中性强调一个事物要么对,要么错,无中间性。西方人的思维方式也叫分析思维,他们在考虑问题的时候不像中国人那样追求折中与和谐,而是喜欢从一个整体中把事物分离出来,对事物的本质特性进行逻辑分析。①

正是因为思维方式取向的不同,在不少情况下,东方人和西方人在对人的行为归因上往往正好相反:美国人强调个人的作用,而中国人强调环境和他人的作用。比如心理学家彭凯平等人研究了美国人和中国人对两起谋杀事件的归因,就发现中国人倾向于把事件归于周围的环境,而美国人则认为是凶手本人的特征造成的结果。

(三)取长补短,改良行为

思维方式导致行为方式,东西方思维方式的差异决定了东西方的人们在处理个人行为上的不同。

1. 西方注意个人,东方重视家庭。

西方文化里注意"个人",主张个人的存在,强调个人的权利与独立的精神。而东方的文化里,比较注重"家庭",考虑与家人的关系,受家庭的影响大。

西方社会这种个人独立的精神,表现在一个人的心理发展过程中,即小时候很早就和父母分床睡,很小就要练习自己管理自己,并且学习独立自主,对自己负责。自我得到绝对的尊重,强调个人空间和决定权,即使是父母也不得干涉。相对的,注重家庭的东方人,从小就容许依赖父母,几岁了

① http://blog.sina.com.cn/luyungang8095.

还跟父母同房(甚至同床)而睡,不用过早地强调独立与自主,许多事情都要考虑家长的意思、家庭的目的而作决定,家人之间要求很亲密与相互依赖。从精神结构的立场来说,个人取向的社会里,有明显的"自我界限",我就是我,你就是你,划分的比较明白;而家庭取向的社会里,个人自我跟四周人的界限模糊不清,我跟你们或他人间的界限不要求很明显,很多时候是融合起来的。

2. 西方强调罪恶感,东方强调羞耻感。

注重个人取向的社会,就要靠道德、法律、宗教或公德来管理自己的行为,并用来维持社会的次序;而以家庭或群体取向的社会里,主要依靠人与人的关系来维持,依赖人情与面子来维持社会的交往。换句话说,前者的社会里,强调罪恶感,而后者的社会就依赖羞耻感。

所谓罪恶感,就是对事情本身好坏的判断,不管别人怎么说,对就是对,错就是错,是比较客观与绝对的。可是羞耻感依靠别人的反应而相对性地决定。被别人知道了就不好意思,如果别人不知道或者认为无所谓,也就不太要紧。

由于这些理由,东方与西方的社会里,便发生人情与法制的差异,人情的社会里,靠与人交往的交情而决定事情的性质;法制的社会里,只追问事情对不对,而少考虑人际关系上的影响。

3. 西方侧重未来,东方在意过去。

有些西方国家,如英国、法国,由于他们的历史悠久,仍很注重过去与传统,但是历史比较短的美国,就比较注重现在与将来,尽量预测未来可能发生的情况。相对的,东方的中国、日本、朝鲜都是历史比较长久的社会,也就很注重传统的过去。尤以中国为典型,即使在今天国人中"想当年……"这样"好汉就提当年勇"的口头禅仍不绝于耳。这一点从中外影视创作中也可见到一些端倪:以好莱坞为代表的西方影视作品中多见对未来、未知世界的想象和关注,而中国的大小银幕则充斥着所谓的"历史剧",就是一个明证。

4. 西方取横的人际关系,东方取纵的人际关系。

西方社会,特别讲究民主,注重个人,权威者与下辈人的距离比较接近,上下还可以保持几乎同等的角色。可在东方社会里,讲究尊重上一辈,重视权威者的地位,其情况就比较不同,这里主要是以"纵"的关系维持人际关系。君君、臣臣、父父、子子,就是纵的关系。与此相比,西方社会比较注重个人,强调人人同等,其人际关系是以"横"的关系来维持的。万一上下辈有冲突时,在西方"横"的社会里,容许下辈赢上辈;可在东方"纵"的社会里,就不容许下辈打败上辈,"亲子间三角情结"的解决方式在东西方的故事里,采取不同的结尾方式,西方的下辈可以打败上辈,但是东方的下辈就不能轻易地侵犯上辈;假如得罪了上辈,就会被处罚。

5. 西方征服自然,东方顺从自然。

人对大自然采取什么态度,也可用来比较文化系统的不同。在西方的文化系统里,观念上常采取人可以征服并且控制大自然的想法与态度。因此,喜欢去探险并改造自然。这也可以说是工业化、现代化的基本精神之一。可是相对的,东方的文化系统里,就采取不同的态度,是要去跟自然协调,是要顺从大自然,要配合自然的运转而过人的生活,人生的目的,就是要去了解大自然变化的规律、运作的原则,采取顺从的态度。

6. 西方积极进取,东方中庸协调。

对问题的处理方法与适应的态度,在东西方也有若干差异,特别是现代的美国人,很强调做事要积极,不能马虎或被动,对任何困难都要去克服,或许这就是他们离开欧洲原本地方而来新世界开拓的基本精神表现,他们看不起不积极的人,讨厌消极或被动的作风,看不起躲避或萎缩的人。

与此相比,我们中国却主张和为贵,事情要中庸,孔子的处世态度、老子的思想都主张人生里要"知和处下",逆来顺受,以柔克刚,基本上都是强调"清静无为"、"顺其自然"。

7. 西方人重视个体性,东方人则淡化个体。

比如中医和西医,中医强调的是整体,西医不一样,从解剖学的角度来说,它重视整体中的局部。整体思维和个体思维之间差异还表现在交往中,比如在很多报道中,一个中国人到西方人家中吃饭,当主人问今天吃中餐还是西餐时,中国人很客气地说道:"随便。""客随主便。"西方人对这样的答复难以理解,他们说一听到"随便"这个词就头疼,不知道怎么弄好,不好操作。我们思维方式深处，认为客随主便是礼貌的表现，是对主人的尊重，可西方人不这样看，这就是区别。反过来看看，西方人到中国来，你问他今天干什么，他一定不会说"随便"，一定会明确表明自己的愿望。

最后，我们可以用中外文学艺术中的"英雄形象模式"来印证以上所做的比较。

在人类诞生后的漫长岁月中，从诗歌到戏剧，从说唱到小说，无数个英雄的时代和时代的英雄，伴随着一代又一代人的成长。不过，由于滋生的文化土壤不同，中外英雄反映着东西方文化的显著差异。

在西方的英雄文化中，"天意"往往站在英雄的对立面，英雄则会通过自身不懈的抗争，一次又一次地挑战宿命，如希腊史诗中始终无法摆脱弑父娶母预言的俄狄浦斯、盗火的普罗米修斯和英格兰中世纪徘徊于上流社会和林莽间不断挑战自身命运的罗宾汉等。而在中国，"天意"往往降旨于百姓和万物，英雄则"奉天"行事，拯救万民于水火之中。孙悟空护送唐僧取经是顺应天意，水浒英雄造反也只能反贪官，不能反皇帝，因为皇帝是"天子"，是天意的代表。同样是宿命论，西方英雄文化的宿命里饱含着对命运的不屈；中国的英雄文化却富于一种东方特有的对命运的妥协和变通。

西方英雄是绝对个人中心的，他们虽然也讲义气、重朋友，却始终以自己的利益为最高利益。特洛伊王子帕里斯不顾可能的后果，出于个人欲望强拐海伦。这个在西方人心目中无损英雄形象的小节，却是东方英雄文化所不能容忍的。在东方，英雄意味着比常人更严格地恪守道德规范，他们还必须属于集体——或者加入集体，或者自己创立一个集体。所以桀骜不驯的孙悟空先是做了唐僧的门徒，然后被收入"西天"编制；而打虎的武松、率性的李逵，也必须乖乖地跟着宋江上梁山。

英雄文化共同的特点是善恶分明，但在西方，所谓"恶"的标准是有限制的，他们或是恶龙、巨人之类的怪物，或是极端残暴者以及异教徒，而两个君主间的争斗并不被当做善恶之争，人们往往把争斗双方的英雄一同讴歌，哪怕其中一方是自己的敌人。在大仲马的《三剑客》系列和波兰显克维支的《十字军骑士》中都有这样的倾向。对西方人而言，英雄是个性的，即使敌人的英雄行为也应该歌颂。在中国则完全不同，非我族类、其心必异，敌人就是敌人，即使他像《三国演义》里曹操对关羽那样慷慨，《说唐》中宇文成都那般英勇，也很难得到说书人一个字的褒扬。

西方英雄文化中充满了对女性的赞美和追求。中国英雄文化中的女性就没那么好命了，运气好的，如同被赵匡胤送回家的京娘，同行千里，却连半句亲昵的话都没有；运气不好的会像貂蝉那样，逃不脱被关羽月下斩断影子而香消玉殒的命运，甚至变成水浒英雄复仇尖刀下的鱼肉。《荷马史诗》里特洛伊城因为王子劫来海伦而被围，仗打到第十年，海伦上城墙劳军，目睹她美貌的特洛伊将士欢呼"为她再打十年也值"。特洛伊城陷落后，海伦仍回到故国，继续做她的王后，倘是在中国的英雄文化里，她早就被贬作祸水、永不超生了。①

英雄文化是浪漫的、夸张的，但同样也是现实的影子。它们在中国和西方的影子有如此差异，正是两种时间历史、文化差异的生动体现。

东西方文明是不同时间里盛开的两朵奇葩。没有任何一个民族或多民族的共和体可以去独霸世界上的文明之果，我们只能说他们在不同的时期里分别引领了一个时代的文化潮流。东西方的文化应当交流与合作，毕竟，将眼光放长远些，我们人类是一个整体，只有在全面了解的基础上共同维护各种文化的发展，维护国家的安定，并且东西方文化还要互相促进，互相学习，人类的文化历程才会走得更好。

---

① 贺文玄:《中外英雄文化之大不同》,《环球时报》2006 年 8 月 25 日。

第三讲　坚持终身学习　演绎人生精彩

　　深山中,住着师徒两人。一天,徒弟觉得自己从师父那学得的知识已够多,便向师父提出了离开的打算。师父听后,笑了笑,拿出一只水桶,说:"来,你拿这个水桶去,只要能够装满它,就可以下山了!"徒弟迅速地从周遭捡了许多大石头,几下便将水桶装满了。他高兴地禀报师父,师父又笑了笑,问道:"已经装满了?"徒弟认真地说:"是的,桶再也装不下任何一颗石头了。"师父笑着从身旁抓起一把小石头,从水桶顶端撒了下去,只见小石头从大石头的缝隙间穿过,迅速地落到了桶底。徒弟见状也依样做着。这时,水桶内装满小石子。徒弟再次禀报师父,师父顺手抓起一把沙子,沙子又从小石头的缝隙间流向桶底,徒弟依样学着。最后,徒弟再也放不进任何东西到桶里,他禀报了师父。师父伸手舀了一瓢水,从桶顶端淋下去,只见沙子迅速将水吸收,一滴也没流出桶外。徒弟见到,自己也舀了一瓢水,再倒在沙堆之上,仍是没半点水滴溢出桶外。徒弟当下明白,打消离开的念头,决定再跟着师父好好地学习。①

　　故事中的水桶如同知识一样,没有足够,只有不够。不学习,就落伍,这是现代社会里许多人的体会和共识。处于知识更新速度如此快速社会中的

---

　　① 《终身学习的概念(挫折故事一)》,阿里巴巴网:http://club. china. alibaba. com/forum/thread/view/64_9906624_. html。

我们,作为新世纪的创造者,只有抱定终身学习的理念,具有不断充电的紧迫感并付诸行动,才能应对纷繁复杂的社会发展形势,做到处变不惊,免被社会淘汰。此时,学习对于我们来说,是一项不分时间、地点都必须要进行的活动。

一、终身学习是一种需要

现代社会一大特征是知识的迅速成长与衰退。英国技术预测专家詹姆斯·马丁曾有一个测算:人类的知识在 19 世纪是每 50 年增加一倍,20 世纪初是每 10 年增加一倍,70 年代是每 5 年增加一倍,而近 10 年则是每 3 年翻一番。到 2003 年,知识的总量比 20 世纪末增长一倍;到 2020 年,知识的总量是现在的 3 到 4 倍。到 2050 年,目前的知识只占届时知识总量的 1%。在这样的一个社会中,为了变被动为主动,唯有提高学习意志,树立终身学习的理念,积极投入经常性的学习活动,才能使自己适应并驾御社会的转变。

(一)终身学习理念的提出

终身学习是指社会每个成员为适应社会发展和实现个体发展的需要,贯穿于人的一生的、持续的学习过程。总之一句话,活到老学到老。

终身学习的理念在中国传统文化中由来已久。孔子曰:"见贤思齐,见不贤而内自省焉",表达了一个人在任何时候、任何地点、任何年龄都要学习,都有东西可以学习。荀子在《劝学》中告诫人们"学,不可以已",明确地指出学习是不可以停止的。庄子曾说:"吾生也有涯,而知也无涯",就是告诉人们人生是有限的,而学习是一辈子的事。唐代书法家颜真卿《劝学》诗写道:"三更灯火五更明,正是男儿读书时。黑发不知勤学早,白首方悔读书迟",劝导人们在有限的人生内要抓紧时间学习,不让光阴白白流逝。尽管这些有关学习的理念与现代终身学习的概念不尽相同,但终身学习的理念在我国传统文化中有深厚的土壤,并随着一代一代观念的传承融入了我们的血液之中。

20 世纪 60 年代后期,伴随着终身教育理论、学习社会理论及其相关理论的普及及认识的深化,现代意义上的终身学习理念逐渐产生。1972 年 5 月联合国教科文组织国际教育委员会在向联合国教科文组织总部提交的一份名为《学会生存》的报告书中指出,未来的社会是学习的社会,并提出"终身学习"的概念,把终身学习放到一个对于现代人和未来人事关生存和发展的重要地位。1976 年 11 月,联合国教科文组织在非洲的内罗毕召开了第 19 届总会,会议通过的《关于发展成人教育的劝告书》中,又一次正式而明确地提出了终身学习的概念。

终身学习作为一种超越国界、意识形态、社会形态和种族等范畴的学习理念,它的提出具有客观必然性。首先,终身学习是人类社会发展的要求。社会的发展,人类的进步都离不开知识。在知识经济时代,作为基本生产要素的知识,不是一般意义上的书本知识和现存知识,而是不断创新的知识。经济、社会的可持续发展都依赖于人们持续不断地扩充知识和才能。其次,终身学习是个人生存发展和自我完善的需要。科学技术特别是高新技术的推广和运用,对人们的就业产生了巨大的冲击和影响,人们已不可能一生只具有一种专业知识和职业技术,必须不间断地学习,才能适应从事某一工作岗位或转岗、再就业的要求,学习从未像今天这样与个人的生存发展密切相关。同时,由于物质生活的改善和休闲时间的增加,人们渴望掌握更多的知识和技能以完善自身,提高生活质量,实现人生的价值。人类从诞生之日起,学习就成为整个人类及每一个体的一项基本活动。不学习,一个人就无法认识和改造自然,无法认识和适应社会;不学习,人类就不可能有今天取得的一切进步。学习的作用不仅仅局限于对某些知识和技能的掌握,学习使人聪慧文明,使人高尚完美,使人全面发展。正是基于这样的认识,人们始终把学习当做一个永恒的主题,反复强调学习的重要意义,不断探索学习的科学方法。同时,人们也越来越认识到,实践无止境,学习也无止境。学习是人类认识自然和社会、不断完善和发展自我的必由之路。无论一个人、一个团体,还是一个民族、一个社会,只有不断学习,才能获得新知,增长才干,跟上时代。党的十六大报告提出了"形成全民学习、终身学习的学习型社会,促进人的全面发展",随后在党的十六届三中全会上通过的《中共中央关于完善社会主义市场经济体制若干问题的决定》又要求全国构建现代国民教育体系和终身教育体系,建设学习型社会,这就从深度和广度上对学习提出了新的更高要求。

(二)终身学习理念的意义

由于社会的进步,科学技术的迅猛发展,知识总量剧增,知识的老化周期变短,知识的更新急剧加速。21世纪以来,科学技术的新成果有了迅速增长。20世纪前50年所取得的研究成果,远远超过了19世纪。60年代以来,科学技术上的新发现、新发明比过去2000年的总和还要多。科学发明到应用的周期也越来越短。从电能的发现到建立第一座发电站用了282年,而激光的发明到应用只用了2年时间。在美国,电话的普及用了75年,电视机用了30年,而计算机仅用了10年。由于知识老化加速,在人的一生中,大学阶段只能获得需用知识的10%左右,而其余的90%都要在工作中不断学习才能取得。因此,传统的、被动的、接受的、封闭的教育已无法适应现实的挑战,使现代人面临着生存的危机,那种结束学校教育、找到工作就一劳永逸的体制已成为历史。每一个人要想使自己适应未来工作的需要,就必须终身学习。

终身学习是适应社会急剧变化的客观需要。社会总是在不断地发展变化,但从没有像今天变化得这样快。过去需要几代人完成的变化,现在不需要一代人,甚至每几年就面临着一个新的世界。在这种急剧变化的社会里,人们自少年时所形成的思想观念、习惯、思维方式等往往跟不上时代的变化。现实强迫人们要不断地做出新的认识和判断,尽快获得认识和解释时代的能力,坚持学习,保持与时代的平衡。

终身学习是面对爆炸性增长知识的必然选择。伴随着以数字化、网络化为特征的现代信息技术的突飞猛进,新知识呈现出爆发性增长。不断革新的计算机与光纤网络通信、卫星远程通信相结合,将知识的编码、储存、传输、扩散速度极大地提高,方式极大地简化,成本极大地降低。知识量猛增,而知识的更新周期愈来愈短。据估计,人类的全部知识每5年就要翻一番。这就要求每个人都必须把学习贯穿自己的一生,活到老学到老。

终身学习是经济发展的迫切要求。在社会主义市场经济体制逐步完善的今天,新技术、新产品和新的项目层出不穷,评价劳动者就业能力的标准在不断提高。一方面失业在增加;另一方面又有许多工作岗位找不到合适的就业者。为了避免自己陷入结构性失业的唯一出路就是不断地学习,不断地提高,让就业的过程成为一个永无停止的学习过程。

终身学习这一理念的历史形成、渐渐提出,乃至于它的重要意义,都深刻地反映了它是人们生存、生活的一种需要,这种需要就如同我们需要阳光雨露,需要吃饭睡觉一样。当终身学习成为一种需要,这种需要就渗透于我们生活的每个层面、每个角落,成为我们生活中的一种习惯。

二、终身学习是一种习惯

(一)传统教育的拓展趋势:注重学习习惯与学习能力的塑造与培养

培根说过:"人的一切天性与诺言都不如习惯更有力。我们常听到有人起誓说以后要做什么,或者不再做什么……一个人尽可以诅咒、发誓、夸口、保证……到头来还是难以改变一种习惯。由此可见,习惯真是一种顽强而巨大的力量。它可以主宰人生。"①我国教育家叶圣陶先生也曾深刻指出:什么是教育,简单一句话,就是要养成良好的习惯。② 习惯有很多词意,它既可指常常接触某种新的情况而逐渐适应;又可指在长时期里逐渐养成的、一时不容易改变的行为、倾向或社会风尚;也可指生活中相对稳定的部分;或可指从环境中成长出来的、以相同的方式,一而再、再而三地从事相同的事情,不断重复、不断思考同样的事情;还可指一条"心灵路径",我们的行动已经在这条路上旅行多时,每经过它一次,就会使这条路更深一点。对于学习,习惯的不同意义是一个由浅而深的学习过程。

为了适应不断发展的社会,我们需要不断继续学习,不断充实自己。从

---

① [英]培根:《培根文选·论习惯与教育》,水天同译,商务印书馆 1983 年版,第 145 页。

② 叶圣陶:《叶圣陶教育文集》第 2 卷,人民教育出版社 1994 年版,第 478 页。

这个意义上讲,我们的一生时刻都应处于学习之中。学习不一定是通过书本,只要用心,看书读报是一种学习,看电视听新闻也是一种学习,甚至和别人聊天也是一种学习。"三人行,必有我师"。海之所以能容纳百川,是永远处于低位的她有博大的胸怀和坦荡的气魄。在学习中,我们不妨用自己所"短"和别人的"长"相比,这样就可以发现和学习别人的优秀之处,这样就会逐渐提高自己,完善自己。在这个张扬个性的时代,每个人都在尽量发挥自己的能力;在这个高速发展的信息社会,每个人都应不断取得进步。如果某一天,我们对自己的成就感到满足或者在别人面前夸夸其谈只提"当年勇"时,这说明自己已经被社会所淘汰。生活在继续,就必须将学习进行到底。

自从人类社会出现以来,生存危机始终是必须首先正视的基本问题;在解决这个问题的过程中,人与自然的关系是必须首先处理的基本关系;在处理这个关系的过程中,如何认识自然、改造自然从而战胜自然,是必须首先给予关注的重要方面。传统教育正是这种逻辑关系的产物。而随着科学技术发展所带来的社会生产力的不断进步,传统教育已不能适应社会发展的事实日益严峻,现代化教育应运而生。正如整个人类社会进入社会转型期一样,教育也面临着传统教育向现代化教育的过渡期,教育的重心由"教"转向"学",由强调教师的指导作用转向更注重对学生学习习惯和能力的培养。这样,学生学习的主动性就能得到最大的释放,进而会促进把学习养成为一种习惯。

当把学习过渡成一种习惯时,学习就不再是一种负担,一种压力,而会成为一种自觉的行动,一种乐趣,"我要学"就成为一件顺理成章的事。这时,学习的真正动力来自于改变自己、改变现状的追求,来自于社会责任感、个人的价值观和事业心。这时,学习就会成为我们生活中不可或缺的重要组成部分。

(二)终身学习:传统教育向现代学习的过渡

伴随着社会发展、人类进步,人们对教育的需求,对知识的渴望,对新事物的学习进入了前所未有的历史阶段。同时,也生成了系列的矛盾和问题。

主要表现在：教育的供给能力和社会需求之间的矛盾；教育机会均等和教育结果均等之间的矛盾；学校传统的课程结构与人的个性发展之间的矛盾。要解决这些矛盾和问题，我们必须做到：一是不同层次学习场所的扩充，满足人们多层次接受教育的需求；同时，利用社会一切可利用的教育资源，改变学校的封闭式结构，形成开放式弹性的教育结构。二是对受教育者一视同仁，为他们提供均等接受教育的机会，创造有利于每个受教育者适应社会发展的环境和条件，尽可能做到机会均等和结果平等的统一结合。三是对现行教育内容、课程结构等进行改革，由注重统一性、稳定性到更加突出多样性和发展性，由注重课程教学的知识传授到技能的养成。这几点的核心内容就是实行终身学习。

按照传统的观念，一般情况下人们把人的一生划分为成长和受教育时期、工作和作贡献时期、退休和养老时期，但是这种划分方法显然已不再符合现代社会的实际情况了，更不能适应 21 世纪的要求。实际上，这种界限已变得越来越模糊了，人的整个一生都需要学习，实践证明，随着人类社会的发展进步，无论从哪方面来看，传统的学校教育只是人们一生中接受教育和从事学习的一个部分，一个环节，甚至是一个起始阶段。它绝不是学习的全部，更不是学习的唯一。学校教育要想把所有的知识都传授给人们，既不可能，也没有必要。它应该使人们有能力在自己的一生中抓住和利用各种学习机会，把学习当成一种习惯，去更新、深化和进一步充实最初通过学校教育所获得的知识，使自己适应不断变革的世界，从而达到终身学习的意图。因此，从某种意义上说，终身学习是对传统学校教育的一种革命，它更加突出强调学习主体的自主性和创造性，这也是现代学习的核心内容。

（三）面向 21 世纪的学习观：学会做人、学会学习、学会生存

自古以来，"修身"，即学会做人在我国传统文化里处于一个非常重要的位置。《大学》写道："物格而后至知，至知而后意诚，意诚而后心正，心正而后身修，身修而后家齐，家齐而后国治，国治而后天下平。"它还说道："自天子以至于庶人，壹是皆以修身为本。"陶行知先生从教育者与受教育者的角度也分别提出了"千教万教教人求真，千学万学学做真人"的诚言。但是,学会做人不能一跃而成,是一件贯穿于我们每个人生命始终的事,需要我们用一生的时间来学习。

学习是我们每个学生都具备的一项基本能力。学习的过程就是学得知识并不停温习或练习的过程。在此过程中,"学会"与"会学"同时并存,"学会"是学习的结果,从不知到知;"会学"是学习的状态,更大程度地表现为学习的方法、方式,是学习的高升层次。学会学习主要是从"会学"这个角度来提出的,掌握好的、有效的学习方法、培养好的学习习惯,最终达到举一反三的目的。这是一个日积月累的过程,也是一个培养终身学习习惯的过程。

1994 年 11 月在罗马举行了"首届世界终身学习会议",欧洲终身学习促进会为会议准备的报告提出"终身学习是 21 世纪的生存概念"。学习产生于人类社会生产活动,并随着社会生产的发展而发展,为学习者的社会生产和生活服务,从它诞生之日起,就成为人类为生存而战的基本手段。终身学习是通过一个不断的支持过程来发挥人类的潜能,它激励并使人们有权利去获得他们终身所需要的全部知识、价值、技能与理解,并在任何任务、情况和环境中有信心、有创造性和愉快地应用它们,达到生存的目的。

无论是学会做人、学会学习,还是学会生存,都贯穿着终身学习的习惯与理念。因此,树立终身学习的习惯就是建立起面向 21 世纪的学习观。学习的决心是愿望和追求,学习的恒心是毅力和习惯,学习的动力是永不衰竭的进取精神。我们只有把学习等同于吃饭、穿衣一样重要,才能让学习成为一种习惯,自觉地投身到完善自我、提高自我的过程中来;也只有把学习等同于吃饭、穿衣一样,我们才能高效率地学习,成就美好的人生。

三、终身学习是一种生活方式

(一)学习时空的革命:学习的开放性令社会成为更大的学校

当今时代,世界在飞速变化,新情况、新问题层出不穷。在这个时代里,机会与风险并存,规则与无序共在。我们看到了 World Wide Web 的迅速发展,看到了互联网技术的急剧变革,以及以他们为代表的信息通信技术

（ICT）给人类带来的巨大变化。以"比特"形式存储的信息形成了信息世界的汪洋大海，第一次在人类历史上，一种席卷全球的"认知的自由"得以形成。一个非洲的中学生，可以与一个哈佛的研究生一样自由地穿行于网络时空，信息对他们来说全部公平地开放。人们获得知识的机会开始趋于平等。知识本身与个体获得知识的能力与方式相比，已经变得不那么重要，甚至居于次要的位置。与新技术革命相伴生的另一个趋势，乃是全球化。互联网的发展使得国境线只具有地理的意义。世界在变成一个地球村，我们都是其中的村民。当越来越多的人成为国际公民的时候，我们又看到了时代所带给我们的另一种自由——行动的自由。作为国际公民，我们可以自由地在这个地球上行走，不再受国家或地域的限制。这种自由目前已初露端倪，譬如欧盟国家居民的自由流动。作为个体的人在如此自由的氛围中可以自由地选择适合自己的个性化学习。日渐成熟的学习化社会为全体社会成员提供了充裕的学习资源。学习化社会中的个体学习，犹如一个人走进了自助餐厅，想吃什么，完全请便。个体完全可以针对自身的切实需求，选择和决定学习什么、从何处学习、怎样学习、学习的进度等。

世界性学习变革发展的趋势告诉我们：学习是明天的生产力，是最富革命性、创造性的生产力，是统摄生产方式、生活方式和思维方式的动力系统。新世纪的最大能量来自学习，新世纪的最大竞争在于学习。

鲁迅先生曾经说过这样一句话："倘能生存，我当然仍要学习。"无独有偶，在美国，有一本家喻户晓的《幸福》杂志，在一期的封面上，醒目地写着一行大字："要么学习，要么死亡！"这句话引发了人们广泛而深刻地思考，被全世界的各种媒体竞相引用。乍听起来有点夸张，但细品起来，道理深刻。因为它揭示出这样一个道理：在知识经济时代，学习是生存与发展的要件，学习是我们每一个人乃至整个社会开启繁荣富裕、文明幸福的金钥匙。

（二）学习理念的革命：学习乃完善个体发展之本源力量

有资料显示，在农业经济时代，人类只需要 7 到 14 岁的学习就能胜任日后的工作；在工业经济时代，人类的学习时间延伸为 5 到 22 岁。而在今天，我们已经迈入了知识经济时代，人类只有坚持终身学习，才能适应时代的发展,社会的需求。这表明,历史绵延很久的"一次性学习时代"已告终结,学历教育已被终身学习取代。胡锦涛总书记《在中纪委第七次全体会议上的重要讲话》中指出:"要勤奋好学、学以致用,牢固树立终身学习的思想。"美国前总统克林顿在一次演讲中也说:"终身学习是知识经济的成功之本,假如我们实现了这一目标,它将爆发出无限的良机,并改变每一个年轻人的未来。"因此,人们不断进行知识、信息的更新,坚持终身学习这一生活方式已成为全球的共识。

学习是一项艰苦的工作,大多在短期内看不到些许的效果和回报,要发扬刻苦的学习精神,做到挤时间学习、静下心学习、钻进去学习。毛泽东同志一生爱好读书,即使他晚年卧病在床,仍然书不离手,真正做到了"生命不息,学习不止"。鲁迅先生说过,他是把别人喝咖啡的时间都用在了学习上。只要每天挤出一个小时,翻看几页该看的书籍,做几页心得笔记,从网上浏览一些有用的知识……坚持下去,一定受益匪浅。当然,我们还要掌握正确的学习方法,带着创新的精神去学习,要把学习转化为创造性活动,在思考中学习、在学习中思考,增强学习的针对性和实效性。

(三)学习方式的革命:多种媒体与感觉通道协同参与学习过程

学习作为一种获取知识、交流情感的方式,已经成为人们日常生活中不可缺少的一项重要内容,尤其是在 21 世纪这个知识经济时代,自主学习已是人们不断满足自身需要、充实原有知识结构,获取有价值的信息,并最终取得成功的法宝。而作为人们生活方式之一的学习在现阶段呈现出新的特点。

Blog 是 Weblog 的简称。Weblog 是 Web 和 Log 的组合词。Web 指 World Wide Web;Log 原意是"航海日志",后指任何类型的流水记录。Weblog 是在网络上的一种流水记录形式。Blogger 或 Weblogger 是指习惯于日常记录并使用 Weblog 工具的人。目前,全球有接近 100 万 Blogger,而且每 4 秒就会产生一名新的 Blogger。为什么 Blog 仿佛一夜间成为了媒体捕捉的对象,那是因为在网络上出现了越来越多简单易用的 Blog 工具。人们可以用这些工具轻松自如地把自己的生活体验、灵感想法、得意言论、网络文摘、新闻时评等沿着时间的发展灌入 Blog 中，还可以与朋友、家人、同事、网友进行分享。Blog 的两位最初创立者毛向辉和郑云深，都相信 Blog 绝对不是一种流行时尚，而是为本来具有终身学习精神的人们提供的一种新的网络应用工具。既然是这样，这个工具也就会在学习的规律下自然发展，而不是一时流行的风尚。而从 Blog 本身的技术和工具发展状况来看，Blog 也许不仅仅是单独存在的工具，而是会逐步融入到学习性组织和教育机构的整体系统中，更有效地推动协同工作和个性化学习。Blogs 已经用它的创新给网络带来了新的生命，让不同年龄层和不同背景的人们能够互动起来。Blog 是一个心灵互动的工具，Blog 也是一个终身学习的工具，Blog 更是 21 世纪人们学习方式革命的有力体现。

当今社会发展的最强音是信息技术变革与学习方式变革的双重变奏曲。后者发源于前者，却比前者更深刻、更持久、更动人心魄。学习方式的变革，给我们的生活和事业带来了巨大的冲击，也给我们的生命成长带来了全新的内容。当下，随着科技的发展，信息技术产业领域的革命，人们学习的对象已从原来单一的书本性质的材料过渡到凡是媒体，特别是电子媒体都有可能是"老师"。学习材料更多的是文字、图像、声音三者相互结合的"超媒体"形式，使多种感觉通道参与学习。随着多媒体的高度发达，学习将是一个愉快的过程。左右脑并用，特别重视开发右脑的学习潜能，能自主地选择自己最有效的学习方式。新的学习方式包括自主学习、合作学习、探究性学习等。通过参与、体验、研究、实践等环节，实现学习方式的多样化，从而促进个体知识与技能、情感、态度与价值观的整体发展。这种便捷的获取知识途径使得终身学习得以非常灵活地实现。

一百多年前，詹天佑在《敬告青年工学家》一文中写道："青年学子，一出校门，辍辍学业，得一位置，已自满足。及至实地工作，亦惟求称职而已。至于退食之暇，尚发奋求学者实为少数。于是囿于旧闻，不求精益，甚至自矜一得，迹近恃盈，而彼帮日有发明，我则瞠乎其后。如是而望工学之进步，不亦难乎？故必从事业以求精理，温故业而启新知。"从中，前辈于终身学习上对青年学子的谆谆劝告跃然纸上。人生就是一场马拉松。开始起跑时领先，未必能在最后获胜；开始时处于中游或居后，也许能在最后冲刺中夺魁,这里起决定因素的是坚持不懈和永不言败。同样,我们要给自己的人生写出一份满意的问卷,做出一番成绩,也需要这种态度。要在勤于学习、善于学习、乐于学习上下功夫,一言以蔽之,要在终身学习上用劲。只要我们养成了终身学习的习惯,掌握了终身学习的技能,拥有了战胜困难的勇气,那么人生的无限风光和旖旎景致就能尽收眼底。

第四讲 树立远大理想 扬起前进风帆

在谈到理想的时候,人们总会想到这样一个形象的比喻:"如果说社会是大海,人生是小舟,那么理想是引航的灯塔,信念是推进的风帆。"诚然,没有理想信念的人生,就像失去了方向和动力的小船,在生活的波浪中随处漂泊而找不到自己的港湾,甚至会沉没于急流险滩。大学时代正是人生之舟起航之际,远大的理想将帮助我们扬起生命的风帆,伴随着我们走过人生之旅。正如列夫·托尔斯泰说:"理想是指路明灯,没有理想,就没有坚定的方向,没有方向,就没有生活。"

一、树立远大的人生理想

(一)人生要有理想

有这样一则小故事:比塞尔是西撒哈拉沙漠中的一个小村庄,它靠在一块1.5平方公里的绿洲旁。从这儿走出沙漠,一般需要三昼夜的时间,可是在肯·莱文1926年发现它之前,这儿的人没有一个走出过大沙漠。据说不是他们不愿意离开这块贫瘠的地方,而是尝试过很多次都没有走出去。肯·莱文作为英国皇家学院的院士,当然不相信这种说法。他用手语向这儿的人询问原因,结果每个人的回答都是一样的:从这儿无论向哪个方向走,最后都还要转回到这个地方来。为了证实这种说法的真伪,他作了一次试验,从比塞尔村向北走,结果三天半就走了出来。比塞尔人为什么走不出来呢？肯·莱文非常纳闷。于是，他雇了一个比塞尔人，让他带路，看看到底是怎么回事？他们准备了能用半个月的水，牵上两匹骆驼，肯·莱文收起指南针等设备，只挂着一根木棍跟在后面。10 天过去了，他们走了大约 800 英里的路程。第 11 天的早晨，一块绿洲出现在眼前，他们果然又回到了比塞尔。这一次，肯·莱文终于明白了：比塞尔人之所以走不出大漠，是因为他们根本就不认识北极星。在一望无际的沙漠里，一个人如果凭着感觉往前走，他会走出许许多多、大小不一的圆圈，最后的足迹十有八九是一把卷尺的形状。比塞尔村处在浩瀚的沙漠中间，方圆上千公里，没有指南针，想走出沙漠，确实是不可能的。肯·莱文在离开比塞尔时，带了一个叫阿古特尔的青年，这个青年就是上次和他合作的人。他告诉这个汉子，只要你白天休息，夜晚朝着北面那颗最亮的星星走，就能走出沙漠。阿古特尔照着去做，三天之后，果然来到了沙漠的边缘。现在，比塞尔已是西撒哈拉沙漠中的一颗明珠，每年有数以万计的旅游者来到这儿。阿古特尔因此成为比塞尔的开拓者，他的铜像竖在小城的中央。铜像的底座上刻着一行字：新生活是从选定方向开始的。

走路需要正确的方向，人生亦然。因此，没有理想的人生是茫然的，没有奋斗目标，必然迷失在岁月的浪潮里，碌碌无为，得过且过，最终荒废一生。

1. 理想是新生活的起点

每年六七月份，总会在校园里听到这样的感慨："我整个大学都干什么了啊？什么都没有学到。"大家同时进校，但是经过三年、四年大学生活后很多大学生都会发觉，自己与当年同时进校同学之间的差距已经很明显了，再过五年、十年又会怎样？原因何在？

很多大学生在告别一千个日日夜夜的寒窗苦读之后，满怀欣喜地来到大学校园，憧憬着自己的大学梦。然而宽松自由的大学生活，让刚刚进入大学的同学感觉无所适从，他们似乎从暗室一下走入了光芒四射的闹市。以前是他们追着时间跑，现在是时间追着他们跑，他们一下成了时间的富翁。

以前班主任天天看着的学习没有了,父母经常在耳边的唠叨也没有了,以前一两天或一个星期给一次零花钱变成了一下子给自己几百甚至几千块钱,男生女生在一起谈恋爱再也不用躲着同学、老师、父母,甚至可以在公开场合亲热……这一切都是那么的突然。面对突如其来的改变,很多同学便开始迷惘、困惑,犹如沧海中风雨飘摇的小舟失去了明亮的灯塔。笔者曾经做过一次随机调查,在受访的 100 名高校新生(有重点大学的本科生,也有专科学校的学生)中,有近 45.1% 的人感觉大学生活很迷茫、困惑,空虚、无奈等一系列复杂的感情充斥着他们的头脑。分析其原因,表面看是由于新生未能及时实现高中到大学的转变,但从本质上看,缺乏激情或上进心的人十有八九是找不到真正可追寻的目标或理想。

大学时光是人生的黄金时段,正是在这个黄金时段,奠定了他们今后人生的方向:高尚健全的人格,扎实的专业功底,做人、做事的能力,与人沟通的技巧,都是在这个时段形成的。大学时代是为大学生向真正意义上的"社会人"做最后综合积累、沉淀,所以大学生们应该带着昂扬的朝气,携着理想,勇往直前,乘风破浪,做一番轰轰烈烈的事业!大学生有责任找到自己的理想,并有责任用实际行动来实现它。

2. 理想是人生的航标

每一位成功的人都有着对理想的责任感和对人生的使命感,这也是他们能够走向成功的最重要的内在因素之一。想要做最好的自己,就要有清晰的理想和明确的人生目标。大仲马说:"生活没有目标,就像航海没有指南针。"人生既短暂又漫长,不能没有追求。在漫长的人生路上,没有明确的目标,很容易迷失自我,就仿佛是在茫茫的大海中行船,如果没有航标的引导,船就容易触礁;如果没有灯塔指引,船在大雾天里就进不了港口,只能永远在海面上漂泊。

很多学生把进入高等学校当做人生的唯一目标,进入大学后,以为目标已经达到,开始放松自己,整天玩乐,来补足自己在应试教育下失去的童年、少年的乐趣。这样的事例并不鲜见。于是很多人白白浪费了人生最宝贵的一段时光,到毕业时,才发现自己在大学里并没有学到什么,在求职时才感到机遇没有青睐自己,于是感到茫然,只能加入失业大军,成了目前常见的

"啃老族"的一员。有的人进入大学之后,甚至做出极端事情,毁了自己的一生。

可以说,决定人一生的是有没有各自人生的目标,有没有各自所追求的理想。德国大哲学家尼采说过:"人惟有找到生存的理由,才能承受任何境遇。"所谓"生存的理由",就是我们所说的"人生的目标"或"人生的理想"。爱因斯坦也曾说过:"不要去尝试做一个成功的人,要尽力去做一个有价值的人。"人各有志,理想各有不同,但是,有一点则应该是一致的:理想应该是对世界有价值的,当有一天离开这个世界时,会留下一些对世界、对人类、对国家、对民族、对家人有价值的东西,值得人们永久回味的东西。

3. 理想是腾飞的翅膀

有理想就会有动力,有动力就有可能迈向成功。理想,就像黑夜中的一盏明灯,尽管昏黄,却能赶走无边的黑暗,照亮前方的路!周恩来总理从小就树立"为中华之崛起而读书",小小年纪便有如此宏远的目标,最终,他成为所有中国人心中所景仰的英雄,甚至为世界所称颂。

成功者绝非偶然,因为他们有理想,成功的种子从小就在在他们心中萌芽生长,最终长成浓密的绿荫。正是理想,引领他们步入成功的殿堂。

理想是催人进步的发动机,是推动人前进的动力。有了明确的奋斗目标,人就会为之奋斗不已,也就成功了一半。就像远航的帆船,不管途中风再大浪再高,只要坚持心中不灭的信念,海天相接的地方总会出现岸的影子!一旦有了理想,人就会向着目标披荆斩棘、所向披靡,竭力去实现自己的理想。有志者事竟成,只要尽自己最大的努力,只要有遭遇挫折不气馁的勇气,只要有百折不挠的顽强意志,理想就一定会实现。相反,一个人什么也不想,碌碌无为,当一天和尚撞一天钟,他就会感到迷茫,就会无所适从,就好比在沙漠中迷失方向的旅行者。

对于当代大学生而言,大到全面建设小康社会和实现社会主义现代化的艰巨任务、中华民族伟大复兴的历史使命;小到个人成长成才都需要同学们努力学习。大学生只有树立崇高的理想信念,才能明确学习的目的和意义,激发起为国家富强、民族振兴和自身成才而发奋学习的强烈责任感与使命感。

（二）树立自己的人生理想

1. 理想当高远

戴高乐曾经说过："眼睛所看到的地方就是你会到达的地方。伟人之所以伟大，是因为他们决心要做出伟大的事。"要使自己的人生精彩些，首先应给自己一个明确的理想，它有足够的难度，但又有足够的吸引力。如果我们愿意为此全力以赴，那么我们就可能获得成功。从哲学角度说，理想是处于"应然"状态，因此这种"应然"就必然地高于社会现实这一"实然"基础，这就要求人们的理想应该"高远"。当然，这里所讲的"高远"的反义词不是"平凡"，并不是要求理想一定要是干一番轰轰烈烈的大事，主要是指树立的理想不庸俗，不过于物欲化。日本著名学者新渡户稻造在《修养》中，有这样一段描述："每天早晨有一个叫卖纳豆的小贩定时从我家门前经过。我并没有称这个卖纳豆的是一个什么了不起的女豪杰……但是她每天早晨不改变时间，不乱开价钱，精选商品，热情待客，以此为宗旨，用获得的利益照顾家里卧病在床的丈夫，养育背上的孩子，有这样的人品的话，她不就是一个了不起的人吗？"①

2. 理想应可行

马克思说："人的本质并不是单个人所固有的抽象物，在其现实性上，它是一切社会关系的总和。"②因此，科学的理想首先应该顺应历史潮流，在现实社会中能找到实现的依据，反之即使设想的再美妙，也只能是海市蜃楼。由于每个人的禀赋不同，树立理想时还应该考虑到自己的实际情况，不可盲目地追随他人。那些违背客观规律而根本不可能实现的想象不是理想，而是空想。科学的理想是人的主观能动性与社会发展规律一致性的反映，它是人们在社会实践基础上，对社会历史发展客观规律的正确把握，因而对人们有着巨大的感召力，对社会实践具有重要的指导作用。

理想要切合自身的实际。从实际出发、实事求是是马克思主义唯物论的精髓，也是我们行动的出发点和归宿。一个人在立志向的时候，一定要从

---

① ［日］新渡户稻造：《修养》，王成、陈瑜译，中央编译出版社 2009 年版，第 7 页。
② 《马克思恩格斯选集》第 1 卷，人民出版社 1995 年版，第 56 页。

自身的实际情况出发,选择适合自己发展的方向。假如所选择的志向与自身的实力有太大的差距,那么,这个理想就很难实现,只可望而不可即。

这就要求我们青年学生在树立理想的时候,一定要把自己的目标和现实相结合,和客观规律相结合,通过科学的人生设计最终实现人生奋斗的目标。我们可以把我们的人生目标分成一辈子的目标、一段时间的目标、一个阶段的目标、一年的目标、一个月的目标、一个星期的目标、一天的目标等各个阶段,每个阶段都相当于一个理想的台阶,而这一切目标的确定和完成,最终都将逐步实现我们的人生理想。

二、坚定奋斗终身的信念

(一)坚定信念　勇往直前

一支英国探险队进入了撒哈拉沙漠,在茫茫的沙海里负重跋涉,阳光下探险队员口渴似炙,心急如焚——大家的水都没有了。这时,探险队长拿出一只水壶说:"这里还有一壶水,但穿越沙漠前,谁也不能喝。"一壶水,成了穿越沙漠的信念源泉,成了求生的寄托,队员们绝望的脸上又显露出坚定的神色。终于,探险队顽强地走出了沙漠,挣脱了死神之手。大家喜极而泣,用颤抖的手拧开了那壶支撑他们精神和信念的水——缓缓流出来的,却是满满的一壶沙子!一壶装满沙子的"水"成了人们唯一的希望,能喝到壶里的水成为他们最高的信念,于是他们存活了下来。

有了信念,人们的精神就有了寄托,行动也有了意义,这样的生命体自会燃烧出勇气和希望。信念不一定要又高又大得只能挂在墙壁上做装饰品,信念往往是一个简单直接的目标,只需做到始终如一,它便成了力量的最高形式,无往不胜,愈挫愈勇。

有这样一幅漫画,一位挖井人,由于缺乏信念,做事不能持之以恒,坚持到底,总是浅尝辄止,挖了无数口井都没有挖出水,最后得出结论说此处无水。其实,他挖的井有几个已经很接近水源了,甚至有一口井几乎就要见水了,但都因为他没有坚持到底,结果都功亏一篑。

可见,远大的理想固然重要,但更重要的还在于行动,在于行动中有没有坚韧的毅力,有没有顽强的信念。罗曼·罗兰曾说过,人生最可怕的敌人就是没有坚强的信念。如果仅有理想而不付诸行动,理想始终只能是个美好的蓝图,不能变为现实。人间没有平坦的路,人类历史每前进一步都要经过火的陶冶,血的洗礼。如果只有远大的理想而没有坚定的信念,不去努力奋斗,随着岁月的流逝,我们就会发现,理想仍然是理想,它还是天边的海市蜃楼,我们就会像那个挖井人一样一无所获。如果我们在树立理想时,不忘坚持刻苦努力,以顽强的毅力去拼搏,用一种不达目的誓不罢休的信念向困难冲击,就一定能战胜困难。"锲而不舍,金石可镂"。理想和信念是不可分的,当我们在困难面前想要退却的时候,想想马克思的名言吧:"只有不畏劳苦沿着陡峭山路攀登的人,才有希望达到光辉的顶点。"

(二)在逆境中不断成长

"顺境"即所谓在成就事业的路途上行进时有优越的条件保证,前进的障碍和阻力较小,可以一帆风顺到达成功的彼岸。顺境与逆境相比的优势是占有资本,可以让个人的才能得到自由充分的发展,可以使英雄不再感叹无用武之地。顺境可以快速成就一个人,让其直抵成功。有好多名人就是从顺境中直达成功的。居里夫人的女儿就是从小受到她父母的"特殊教育"才走上了科学的大道,并获得了诺贝尔物理学奖。我国的著名词人苏轼、苏辙兄弟,出生在书香世家,自幼受到其父苏洵良好的教育和影响,成为北宋著名的词人,与韩愈、柳宗元、欧阳修齐名。后人称颂为"一门父子三词客,千古文章四大家"。顺境是人之所求,但又不是人人可得的,在身处顺境中要把握机遇努力成材,不因幸运而固步自封,放慢自己行进的步伐,反而应该加快前进脚步,向着自己的目标全速前进。真正的强者能够在顺境中不骄不矜,善于从顺境中找到阴影,居安思危,抓住机遇,加快发展。只有这样成功才会和我们有个约会。

"逆境"可以是大自然的莫测风云,也可以是人际间的相互倾轧。可以是飞来横祸,也可以是人为事端。总之就好像一条铺满荆棘的人生路,在这条路上充满了障碍和阻力。逆境既能打击一个人、甚至毁灭一个人,也能成就一个人。逆境使强者获得新生,使弱者走向沉沦。萨特说,懦夫使自己成为懦夫,英雄把自己变成英雄。对于强者来说逆境是上天给予他的最宝贵的财富,挫折更是人生一所最好的大学。认识到了这一点,你就是强者。试看古今中外多少大智、大勇、大才、大德者,又有多少称得上"一生顺境"或"半生顺境"者?孔子与磨难相伴一生而留《春秋》,司马迁受宫刑而著《史记》,贝多芬晚年失聪而谱《命运》。这些古今中外的贤哲是我们学习的榜样。当我们身处逆境中要处逆不惊,要以积极进取的态度面对人生,敢于向命运宣战,敢于向贪图安逸的思想开刀,敢于在不平坦的人生道路上勇往直前,从重重的逆境中冲杀出来。让"不经一番寒彻骨,哪得梅花扑鼻香"成为我们的座右铭,让厄运在我们不屈和无畏的精神下战栗。

在人生道路上,顺境和逆境总是交替出现,相伴而行。顺境,人之所求,却无法有求必应;逆境,人之所畏,却往往不期而遇。因此,一个人的成才环境总是有利有弊。我们应该充分认识自己所处的环境,在逆境中磨炼自己,相信梅花香自苦寒来,皇天不负苦心人。积极与逆境作斗争,并善于抓住顺境,在顺境中保持清醒的头脑,抓住机遇,扬长避短,努力成才,让自己在这难得的机遇里快速地成长发展,促使自己在学习上不断进步。

谁都希望自己的生命航程一帆风顺,谁都不想受到命运的愚弄。然而,良好的愿望并不能代替现实,身处逆境之中不要因为一时一地的得失,而或喜或忧。正所谓得何足喜,失何足忧。因为生命不可避免会遭逢低谷,但生命又是顽强的,往往当人们为之哀伤叹息时它又焕发出新的活力。所以我们要一次又一次地在失败中学会战胜自己,战胜脆弱,学会坚强地去面对人生中的暴风雨。学习如是,工作亦如是。在失败面前勇敢地站起来,你便成功了一半。当你在踏上人生征途时,路就会在你脚下延伸,只要你继续在一望无边的大海上扬帆,风便会从你的四面八方吹来……

三、架起通往理想的桥梁

（一）正确认识理想和现实

理想的实现，就是把理想从观念转变为现实。要实现人生理想，就要正确认识理想与现实的关系，创造理想向现实转变的条件。

理想与现实的辩证关系：一是理想与现实是既对立又统一的矛盾体，理想可以转变为现实，现实是以前的理想；二是理想来源于现实，是基于现实之上的对未来更美好的设想，因而理想高于现实；三是理想与现实是相互联系的，理想是未来的现实，现实是理想的基础。理想作为人们对未来的想象，通常都是美好的，但现实往往既有好的一面也有坏的一面，理想与现实的这种差别，必然引起理想与现实的对立和冲突。当这种冲突非常强烈时，人们往往会对理想的实现产生怀疑和动摇，甚至放弃自己的理想，因而意志力薄弱的人实现理想的可能性比较小；四是在一定条件下，通过人们坚持不懈的努力，理想可以转化为现实，当人们的理想实现后，又会树立新的理想和目标，继续鼓舞和激励人们将理想转化为现实，循环往复、无终无止，人类也正在这种努力中不断地发展、进步。

为了尽快地把理想转变成现实，就需要全面分析理想和现实之间的差距，就要把理想和现实进行详细认真地比较，发现他们之间不同的地方，并提出具体的解决措施，通过坚持不懈的努力让理想变成现实。

意大利人乔·万里奥说："伟大的理想只有经过忘我的斗争和牺牲才能实现。"然而，对于我们青少年来说，要实现远大的理想，从现在起就要好好学习，增加知识，提高素质，为理想而努力奋斗。只有这样，沙粒才能变成珍珠，石块才能变成金子，沙漠才能变成绿洲，我们的青春才能更加美丽。

必须为理想而奋斗。不管是谁，都可以立下志向，都可以把志向天天挂在嘴上。但是，实现理想需要付出努力，假如仅仅把理想喊在口上，写在纸上，贴在墙上，那么，理想永远是空中楼阁，永远是海市蜃楼。要实现自己的理想，需要有不屈不挠的精神，需要有顽强的毅力和意志，需要有勇于拼搏的斗志。实现理想的道路不是平平坦坦、一帆风顺的，而是曲曲折折、坎坷不平的。只有不怕挫折、勇于攀登的人,才能实现自己的理想。

(二)在实践中实现理想

1. 树立理想,勇于实践

清人彭端淑《为学一首示子经》中有这样一则故事:蜀之鄙有二僧,其一贫,其一富。贫者语于富者曰:"吾欲之南海,何如?"富者曰:"子何恃而往?"曰:"吾一瓶一钵足矣。"富者曰:"吾数年来欲买舟而下,犹未能也。子何恃而往!"越明年,贫者自南海还,以告富者,富者有惭色。西蜀之去南海,不知几千里也,僧富者不能至而贫者至焉。可见,远大的理想,必须通过实践才能得以实现。

项羽在少年时代,有一次看到秦始皇南巡的壮观时,就对其叔父说:"你可取而代之!"吓得其叔父忙掩其口,他却说:"大丈夫本当如此,才不负平生之志!"果然,他成了一代西楚霸王。

是的,为理想奋斗的过程是一个艰苦的过程。其中会饱受挫折,会遇到意想不到的困难。平静的湖面练不出强悍的水手,安逸的环境造不出时代的伟人,只要我们持之以恒,坚持不懈就一定能成功。

美国的气象学家洛伦芝曾说过一句影响了全世界的话:"亚马逊流域的一只蝴蝶扇动翅膀,会掀起密西西比河流域的一场风暴。"这就是数学拓扑学中著名的"蝴蝶效应"。一个人心中的信念,就如那只蝴蝶的翅膀所扇出的看似微不足道的微风,但是这微风在人生的岁月里可以不断地加强为一场真正的风暴,摧枯拉朽,展示出你生命里不可战胜的力量和壮美! 没有信念的支撑,就没有生命的伟大和创业的成就。

贝多芬在追求艺术的道路上遭遇了耳聋、失恋、贫困等磨难,但是他以此为起点,扼住了命运的咽喉,给世人留下了长盛不衰的经典乐章;大发明家爱迪生更是不幸,经历了无数的失败、嘲讽和打击,最终发明了电灯,给世界带来了光明。越王勾践的起点只有被敌人夺去的山河和三千越甲,然而他凭着卧薪尝胆的毅力忍辱负重,最终以区区三千越甲吞灭了吴国,夺回了失去的江山。

少年时代的毛泽东,在十四五岁的时候,因读了一本《英雄传略》,便决心要做中国的林肯,并对自己的能力坚信不疑,所以,为了实现这一伟大的人生目标,他勇敢地走出了韶山冲。这个农民的儿子,终成共和国的一代伟人。

美国第16任总统林肯,20岁时就产生了当总统的想法,以后经历了22岁、34岁、36岁、45岁、47岁、49岁六次落选,终于在52岁时,当选总统。至此你知道什么叫"锲而不舍"了吗?

翻开任何一位英雄或伟人的传记,我们都可以清楚地看到,他们之所以最后能走向成功,并非是因为他们的幸运,而恰恰是因为他们有着坚定的信念在支撑着自己,不管遇到什么挫折和失败,他们都坚信自己必将走向成功,实现自己的人生梦想。

乔治·萧伯纳说过:"征服世界的将是这样一些人:开始的时候,他们试图找到梦想中的乐园,当他们无法找到的时候,他们亲手创造了它。"带着梦想上路,未来就靠自己来抒写。总之,坐而写不如站而行。

漫长的征途需要一步一步地走,崇高理想的实现需要一点一滴地奋斗。通往理想的路是遥远的,但起点就在脚下,在一切平凡的岗位上,在扎扎实实地学习和工作中。实现崇高的理想,要从我做起,从现在做起,从平凡的工作做起。理想信念不是一种封闭的精神状态,而是一种全身心地投入,它总要表现在行动上。如果一个人想得很美妙,说得很动听,却没有实际行动,那么只能说明他对理想没有坚定的信念,甚至很难说他拥有理想。

2. 脚踏实地,持之以恒

理想变为现实不是一蹴而就、一帆风顺的,往往会遭遇波澜和坎坷。在现实生活中,如果把实现理想设想得过分容易,对前进道路上的困难缺乏思想准备,那就会影响理想实现。因此,以正确的认识和态度来追求理想是非常必要的。

苏格拉底的学生问他,怎样才能修学到你那博大精深的学问?苏格拉底听后并未直接作答,只是说:"今天我们只做一件最简单也是最容易的事,每人把胳膊尽量往前甩,然后再尽量往后甩。"苏格拉底示范一遍后说:"从今天起,每天做 300 下,大家能做到吗?"学生们都笑了,这么简单的事,有什么做不到的? 过了一个月,苏格拉底问学生们:"每天甩手300下,哪些同学坚持了?"有九成的学生骄傲地举起了手。又过了一个月,苏格拉底再次问学生时,有八成的学生举手。一年后,苏格拉底再次问大家:"请告诉我,最简单的甩手动作,还有哪位同学坚持了?"这时,只有一位学生举了手,这位学生便是柏拉图。

这是一个很经典的故事,其实苏格拉底是想告诉他的学生,理想越是高远,它的实现过程就越复杂,需要的时间就越长。即使是那些比较容易实现的理想,也不是在一个早晨就能变成现实的。理想实现的长期性是对人们的毅力和信心的考验,对此必须作好充分的思想准备。

成功学家拿破仑·希尔说过一段很耐人寻味的话:"种下一种思想,收获一种行为;种下一种行为,收获一种习惯;种下一种习惯,收获一种个性;种下一种个性,收获一种命运!"巴金也曾说过:"理想从未在我的眼前隐去,它有时离我很远,有时仿佛近在身边;有时我以为自己抓住了它,有时又觉得两手空空。有时我竭尽全力,向它奔去,有时我停止追求,失去一切。但任何时候在我的前面或远或近,或明或暗,总有一道亮光。不管它是一团火、一盏灯,只要我一心向前,它会永远给我指路。"

作为一名在校大学生,应该从现在起就在自己心灵的田地里种下理想的种子,这是对自我的肯定,是对自己必将获取成功人生的自信,是天生我材必有用、耕耘岁月定有成的信念! 高尔基说:"理想和信念是人生的精神支柱,崇高的理想可以点燃人们的激情,激发人们的才智,唤起人们奋发向上的热情。"人的潜力是无穷的,只要我们用心去着意挖掘,就一定能实现! 如果我们不能拥有令人仰慕的高起点,那我们可以拥有追求高起点的理想和信心,用毅力为桨,信念作风,理想当船,以小河流水为起点乘风破浪,风雨无阻,一定会抵达理想的彼岸,实现自己精彩的人生。

第五讲　坚守精神圣地　塑造健全人格

"大学之道,在明明德,在亲民,在止于至善。"几年的大学时光,在我们的一生中也许不算很长,但确是非常重要的一段人生经历。大学是塑造我们灵魂的精神圣地,在这里,我们的灵魂将得到大学精神的洗礼,我们的人格将在大学精神的指引下不断完善。在大学期间,作为大学生的我们要加强自我修养,传承爱国、求真、自强不息、关爱天下苍生的传统大学精神,用我们滚烫的心爱我们的祖国,用我们执著的心探寻真理,用我们顽强的心自强自立,用我们善良的心关爱百姓,不断完善我们的人格,从而使我们能够在未来的社会生活中扮演重要的角色,为国之强和民之富奉献我们的聪明和才智。

一、苟利国家,不求富贵

我们每个人都深深地爱着我们伟大的祖国,时时刻刻都愿意为她奉献我们的青春乃至生命。其实,作为平凡的人,也许我们不能为祖国母亲做出轰轰烈烈的事情,但是我们可以用一言一行,甚至是一个眼神来表达我们的爱国之情。

阿拉伯和以色列发生"七日战争"的时候,世界正举行选美比赛,以色列小组正好当选"世界小姐"。许多电影界的人士都围着她,"小姐签约吧,将来你可以发大财了","签约后你名利双收,你何必回国呢,你的国家正在打仗,那么一个小国,随时会被吃掉的!""你回去多可怕!你现在又有钱,又有名,留在美国吧!"这姑娘却选择了回国,在回国前她在电视上发表谈话:世界小姐不是我个人想选,我只是让你们知道,以色列是一个优秀的民族,所以我要出来竞选。我想让人们知道地球上有以色列这个国家,所以我要出来竞选。我今天被选上了,就完成我的任务。我要告诉世界,以色列是个优秀的民族,因为我是世界上最漂亮的女人。同时还要告诉世界,以色列这个国家正艰苦奋战,希望全世界的人民同情我们,支持我们!支持我们国家的独立!现在我的国家正在打仗,要钱何用?我们以色列亡国两千年,因为我们文化不亡,所以我们还能建国。今天我要回去,为祖国而战,要钱何用?这个消息发表后,全世界的人对以色列刮目相看,以色列的军队也军心大振,并取得了战争的最后胜利。

"为什么一个女孩的一番话具有这么大的感召力?"答案很简单,就是她那炙热的爱国热情给人以强烈震撼,能够激发以色列士兵的勇气和力量,从而改变了战争的格局和进程。

(一)中华民族的爱国主义传统

中华民族是勤劳勇敢、具有爱国主义光荣传统的民族。在我国历史上,爱国主义历来是动员和鼓舞人民团结奋斗的一面伟大旗帜,是推动社会历史前进的一种巨大的精神力量。千百年来,"投笔从戎"、"精忠报国"、"救亡图存"等爱国故事,一直为人们所传颂,爱国主义者和民族英雄的爱国行为彪炳史册,为后世所景仰。

通过历史,我们不难发现,历史上所有站在时代前列的杰出人物,能够推动历史前进的杰出人物,无一例外都是爱国的。从古到今,自上而下,爱国事例俯拾皆是,不胜枚举。如"路漫漫其修远兮,吾将上下而求索"的屈原;"匈奴未灭,何以为家"的霍去病;"精忠报国"的岳飞;明朝后期奋战十年,荡平倭寇的戚继光;明末清初打败荷兰殖民主义者,使台湾回归祖国的郑成功;鸦片战争中,虎门销烟的林则徐;抗击入侵沙俄,收复新疆,"引得春风度玉关"的左宗棠;甲午战争中,浴血奋战,"平壤城头留英名"的左宝贵;戊戌政变后,甘洒热血,"我自横刀向天笑"的谭嗣同;辛亥革命时期,为"驱除鞑虏,恢复中华"而进行不挠不挠斗争的民主革命先驱孙中山;"为中华之崛起而读书"的周恩来……所有这些,都是他们用实际行动谱写的爱祖国、爱人民的赞歌,体现中华民族"千百年来巩固下来的对自己祖国的一种最深厚的感情",发扬和丰富了中华民族优良的传统和崇高的品德,为后人留下了十分宝贵的精神财富。他们的人生价值取向,为今天的青年学生树立了光辉的学习榜样。①

热爱祖国是中华民族的传统美德。世世代代的中华儿女,历来都把热爱祖国当做最受社会尊崇的高风亮节,当做教育子孙后代的必修课程。凡是热爱祖国,为祖国、为人民做出贡献的人,人民都敬仰他,纪念他,把他当做学习的楷模;凡是出卖祖国、背叛民族的人,都为世人所谴责。正如江泽民同志所说:"中国人民从不在侵略者面前低头,有着酷爱自由、追求进步、维护民族尊严和国家主权的光荣传统。对外来侵略者无比痛恨,对卖国求荣的民族败类无比鄙视,对爱国志士无比崇敬,这已成为我们宝贵的民族性格。"千百年来,我们这种宝贵的民族性格和对祖国的这种深厚的思想感情,犹如黄河、长江的万里波涛,奔腾不息,世代相承。

(二)继承爱国主义传统是当代大学生的神圣职责

热爱祖国是中华民族的优良传统,是中华民族生生不息、自立于世界民族之林的强大精神动力,是各族人民共同的精神支柱。国家是小家的寄托,更是个人的寄托;国家是物质利益的寄托,更是精神家园的寄托。

当代大学生是祖国的未来和希望,繁荣富强的祖国需要我们用勤劳的双手去创造,实现中华民族伟大复兴的历史使命自然地落到我们的肩上,这些都要求我们青年大学生继承爱国主义的优良传统,担当起新的历史责任,在实现中华民族伟大复兴的征途上薪火相传,开创美好的未来!

首先,中国青年学生具有光荣的爱国主义传统。爱国主义是中国先进

---

① 任国涛:《新时期历史教学中的爱国主义教育》,《魅力中国》2009 年第 8 期。

的青年运动的鲜明旗帜和主旋律。在民族危难关头，在祖国最紧要的时候，为什么进步青年能成为最前沿的奔走呼号者和奋不顾身的战斗者，就是因为他们有着强烈的救国救民的热忱。正是这种爱国主义精神，五四运动、"一二·九"运动等学生爱国运动唤起了民众，凝聚了民心，推动了历史前进的步伐。

其次，爱国主义是大学生健康成长的重要思想基础。人的思想是引导主观世界朝着正确方向前进的重要保证。而崇高的爱国主义精神，是衡量国民精神文明程度的重要标志和一个公民内心世界爱不爱国的客观反映。鲁迅先生说："惟有民魂是值得珍惜的，惟有她发扬起来，中国才真正有进步。"翻开我国近代史，在国难当头、民族危亡的关头，正是一批批爱国志士、民族英雄挺身而出，唤醒民众，共赴国难，革新图强，才赢得了民族独立。如果没有爱国主义这个强大的精神支柱，我们国家是不可能有今天的。无论是在战争年代，还是在和平建设时期，广大青年学生的健康成长，都离不开把爱国主义作为完成一切工作任务的思想基础，作为克服困难战胜敌人的强大精神力量，作为最伟大、最真挚、最崇高的思想感情。正是由于广大青年学生在长期的革命斗争实践中把爱国主义作为激励自己去奋斗、去牺牲的强大精神力量，把众多爱国仁人志士作为自己学习的榜样，爱国主义精神才在青年学生的脑海里打下了深深的烙印，爱国主义才深深地根植于青年学生的思想之中。可以说，树立牢固的爱国主义思想，是大学生健康成长的重要思想基础。

最后，爱国主义是我们实现人生价值的力量源泉。爱国主义体现了每一个中华儿女对祖国的责任，这种责任是社会发展的客观要求，也是每个人自身发展的客观需要。一个人能够成为什么人，应该成为什么人，在很大程度上要依赖于社会，依赖于生于斯、长于斯的祖国。祖国给个人的成长发展创造条件，对个人的奋斗成果作出评价，为个人实现人生价值的征程指明方向。①

钱学森是功勋卓著的科学家，又是心系祖国母亲的赤子。新中国成立

---

① 《思想道德修养与法律基础》，高等教育出版社 2008 年修订版，第 39 页。

后,他毅然抛弃国外优越的生活与工作条件,历尽千难万险,回归祖国的怀抱,投身到祖国的建设中。钱学森被评为"两弹一星"的功臣,受到国家的表彰。在荣誉面前,他是这样说的:"说是表彰我对中国火箭导弹技术、航天技术和系统工程论方面所做的一切工作。我想这里面'中国'两个字是最重要的。"

伟大的人生目标往往产生于对祖国深沉的爱。一个人对祖国爱得越深,历史责任感就越强烈,人生目标就越明确,人生信念就越坚定。古往今来,彪炳中华民族史册的,无一不是忠诚的爱国者。他们之所以能做出一番事业,使自己的人生有价值、有意义,根本原因在于对自己的祖国和人民有一颗滚烫的赤子之心。①

(三)以实际行动报效祖国

对于大学生来说,青春和知识是我们最宝贵的财富。这个财富只有投入到我国社会主义现代化建设的伟大事业中才能彰显出更大的价值,只有为国家发展和民族兴旺贡献力量才能创造出更大的辉煌。要大力弘扬爱国主义精神,用爱国主义精神激励和鞭策自己,把爱国主义之情转化为爱国主义之行,以自己的实际行动报效祖国。

首先,育爱国之情操,知我中华。爱我中华,必先知我中华。爱国志士秋瑾说,但凡爱国之心,人不可不有,若不知本国文字、历史,即不能生爱国之心也。学习历史,知我中华,是升华爱国情感的基础。要学习中华民族建设祖国家园,创造灿烂文明的历史;学习中华民族反抗外来侵略、捍卫国家主权的历史;学习中华民族反对民族分离、维护祖国统一的历史;更要学习和了解当代建设社会主义现代化国家的实践。学习历史,就会为祖国的今天而骄傲,为祖国的明天而奋斗。今天的中国已不是昨天的中国,明天的中国必将更加美好。我们伟大的祖国从来没有像今天这样经济发展,政治稳定,社会进步,国力强盛,跨进 21 世纪的中国正如醒狮雄起、巨龙腾飞,生机勃勃。只要我们同心同德,万众一心、艰苦奋斗,开拓进取,必然在 21 世纪

---

① 《思想道德修养与法律基础》,高等教育出版社 2008 年修订版,第 39 页。

创造出更加辉煌的成就。

其次,立报国之志向,努力成才。爱国主义不仅是一种对祖国的深厚情感,更是一种报效祖国的实际行动。当代青年要肩负起历史赋予的重任,就必须化爱国之情为爱国之行,刻苦学习,锻炼自己,把满腔的爱国热情化为刻苦学习、努力成才的实际行动。成才是青年的追求和渴望,也是祖国和时代的需要和呼唤。要科学地确立成才的目标和方向,做祖国现代化所需要的人才。

最后,践报国之行动,深入基层。青年学生要实现更大作为,必须经受基层实践的锻炼。要深入企业、农村和社区,虚心向人民群众学习,开展社会调查,热心公益事业,参加志愿者服务,进一步了解国情、增长知识、丰富阅历,强化奉献意识,增强实践能力和社会责任感,这样才能全面发展,为走上社会、服务人民、成就事业打下坚实基础。在应对金融危机形势下,大学生要急国家之所急,想国家之所想,积极行动起来,发挥优势,创新创业,服务社会。要转变择业观念,勇于投身到农村和基层一线,到最艰苦的地方施展聪明才智。国家和人民最需要的地方就是成才报国最理想的地方。

二、忠于真理,上下求索

在人类的历史长河中,无数哲人圣贤,在追求真理的道路上可谓筚路蓝缕,百折不挠。苏格拉底为了捍卫真理,宁愿选择死亡而不愿苟生;布鲁诺不畏火刑,坚贞不屈地同教会、神学作斗争,为科学的发展作出了贡献等。鸦片战争以后,为了找到民族解放和强国富民之路,无数中华青年、包括青年知识分子苦苦探索,不断开拓,有的甚至献出了自己宝贵的生命。可以说,我们今天所行进的有中国特色社会主义之路,正是无数志士仁人上下求索、开拓奋进的结果。

五四时期李大钊为国家、为民族追求真理,宣传马克思列宁主义,探索国家出路是革命先辈上下求索,追寻真理的典型。

1917 年俄国十月革命的胜利,极大地鼓舞和启发了李大钊。他逐步站到马克思主义立场上来,成为中国最早接受马克思主义的人之一。1918 年

1月，李大钊任北京大学图书馆主任，随后还兼任经济学教授。他一到北京大学，就参加了陈独秀主办的《新青年》编辑部，一面研究理论，写文章；一面到师生和职工群众中去从事革命活动。1918年7月，他在《言治》季刊上发表了《法俄革命之比较观》，明确指出俄国十月革命是"立于社会主义上之革命"。11月15日，北京大学在天安门前举办演讲大会，李大钊发表了《庶民的胜利》这篇著名的演说。接着他又发表了著名的论文《布尔什维主义的胜利》。在这两篇文章中，他针对那种把第一次世界大战中协约国战胜同盟国说成是公理战胜强权的错误论调，指出这次胜利是劳工主义的胜利，是庶民的胜利。他宣称：人民是推动历史的主力，而一切历史的残余——皇帝、贵族、官僚、军国主义和资本主义，都要被群众的革命巨流彻底摧毁；"试看将来的环球，必是赤旗的世界！"

对于19世纪40年代至20世纪初的中国人民来说，学习西方，走资本主义道路是拯救国家的唯一方案。但最终，中国人学习西方的努力，都是以失败告终。中国并没有由此变成一个富强的资本主义国家，而是沦为一个积贫积弱的半殖民地半封建社会的国家。以李大钊为代表的中国先进知识分子，从十月革命的胜利中领悟到了马克思主义的真理和威慑力，认识到应该以俄为师，于是开始接受马克思主义，并热情地歌颂和宣传马克思主义。随着马克思主义在中国的传播及其同工人运动的相结合，我国革命的面貌从此焕然一新。

（一）真理使人自由

从哲学层面来说，真理是人们对客观事物及其规律的正确反映。人类今天的辉煌，所凭赖的就是我们所掌握的真理！真理表现为主观与客观相统一，人们在尊重客观实际的基础上，充分发挥主观能动性，从而实现人们自由的梦想。正如恩格斯所言："自由不在于幻想中摆脱自然规律而独立，而在于认识这些规律，从而有计划地使之为一定的目的服务。这无论对外部的自然规律或对支配人本身的肉体存在，如精神存在的规律来说，都是一样的。"①通常认为真理有两类：自然科学真理和人文社会科学真理。与此

---

① 《马克思恩格斯选集》第3卷，人民出版社1995年版，第153—154页。

相对应,人类的自由包括在自然界中的自由和社会生活中的自由两类。

1. 在自然界中的自由

"科学技术是第一生产力。"在自然领域,人类探寻规律和追求真理的过程中凝结起来的科学成果以及在研究中所汇集的智慧结晶,促进了社会生产力的一次又一次解放,使人类在认识自然、改造自然和利用自然进程中的自由度不断提高,改变和提高了人类的生产效率和生活质量,不断丰富、发展和引导人类走向更高文明。

比如,在物理学界,15 世纪欧洲在文艺复兴运动之后,科学上的伟大变革接踵而来。16 世纪布鲁诺、哥白尼、伽利略等前仆后继、矢志不渝地反对宗教精神桎梏,开创了一场真正意义上的科学革命,形成了勇于探索未知、敢于坚持真理、重视实验观测等科学传统。17 世纪牛顿综合了哥白尼、伽利略、开普勒等研究成果的大成,建立了一套经典力学的理论体系,奠定了以系统的实验方法得到完整的因果关系的理性知识体系,树立了科学与理性的权威,推进了 18 世纪以机械化为标志的工业革命。20 世纪以爱因斯坦的相对论和普朗克的量子论为代表的物理学的革命性发展,形成了人类崭新的时空观、运动观和物质观,极大地深化了人类对自然界从微观、宏观到宇宙观的各个尺度层次的基本规律的认识,使整个科学发生了质的飞跃,并成为新一代技术的源头等。

西方现代科学技术体系的成功建立表明,以揭示客观世界未知规律或以求知为目标的理性探索和普遍规律的概括以及实证的、定量研究的方法,孕育和推动着现代科学与技术的发展,催生了物理学一次又一次的巨大变革。这种"认识世界"的探索研究尽管一开始并不能显示出其社会经济的潜在价值,然而经过必要的积累和发展,一旦转化为"改造世界"的实践时,就能开辟出崭新的工程与技术领域,为人类的生存和发展开拓新的空间,创造新的需求。今天从普遍使用的手机、电视、MP3、笔记本电脑等日用家电产品,到看病时用的 B 超、X—光、CT 照相等,到航空航天技术乃至核能源或核武器技术,无不深深地植根于物理科学的成就之上。[1]

---

[1]　陈佳洱:《我国物理学的发展与挑战》,《光明日报》2006 年 12 月 28 日。

可以说,在自然科学领域,正是对客观世界规律的探寻和真理的不懈追求,人类改变着自身的生产和生活方式,开拓着未来。

2. 社会生活中的自由

宇宙万物的发展变化都是有客观规律的,正所谓"天行有常,不为尧存,不为桀亡"。天道如此,人道亦如是。在漫漫人类历史长河中,许多思想巨匠对人类的自由和社会发展规律进行不懈探寻,他们思想的火花为人类历史的前行指明了方向。

英国广播公司在1999年9月搞了一次网上调查,请政界、商界、学术界和艺术界的知名人士投票,选举"千年最伟大的思想家"。结果,马克思高居榜首,随后依次是爱因斯坦、牛顿、达尔文、阿奎那、霍金、康德、笛卡儿、马克斯·韦伯、尼采。马克思一生最大的贡献是发现了人类历史的发展规律,还发现了现代资本主义生产方式和它所产生的资产阶级社会的特殊的运动规律。

在马克思主义产生之前,唯心史观一直占据统治地位。它的主要缺陷是:至多考察了人们活动的思想动机,而没有进一步考究思想动机背后的物质动因和经济根源,因而从社会意识决定社会存在出发,把社会历史看成是精神发展史,根本否认社会历史的客观规律,根本否认人民群众在社会历史发展中的决定作用。

马克思主义的唯物史观从社会存在决定社会意识的原理出发,深刻揭示了人类社会是一个合乎规律的自然历史过程,生产力与生产关系、经济基础与上层建筑矛盾运动的规律是人类社会发展的最一般规律,揭示了生产力是人类社会存在和发展的基础,人民群众是历史的创造者。

马克思创立唯物史观的方法论原则是:从社会生活的各种领域划分出经济领域,从一切社会关系中划分出生产关系,并把它当做决定其余一切关系的基本的原始的关系,进而将一切社会关系归结于生产关系,将生产关系归结于由生产力决定并反作用于生产力的高度来认识,将社会形态的发展看做自然历史过程,破天荒地破解了"历史之谜",从而揭示了人类社会发展的规律。为人们正确认识人类社会和历史及其发展趋势,正确认识资本主义社会和社会主义社会的发展规律,提供了科学指导原则。

实践已经证明而且将继续证明,正是由于像马克思这样的思想大师们对人类社会发展真理艰苦卓绝地探索和追求,为人类自身的自由和解放,由必然王国向自由王国的迈进开辟了光明的前景。

(二)让知识充实我们的人生

柏拉图说:"知识就是最美的,无知就是最丑的。"他还说:"无知本身就是一种灾祸。"作为青年大学生,我们要学习和掌握的知识是具备真、善、美品质的科学知识,让知识充实我们的人生。因为科学是人类千百年来积累起来的在生产劳动实践中创造的智慧成果。真、善、美是科学的本质属性。科学的真,指的是一切科学都是以观察、实验为基础的知识,都是经由理性思维形成的清楚而明白的观念,都是对自然规律和社会规律的认识和反映。科学的善,指的是科学作为人类的知识财富,一定会对人类社会自身的进步发挥巨大作用。科学技术的每一次巨大进步都会推动人类社会的快速变革和飞跃,都极大地施惠于人类,造福于人类。科学的美,指的是科学具有揭示宇宙奥秘,满足人类的好奇心和求知欲的美学性质。科学的美创造着世界的和谐。因此,从某种意义上来说,科学就是真理。追求真理的精神,是一种热爱科学、崇尚科学的精神。

马克思说过,在科学上没有平坦的大道,只有不畏劳苦沿着陡峭山路攀登的人,才有希望到达光辉的顶点。作为青年大学生,我们崇尚科学,追求真理应努力做到以下几点:

首先,坚定理想信念、树立正确的世界观和人生观。理想远大,信念执著,是新一代大学生和青年应该具备的品质。在建设社会主义现代化的过程中,我们还会遇到各种艰难险阻和挫折坎坷,没有科学的理想作动力,没有坚定的信念来支撑,我们的事业就有可能半途而废。因此,我们要不断地从马列主义、毛泽东思想、邓小平理论以及"三个代表"重要思想和科学发展观中汲取营养,把自己融入到振兴中华民族的伟大实践中去,在成就我们国家和我们民族的伟大事业中成就自己的人生。[1]

---

[1] 吴纶卿:《做追求真理勇于创新的人》,《光明日报》2004 年 2 月 28 日。

其次,培养创新精神。创新是追求真理的内在要求。没有创新精神,缺乏创新实践,就不会获得真理。一个不思进取的人,一个只知道墨守成规的人,与真理无缘。正是在这个意义上,我们说,知识的发展离不开创新,科学研究离不开创新,追求真理就意味着不断创新。创新是真理的品格,也是每一个追求真理的人应当而且必须具备的品格。

最后,刻苦学习,勤奋不懈。科学史表明许多科学成果往往通过艰苦创业,经过百折不回,勤奋探索才能得到。如诺贝尔奖获得者、著名科学家居里夫人曾以破旧厂棚做实验室,大发明家爱迪生为发明电灯实验过 1600 多种材料等等。学习知识是一项艰苦的劳动,只有在学习中培养刻苦学习、勤奋不懈的品质,才能为今后形成开拓、探索等所必需的品质奠定基础。

崇尚科学、追求真理是青年大学生应当具备的基本素质。真理不会穷尽,追求真理的事业也不会完结。"为有牺牲多壮志,敢叫日月换新天。"有志青年,特别是青年大学生们应该以前人为榜样,在追求真理的道路上,不断树立起镌刻着时代标志的新的里程碑。

三、锲而不舍,自强不息

实践表明,无论国家、集体还是个人,在发展和前进的路途中总会遭遇曲折和坎坷,甚至是苦难。面对曲折与苦难,选择逃避,于事无补;奋起抗争,人生才有希望,生命才有价值。苦难并不可怕,可怕的是精神和意志的消磨和颓废。因为,面对贫穷和苦难,只要我们的责任、精神和信念不倒、不绝望,勇于与惨淡的命运搏斗抗争,用自己的辛勤付出,就可以改写自己的人生,改变自己的命运。

> 谭之平,女,26 岁,土家族,湖北职业技术学院学生。谭之平 16 岁时,生母因意外事故去世,父亲患上了严重的风湿病。为了扛起这个家,谭之平毅然承担了家务和田间农作。为治父亲的病,她到一家百货店打工。两年间,谭之平摸索出了一些经营之道。为改变家庭的生活状况,她大胆创业,揣着两年多省吃俭用的积蓄和借款共 2 万多元,带

着父亲来到汉口,在火车站附近开了一家超市。经过6年的打拼,她经营的超市资产达9万多元。随着生活状况有所好转,她上大学的愿望更加强烈,始终坚持边工作边自学。为了给像自己的父亲一样的病人解除病痛,她考入湖北职业技术学院五年一贯制临床医学专业学习。她珍惜来之不易的深造机会刻苦学习,成绩一直名列前茅。此时谭之平的父亲也再婚,她又有了一位母亲。谭之平十分看重亲情,对于父亲的再婚选择十分理解,对待继母像亲生母亲一样。为了给父亲治病,谭之平定期买药寄回家,寄药时,她还要寄上一些营养品。她以对长辈的敬重、关爱和孝道,促进了家庭的和谐。她深知父亲和继母走到今天太不容易,为方便照顾父母,给他们治病,她把父母接到了孝感居住。谭之平对待其他困难群众同样充满爱心。每逢周末和节假日,她组织同学到孝感市福利院、孝感市精神病康复医院等单位,为老人病人送温暖、进行义务劳动。谭之平整合湖北职院义工资源,成立了湖北职院义工社(青年志愿者协会)。现在,越来越多的同学自发地加入到志愿服务的行列中来。谭之平先后荣获湖北省自立自强优秀大学生、湖北青年五四奖章、全国自强不息优秀大学生、全国优秀共青团员等荣誉称号。[1]

谭之平身上体现的自强不息的精神值得我们每个大学生思考和学习。

(一)自强不息是中华民族生生不息的力量源泉

《周易》说:“天行健,君子以自强不息”,意思是天(即自然)的运动刚强劲健,相应于此,君子处世,应像天一样,自我力求进步,刚毅坚卓,发愤图强,永不停息。

自强不息是指一个民族所具有的独立自主、奋发向上、不断进取的精神。自强不息是中华民族最重要的民族品格,它体现为“富贵不能淫、贫贱

---

[1] 李鹏翔:《用真情和大爱感动人间——记第二届道德模范候选人谭之平》,《中国妇女报》2009年7月22日。

不能移、威武不能屈"的坚贞刚毅精神,体现为"夸父追日"、"大禹治水"、"愚公移山"、"精卫填海"的不屈不挠的精神,体现为"因时而变"、"与时偕行"、"与日俱新"等与时俱进、开拓进取精神。① 这些民族精神是中华民族世世代代生生不息的力量源泉,是中华民族永无止境的精神追求,它激励中国人民变革创新、不懈奋斗,战胜了各种各样的风险,经受住了各种各样的考验。中国共产党成立后,继承和发扬自强不息的优秀民族精神,开创了一条农村包围城市,武装夺取政权的新民主主义革命的成功道路;新中国成立初期,凭着这种精神,我国人民打破了帝国主义的封锁,战胜了自然灾害,社会主义建设事业取得了可喜成就;改革开放以来,我们党还是发扬自强不息的民族精神,对中国特色社会主义建设道路进行了艰辛探索,促进了中国经济社会的快速发展。

(二)自强不息是当代大学生成长、成才的必备条件

　　大学生是祖国的未来和民族的希望,大学生的思想政治素质和精神状况,直接关系中国特色社会主义事业的兴衰成败。因此,大学生必须从我国优秀的民族精神中汲取营养,培养自强不息的精神品质。这不仅对中华民族的伟大复兴,而且对大学生自身的健康成长都具有重要意义。

　　首先,培养自强不息的精神品质,有利于中华民族的伟大复兴。从近代以来无数中华儿女为反对外来侵略和争取民族独立抛头颅洒热血,到新中国成立初期科学工作者们在艰难困苦的条件下为"两弹一星"的成功奉献青春;从全国人民齐心协力战胜三年自然灾害,到军民团结一心战胜"九八"洪水及"非典"恶魔;从全国各族人民万众一心取得抗击"5·12"汶川大地震重大胜利,到"神七"的成功发射及2008年奥运会的胜利举办,无论是革命时期还是建设时期,我们之所以能够以顽强的毅力经受住种种考验而不断取得胜利,一个重要的原因就是有以自强不息为重要内容的中华民族精神作为精神支柱和内在动力。这种民族精神是中华民族得以生存发展的精神血脉,也是中国人民在未来的岁月里薪火相传、继往开来的强大精神

① 《思想道德修养与法律基础》,高等教育出版社2008年修订版,第45页。

动力。

进入 21 世纪,国际竞争更加激烈。我国要想自立于世界民族之林,在国际竞争中立于不败之地,更需要继续弘扬和培育自强不信等民族精神,用民族精神来凝聚人心、鼓舞斗志。大学生是民族的希望、祖国的未来,是建设中国特色社会主义事业的重要力量。因此,我们必须树立为中华民族伟大复兴而奋斗不息的伟大理想和雄心壮志,坚定面对各种挑战迎难而上的决心和勇气,不断增强责任心和使命感。

其次,培养自强不息的精神品质,有利于大学生健康成长、成才。大学阶段是人生成长的关键时期,能否形成正确的世界观、人生观和价值观,决定了我们将来能否真正成长为乐观向上、有志有为、对社会和国家有用的人。中华民族精神内含着"自强不息"的人生哲学,"富贵不能淫、贫贱不能移、威武不能屈"的立身处世原则等。要以践行自强不信精神的典范来激励我们自立自强、执著追求、奋发有为、成长成材、报国图志;大学生要将自强不息的民族精神内化为优秀的人格品质;并将这种精神力量贯穿于成长发展的全过程,鼓励自己在日后激烈的竞争中胜不骄、败不馁,不懈奋斗,进而使自己成长为德智体美劳全面发展的社会主义事业合格建设者和可靠接班人。

(三)自强不息,放飞梦想

人生不能没有梦想。作为新时代的大学生,青春赋予每个人对未来美好的向往。"数风流人物,还看今朝。"我们渴望成功,梦想成为时代的弄潮儿,在社会大舞台中大有作为。殊不知,梦想的实现需要一个过程,在这个过程中,有许多未知的曲折和考验在等待着我们。"为草当做兰,为木当做松。兰幽香风定,松寒不改容。"作为祖国未来的建设者和接班人的大学生,肩负着复兴中华民族的使命,若要让我们的梦想插上腾飞的翅膀,艰苦奋斗、自强不息才是我们永不抛弃的信仰。

首先,大学生要在精神上自强不息,做精神上的强者。毛泽东同志说:"人是要有点精神的。"在和平环境和优越的物质条件下成长起来的当代大学生,有些人心理承受能力较差,有些人惧怕失败,逃避现实,缺少正视困难的勇气。当代大学生，正值弱冠之年，年富力强之时，当有乘风破浪之志。"五岭逶迤腾细浪，乌蒙磅礴走泥丸。"要在精神上把自己培养成一个强者，要有一种初生牛犊不怕虎的精神，敢作敢为，不惧危险，不怕失败。

2006 年感动中国年度人物获得者洪战辉在获奖之后说："贫穷绝对不是什么光荣的事情。……我自己能做好的事情就自己做，为何无缘无故地接受别人的慷慨？人最可怕的不是没钱，而是缺精神。我认为苦难不是好事儿，别人真正欣赏的不是你的苦难，而是你的奋斗。感动不要泛滥，行动才能改善。"就是这么平凡的一席话语却带给我们巨大的心灵震撼。他是新一代大学生的榜样，他用他的事迹鼓舞着我们前行，无论贫穷还是苦难都不能将我们摧毁，相反，它应该使我们变得更加坚强、勇敢和独立。

其次，我们要在自身的素质培养上自强不息，做素质上的强者。我们要在德、智、体、美、劳诸方面全面发展，努力把自己培养成为社会主义事业的合格建设者和可靠接班人，让自身能够在激烈的社会竞争中立于不败之地，真正成为国家的有用之才。

四、心怀天下，悲悯苍生

社会需要坚守良知的人，时刻给人们以榜样的力量。因为他们的存在，我们就能感受到社会的良心，无论社会如何发展，总有一些朴素的道德和良心的坚守是不可放弃的。

在古城荆州，在寒江救人的英雄赵传宇的母校长江大学，又涌现出一个英雄群体。2009 年 10 月 24 日下午 2 时 10 分左右，一阵呼救声传来。在长江干堤沙市段，两个少年从距沙滩约 3 米的江中小沙丘上失足落水。由于沙丘处于河湾处，两名落水少年被江流冲得直打转，不断起伏，渐渐漂向江中。救人要紧，在附近沙滩游玩的长江大学 10 多名大学生向两名少年落水处跑去。李佳隆、徐彬程、张荣波、方招、龚想涛等人先后跳入水中。与此同时，听到呼救声的长江大学城建学院土木工程专业大一学生、19 岁的陈及时从河湾下游方向数十米处跃入江中,逆水游向落水少年。情急之下大家来不及脱掉衣物。李佳隆和徐彬程接力将其中的一名落水少年救上附近的一艘渔船。沙丘附近的江底地形特殊:距沙丘数米处的江底有一道深达 6 米的陡坎。下水救人的同学多数没有江中游泳的经历,经过陡坎后,多名同学被江流冲得打转,处境危险。方招和张荣波等人因体力透支而发出呼救,张荣波成功获救,方招则从江面消失。而从河湾对面游过来的陈及时,由于遇到了江面上的漩涡,一下子被卷到水下。当几名大学生跳入江中救人时,江边其余大学生手拉手结成人梯,接应被救上来的人,并准备去拉水中的另一名少年。处在人梯前面的本是女同学姜梦淋和孔璇。19 岁的男生何东旭冲到人梯最前面,拉着女同学的手,尽力站在水中将身体往前探,想抓住那名落水少年。不料,一脚踏过河底的陡坎,何东旭一下子滑落到深水中,他身后的姜梦淋和孔璇也被带落到水里。这时,远处的 3 名冬泳队员闻声赶到,救起了落水的两名女生及另一位落水少年。而陈及时、何东旭、方招等 3 名大学生却消失在湍急的江水中,未能生还。①

陈及时、何东旭、方招等 3 名大学生见义勇为、舍己救人的精神具有跨越时空的价值,他们为大学生树立了一个永远的精神标杆。英雄牺牲所换回的不只是两位少年的生命,更是对社会良知的感召,对大学生应有价值观、道德情操和精神风貌的感召。

(一)大学生应具备社会良知

一个社会、一个国家不能没有良知,没有良知的社会或国家,就是一个充满欺诈与谎言的社会;一个人不能没有良知,没有良知的人,就等于失去了灵魂,失去了做人的底线而不成其为"人"。人为什么需要社会良知?很简单,人是社会的人,人不能离开社会而生存。人一出生,就从社会获取多

---

① 甘丽华、杨昌洪:《长江大学新生结梯救人,三位同学英勇献身》,《中国青年报》2009 年 10 月 27 日。

种资源,自然而然他也应该回馈社会。因而,一个人生在世上,不仅要实现个人价值,也要实现社会价值。社会良知可以巩固社会价值的神圣不可侵犯的地位。

古今中外,大凡成就人生辉煌并对国家和社会作出贡献的人,他们当中没有人会置社会良知不顾而去追求自己的目标。居里夫人历尽千辛万苦,发明了元素镭。这时,她只要申请专利,就会变得非常富有。但是,她没有。"科学属于全人类",这是居里夫人对社会的良知。著名的生物学家土尔松,放弃了自己对小儿麻痹症疫苗的发明专利,把生产流程公之于世。他说:"你能为太阳申请专利吗?""杂交水稻之父"袁隆平为我国乃至世界解决粮食问题做出了巨大贡献。专家们认为,论及袁隆平解决了世界几亿人吃饭问题的巨大贡献,袁隆平的身价是"无价"的。《财富》杂志选出亚洲首富为香港富豪李嘉诚,其身价为127亿美元,合人民币不到1000亿元。照此算法,亚洲首富不应是李嘉诚而应是袁隆平。当有人把这一情况告诉袁隆平时,他却举着一节稻穗说,我要那么多钱干什么,我只要这个。社会良知在这些伟人的心中撑起了一片神圣的天空。

我们的国家和社会大量投资办教育的最终目的,是希望改善人民的生活质量,希望人民的日子越过越好:物质生活越过越好,精神生活越过越美、越充实。办大学的目的,不只是希望毕业生的生活越过越好,更是希望大学生能够利用所学为社会造福,让社会上其他人——尤其是比较不幸的人的生活也随着越来越好。"滴水之恩,当涌泉相报。"当代大学生,享受了国家和社会提供的优质教育资源和条件,应增强社会责任意识,与人为善,心系国家,情牵社会。社会良知是做人做事的道德底线,是做人的起码准则,是社会进步的表现,也是建设和谐社会所需要的。

让我们像呵护眼睛一样呵护善良,用一颗颗善良之心激活社会良知。

(二)努力学习,积极实践,回报社会,造福百姓

社会良知是一种责任和追求,是一种阳光人生的精神境界,是一种处世哲学,是一种生活智慧,帮我们学会做人,成为我们成就金色人生的起点。一颗具备社会良知的心,就是一颗善良的种子。大学生应具备社会良知,并将其化做一种充满爱意的行动,实践于生活,回报于社会。

首先,努力学习,学有所成。国家和社会提供教育资源和条件,为大学生的学习和发展提供便利,家长含辛茹苦,省吃俭用供我们上学,我们没有理由不努力学习,并做到学有所成。如果我们在迷茫中渡过几年的时间,成天浑浑噩噩,最后也不知道自己到底学会了什么,会做什么,那么我们就是一个泯灭良知的人。

大学只是一个人进入社会工作前的初级教育,我们要重视自我基本素质、基本技能的培养,更重要的是要学会给自己一个准确的定位,把握好几年宝贵的时光,让自己在大学学有所成。在大学期间,我们要努力学习,根据自己的爱好、特长来定位自己,扬长避短,学习各方面知识来适应这个多元化的世界,适应社会的需求。大学生应该对身边的事物进行准确的判断,细心观察、虚心讨教,取众人之长,补己之短。当今社会,拥有本科甚至更高的学历并不意味着一个人的成功,而在于如何利用在校学习的机会提升自己的专业与为人能力,以便将来能更好地服务社会,这就需要所有的学生有着拼搏之心。人生的轨迹是靠自己努力拼搏出来的,机遇总是眷顾有准备的人,我们要为自己设定好目标,坚持不懈,尽最大努力向成功靠拢。学有所成重在自身,只要我们抱着一颗拼搏的心,一切难题将迎刃而解。要有精益求精的意识。要想成为佼佼者,必须要有高超的专业知识,善于与人交往,富于团队协作精神,不断学习身边人的优点,琢磨成功的秘诀。只有在不断的学习中,才能发现不足,改善自我,提高自我,最后才可能成功自我。

其次,参加社会实践,培养服务社会的能力。大学生走向社会参加实践,亲身体验生活,看到城乡差别,感受民生疾苦,在与人民群众的接触、了解、交流中受到真切地感染和体验,从活生生的典型事例中受到深刻的教育和启发,使思想得到升华,社会责任感和使命感得到加强。

随着社会的发展,一个只有满腹经纶却没有实际经验的人,将逐渐被社会淘汰。我们应该在掌握理论知识的基础上,真正走上社会,将其应用于服务社会之中。大学生大多是在书本知识中成长起来的,对国情、民情知之甚少,而社会的复杂程度,远不是仅凭读几本书,听几次讲座,看几条新闻就能了解的,社会实践则为我们打开一扇窗口。我们要在社会实践活动中了解国情、了解社会,增强社会责任感和使命感,并在实践活动中增加知识,增长才干,提高服务社会的能力。

再次,热心公益活动,奉献爱心。爱是我们生命中最重要的音符。"老吾老以及人之老,幼吾幼以及人之幼。"人人富有爱心,关爱他人,我们的社会将更加和谐、美好。当代大学生在感受社会主义大家庭温暖的同时,也应用自己的实际行动回报社会,回报每一颗善良的心,热心公益活动,奉献爱心。在这方面,上海师范大学音乐学院辅导员、2008年全国高校辅导员年度人物孙雅艳为我们树立了榜样。

从2001年开始,孙雅艳就加入到中国青年志愿者的行列,累计志愿服务时间两年多,个人资助家庭经济困难学生48名,金额达14万多元;此外,她长期保持和贫困生通信交流,累计达2000多封。她曾7次亲自组织并带领大学生赴安徽、广西、贵州和四川绵竹灾区等地开展"音符串起希望"三下乡实践活动,资助贫困生400多名,举行爱心义演48场,开设公开课230节,同时为贫困地区学校配置了一批电脑、音乐器材、体育用品和学生床架等硬件设备。2007年8月至2008年8月,她积极参加团中央中国扶贫接力计划,奔赴广西百色玉凤镇坤平初中开展一年的支教服务,将辅导员的细心、耐心、爱心、恒心精神传递到贫困地区。在支教地,她在教学工作之余还开办了校园广播台、合唱团、模特队、舞蹈队等等,丰富了学生的校园文化生活。她利用周末和休息时间走遍田阳县18个村52个屯300多名学生家庭。通过家访,她收集了许多家庭经济困难学生资料,并通过多种途径争取社会帮扶,累计为他们争取到助学金26万余元。

"爱是一个圆环,它是靠无数人的爱心来连接。能够成为这圆环中的一环,参与这场永恒的接力,是一种幸福。"孙雅艳如是说。爱并不需要有惊天动地的表现,只要有一颗真诚的爱人之心,即使是一句普通的话语也能让人感到爱的温暖。让爱在我们的心中流淌。

最后,大处着眼,小处着手。曾读过这样一则小故事:东汉时有一少年名叫陈蕃,独居一室而龌龊不堪。其父之友薛勤来访,见状便批评他,为何不把房间打扫干净,陈蕃回答说:"大丈夫处世,当扫除天下,安事一屋乎?"薛勤当即反驳道:"一屋不扫,何以扫天下?"

陈蕃之所以不扫一屋,无非是对此不屑一顾。胸怀大志,欲"扫除天下"固然可贵,然而一定要以不扫一屋来作为"弃燕雀之小志,慕鸿鹄以高翔"的表现,我们却未敢苟同。一个连自己所居之屋都懒得打扫的人,当他着手办一件大事时,也必然会忽视大事中的小事和基础步骤,因为这对他来说也不过是扫屋之类,于是这大事便如同一座没有夯实地基的建筑物一样,华而不实,连两三级地震可能也经受不住,那真是"岌岌乎殆哉"了。

"安得广厦千万间,大庇天下寒士俱欢颜。"作为当代大学生,我们胸怀抱负,希望通过我们的努力,使国家富强,百姓安居乐业。但我们更要学会从小事做起,从身边做起,我们才能承担社会责任和历史使命。

2008年11月5日中午,美国民主党总统候选人奥巴马当选第56届美国总统,这位47岁的黑人成为美国历史上第一位黑人总统和首位非洲裔总统。奥巴马以非洲裔黑人和政坛新秀的身份,为什么能战胜民主党内的实力派选手希拉里?为什么在人们广泛质疑其政治经验时依然能以大比分战胜共和党资深元老麦凯恩?这些问题的答案,至少有一部分在于奥巴马自己独特的政治之路。

奥巴马的成功既源于美国社会的历史格局,也源于他真正深入联系民众,即中国式的"从群众中来,到群众中去"。获得学士学位后,奥巴马本来有很体面的工作机会和优厚薪水,但他不为眼前利益所动,毅然投身社区,从一名义工做起。也正是这几年社区工作的经历,让奥巴马深刻理解了美国的底层社会和民众,培养了一种亲民思维。

事实上,蓝领阶层和社会底层选民成为决定这次美国大选最重要的社会力量。美国人民尤其是底层人民有理由相信,一个能够放弃高薪为社区服务多年的法学博士,极有可能成为可靠的领导者。

在一个价值观多元化、越来越复杂的社会中,体察社会底层、帮助弱势群体,不仅是一个政治家或者未来政治家应该做的,也是任何一个有社会责任感的人应该做的。一个没有悲天悯人情怀、时刻只顾个人利益的功利主义者,注定不能成为社会和国家的领袖。

今天的大学生如能借鉴奥巴马的成功之道,敢于和乐于把自己与民众的命运连起来,让自己肩负起更多的社会责任,那么,中国社会本身就在大家的责任心中快速前进,有朝一日成为社区领袖或国家领袖时,我们一定是最棒的。①

---

① 陈杰人:《奥巴马的底层经验启示当代青年》,《中国青年报》2008 年 11 月 7 日。

第六讲　传承道德精髓　感悟传统文化

中国素有礼仪之邦、文明古国的称誉。在中国传统文化中,传统伦理道德是重要的组成部分,甚至从一定意义上说,它是中国传统文化的核心,凝聚了中华文化的基本精神,并在其发展过程中不断塑造着中华民族特有的性格和心理,承载着中国人对宇宙、社会、人生的终极追求和领悟。

然而,自近代以来,当中国文化遭遇西方文化的冲击时,两者相互碰撞、激荡、博弈,并最终在其强大的攻势之下而逐渐显出颓势。于是,便开启了对包括传统道德在内的中国传统文化的重新审视、评价和定位。其中,观点林立,感情复杂,有批评,有肯定,有"恨铁不成钢"的痛心,也有"时过境迁、物是人非"的通达和眷恋。究其核心,不过就是要思考和回答这样一个问题:产生于农业文明时期的中国传统道德在日趋现代化的今天还有没有价值和意义? 如果有,怎样与现代社会结合?

笼统地说,传统是一个民族的"根"。世界上任何一个民族都会有自己的文化传统,而文化的积累就是传统。传统支配人们的习惯,决定人们的思维方式,构成一个民族文化的核心力量,影响和塑造着一个民族的观念和行为的方方面面。中国传统的道德观早已渗透到了华夏民族百姓的思维方式和日常行为中,无论是精华还是糟粕,都已深入骨髓。如果因为去其糟粕,而连同精华一起摒弃,既是对传统道德精神的亵渎,也是对民族和历史的不负责任。那么,中华文明也会因此失去继续成长和发展的基础。

伦理道德是一个社会的上层建筑和意识形态,反映特定的经济基础,具有制度属性,带有明显的阶级性和历史局限性,对此我们应该加以扬弃。然而，就道德产生的原因来说，中国传统道德具有鲜明的人本主义色彩，即道德不仅是社会的需求，而且出自人的自然本性。无论是荀子的"人性本恶"，还是孟子的"人性本善"，皆来自人的本能。而这一点，自古以来，似乎没有太大变化。所以，就"彰善瘅恶"的主旨和使命来说，传统道德与我们建立的社会主义道德是一致的，这也就决定了传统道德中某些道德精神、道德价值、道德规范和具体原则不应也不会随着历史的风烟一起飘散，其精华必定为我们一代又一代的中国人所继承、创新和发展。

一、中国传统道德的精华

（一）传统社会公德中的精华部分

《公民道德建设实施纲要》明确指出："要大力倡导以文明礼貌、助人为乐、爱护公物、保护环境、遵纪守法为主要内容的社会公德"。社会公德是全体公民在社会交往和公共生活中应该遵循的行为准则，涵盖了人与人、人与社会、人与自然之间的关系。从这些内容看，实际上就是要求人们在人与人、人与社会、人与自然等方面充满仁爱之心。

中国素来被称作"礼仪之邦"，自古以来就有重视社会公德的优良传统。

1. 提倡自然之德，实现人与自然和谐共生

无论是儒家提出的"天人合一"，还是道家强调的"道法自然"，无不反映了中华民族历来将保护自然、热爱生命、构建人与自然亲密和谐的道德关系作为社会公德的重要内容。

2. 主张互相尊重、谦恭礼让

在人际交往过程中，古代哲人历来主张"仁者必敬人"（《荀子·臣道》）、"敬人者，人恒敬之"（《孟子·离娄下》），同时"敬让也者，君子之所以相接也"（《礼记·聘义》）、"宁让而损己，不竞而损人"（《云庄类稿·牧民忠告》）。这些都是中华民族最基本的公德要求。

3. 提倡尊老爱幼

儒家大同理想是"老有所终"、"幼有所长"，孔子的理想社会也是"老者

安之,少者怀之",都是强调尊老在敬、爱幼在育,并且"老吾老以及人之老"、"幼吾幼以及人之幼",从而形成了中华民族尊老爱幼的优良传统,成为社会公德最起码的道德要求。

4. 强调诚实守信

荀子言:"国者义立而王,信立而霸,权谋立而亡。"(《荀子·王霸》)孔子曰:"人而无信,不知其可也。"(《论语·为政》)诚实守信是我们为人处世所崇尚的德行,是社会公德的基本规范,更是个人、团体、国家和民族的一种非常珍贵的资源。

(二)传统职业道德中的精华部分

《公民道德建设实施纲要》提出:"要大力倡导以爱岗敬业、诚实守信、办事公道、服务群众、奉献社会为主要内容的职业道德。"职业道德是所有从业人员在职业活动中应该遵循的行为准则,涵盖了从业人员与服务对象、职业与职工、职业与职业之间的关系。

古代哲人认为:"读书者,当闭户发愤,只愧学问无成,哪管窗外闲事;务农者,当用力南田,惟知及时耕种,切莫悬耜妄为;艺业者,当居肆成工,务以技能取利,勿生邪念旷闲;商贾者,当竭力经营,一味公平忍耐,毋以奇巧欺人。"(《传家宝》二集卷二)也就是说,各行各业都有其基本的职业道德要求,而敬业乐业是最基本的道德规范。

儒家历来重农轻商,其关注的重点也不是工商经济活动,但儒家的诚信思想对今天加强社会主义市场经济条件下的职业道德建设仍具有一定的现实意义。诚实守信是中华民族的传统美德,是中国文化追求的理想人格。在中国传统道德中,"信"是五常之一,"诚"是五常之本、百行之源。"诚"具有最高的道德境界。诚信是儒家的道德追求。孔子主张做人要诚信无欺,把"信"作为人的立身之本,将其看成社会关系中一种最起码的道德原则。儒家认为,人无信不立。孔子说:"人而无信,不知其可也。大车无輗,小车无軏,其何以行之哉?"这就是说,一个人如果不讲信用,在世上就会寸步难行,讲究诚信是放之四海而皆准的做人道理。此外,儒家还认为,诚信是立国之本,是治国的重要政治原则;诚信是完美人格的道德前提;诚信是沟通人际关系,促进人与人之间相互尊重、相互理解、相互信任的精神纽带;等等。

《孔子家语·鲁相》曾有"贾羊豚者不加饰"语,意思是从事商业经营活动的人员不售假货劣货,不违反职业道德。儒家所以反对经销人员做假,从道德价值的评判上说,就是因为它违背了"己所不欲,勿施于人"的"诚"德。儒家的"信",本义就是"诚实不欺"。在经济领域,诚信是一只看不见的手,诚信本身不讲功利,甚至超越功利,但它和功利又有某种内在的联系。这就是诚信的双重性,即诚信的本质是利他的;反过来,在利他的同时又利己,"有德则有财"。从儒家诚信观念中汲取合理的营养成分,对加强社会主义市场经济条件下的职业道德建设和惩治造假售假的丑恶现象是有益的。

(三)传统家庭道德中的精华部分

《公民道德建设实施纲要》提出:"大力倡导以尊老爱幼、男女平等、夫妻和睦、勤俭持家、邻里团结为主要内容的家庭美德"。家庭美德是每个公民在家庭生活中应该遵循的行为准则,涵盖了夫妻、长幼、邻里之间的关系。家庭生活与社会生活有着密切的联系,正确对待和处理家庭问题,共同培养和发展夫妻爱情、长幼亲情、邻里友情,不仅关系到每个家庭的美满幸福,也有利于社会的安定和谐。

孔孟的孝悌思想是针对当时人伦关系颠倒的混乱局面,从解决家庭内部伦理关系入手提出的,强调各守其道,各安其分,用孝悌来规范、协调家庭内部人际关系。孝是子女对父母之爱的品德,强调子女对父母尊敬服从,扩展开来就成为家族系统中处理上下关系的道德规范,维系子辈对父辈的隶属。悌是弟对兄长敬重亲爱的品德,扩展开来就成为处理家庭系统中左右关系的道德规范。后来,儒家又把"孝"扩展到宗族、社会、国家,成为一种社会性的道德准则。只要人人做到"孝悌",就不会犯上作乱,天下就会太平。因此,从根本上说,儒家的孝悌思想是为封建统治阶级服务的,不可避免地带有较强的阶级性和时代的局限性,但作为意识形态的东西,它又具有相对的稳定性。儒家的孝悌伦理思想至今仍对人们的家庭和社会生活产生着影响。

诚然,传统的家庭道德作为小农自然经济的家庭生活规范,渗透着许多宗法血缘的狭隘观念和封建等级意识,其中所宣扬的父为子纲、夫为妻纲、男尊女卑、三从四德等落后的、腐朽的东西是我们必须彻底抛弃和根除的。但是,它所包含的许多积极因素和合理成分,有助于协调家庭关系、促进家庭和睦。

二、中国传统道德的基本精神

源远流长的传统道德构建了古代中国的社会秩序,协助创造了灿烂的文明,确立了礼仪之邦的文化定位,保持了国家的稳定和社会的发展,塑造了中华民族的品德特征。传统道德中蕴含了大量合理、有益的因素,值得我们弘扬和继承。然而,单纯地继承某些道德规范或具体原则,而忽视对其基本精神的深层次探索,似乎有舍本逐末之嫌。所以,我们更应该在现代化的视角之下重新梳理中国传统道德的基本精神,全面认识其中积极的和消极的部分。只有如此,我们才能对中国传统道德的具体规范和原则有一个较为客观的认识和评价,也才能在实践中更好地继承、创新和发展。

(一)"天人合一"的道德境界

"天人合一"是中国传统哲学所追求的最高理想境界和中国传统文化的深层底蕴。作为"天人合一"的"天"有两种内涵,一种是自然法则或自然界,一种是道德律令。

与标志自然法则或自然界的"天"合一,就是把人看成自然界的一部分,人要遵循自然规律或自然法则。对此,《庄子·秋水》篇说:

> 牛马四足,是谓天(自然);落(同"络",指用辔头络在马头上)马首,穿牛鼻,是谓人(人为)。故曰,无以人灭天,无以故灭命(不用造作毁灭性命),无以得殉名。谨守而勿失,是谓反其真。

"自然"是指法天贵真的本然状态,"人为"是指一切有害于生命主体的活动。庄子主张顺乎自然,反对人为。否则,将会带来生命主体本真价值的失落与扭曲。《庄子·应帝王》篇有则混沌凿窍而死的寓言:

> 南海之帝为倏,北海之帝为忽,中央之帝为浑沌。倏与忽时相与遇于浑沌之地,浑沌待之甚善。倏与忽谋报浑沌之德,曰:"人皆有七窍以视听食息,此独无有,尝试凿之。"日凿一窍,七日而浑沌死。

这里是说,倏忽二帝为报浑沌之厚德,按照"人皆有七窍"的标准(人为因素)来对待浑沌(象征完满的自然之道),结果导致浑沌丧失生命本真与自由。这则寓言告诉我们,人必须遵循"自然之道","反其真",才能与"天地合一",实现"天人合一"的理想境界。

同样,人与标志道德律令的"天"合一,其追求的终极境界是把人与人的社会和谐升华为人与自然的和谐,实现人与"天地合德",其中最集中的体现就是儒家哲学的"仁"学思想。在儒家哲学看来,"仁"是"天之所与我者",是一种对他人及他物都有的同情心。"仁"从最本质的"亲亲"到"仁民"再至"爱物",其最高境界便是"天地万物一体之仁",即人与自身、人与人、人与社会、人与自然实现整体和谐的最高境界。在生态失衡、世界环保危机日益严重的今天,回过头来品嚼一下中国传统哲学中的"天人合一"思想,许多真知灼见足以令我们赞叹和沉思。

除此之外,在中国,"天人合一"的思想还一直承担着类似宗教的作用。"天人合一"作为一种审美境界和人生理想,主张把人与自然、社会合而为一,试图超越个人情感、理性和肉体的局限,在精神和肉体上获得永恒,以达到人的生命的终极。为实现这种至高境界和追求,儒家把希望寄托于家、国、天下,道家把希望寄托于精神上的自由驰骋、超脱和安宁。总之,"天人合一"的思想在宗教观念相对淡薄的中国,使众多的人们找到了安身立命之所和世外桃源之境,长久以来一直左右着中国人的人格心理和价值取向。

值得注意的是,"天人合一"观念所造成的消极影响也是毋庸置疑、不容低估的。中国传统哲学所讲的"天人合一",是让"人"合于"天","天"是第一位的,"人"的一切都源于"天",这在某种程度上抹煞了"人"的主体性和能动性,是对"人"崇高价值的一种亵渎和对主体性的一种扼杀。过分强调消极的、道德上的超脱和精神上的解脱,不过是对现实苦难和处境的一种麻醉;一味追求"天人合一"的整体和谐,使因循守旧、思慕圣贤成为一种根深蒂固的观念,禁锢了中国人的思维方式,挫伤了中国人标新立异、锐意进取的决心和勇气。

(二)仁爱精神

在儒家的伦理思想中,仁是"全德"之称,是一个包罗众德的范畴,其他的道德规范,如忠恕、克己、孝悌、智、勇、恭、宽、信、敏、惠等等,都可以视为仁的不同方面的要求,包括在其中。一个人如果称得上仁,那就是完美无缺了。

"仁"的核心是"爱人"。儒家创始人孔子说,"仁者,爱人";还说,"己所不欲,勿施于人",就是认为仁者应该同情、关心、爱护、尊重、帮助他人,时时处处以己推人,为他人着想,"己欲立而立人,己欲达而达人"(《论语·雍也》)。孟子继承和发展了孔子的仁爱思想,《孟子·尽心上》中曾提出:"君子之于物也,爱之而弗仁;于民也,仁之而弗亲。亲亲而仁民,仁民而爱物。"它要求将"仁爱"的精神无限地伸张,让爱心充满宇宙。

在孔孟看来,人一生下来,就被置于家庭血缘亲情之中,享受着父母亲人的爱抚,并由此逐渐产生了对亲人的深深依恋和敬爱。因而仁爱是从家庭血缘亲情中直接引发出来的,有其自然的心理基础。仁爱的基本内涵就是亲亲敬长。把这种家庭血缘的亲爱之情向外扩充,就会产生对他人的爱心,以仁爱之心对待一切人,老吾老以及人之老,幼吾幼以及人之幼,建立人与人之间相亲相爱的和谐的人际关系,并最终扩大为对天地万物的爱。可以说,儒家的仁爱观念源于家庭血缘亲情而又超越了血缘亲情,它要求在尊亲敬长的自然道德情感的基础上,由己推人,由内而外,由近及远,层层向外递推,最终达到"仁者与天地万物为一体"的境界。

汉代以后,儒家学者在理论上对仁爱思想又有了进一步的发展。唐代大儒韩愈在《原道》中提出"博爱之谓仁",提倡广泛的、普遍的爱;北宋理学家张载在《西铭》中提出"民,吾同胞;物,吾与也"的著名命题,主张应该把天下民众看做自己的同胞兄弟,把世间万物看做自己的朋友。这就进一步深化了仁的内涵。此后,朱熹、康有为、谭嗣同等思想家对于仁爱思想都有所发挥。仁爱思想成为中国传统美德中极为重要的内容。

中国古代思想家不仅把"仁"视为做人的基本准则,作为处理人际关系的情感要求,他们还往往希望把"仁"的精神渗透于政治运作过程之中。在先秦时期,孟子曾大力提倡"仁政",提出了一整套仁政的方案。《礼记·礼运篇》中更设计了一个洋溢着仁爱精神的"大同"社会:"大道之行也,天下为公。选贤与能,讲信修睦。故人不独亲其亲,不独子其子,使老有所终,壮有所用,幼有所长,鳏寡孤独废疾者皆有所养……是故谋闭而不兴,盗窃乱贼而不作,故外户而不闭,是谓大同。"这是一幅人与人相亲相爱、和睦融洽的美妙图景,也成为古往今来人们孜孜追求、无限向往的社会理想。为了实现这种理想,历代许多思想家在现实的政治实践中以"安人"、"安百姓"为最高准则,"忧以天下,乐以天下",体现了仁的更高层次的要求。宋初名儒范仲淹在《岳阳楼记》中的千古名句"先天下之忧而忧,后天下之乐而乐",无疑正是传统儒家仁爱精神的升华。

中国古代的"仁爱"或"仁道"中包含着人与人之间应当相互理解、尊重、宽容、友爱、互助等丰富的人道主义思想。从"仁爱"精神的现代意义上讲,它将在人类社会文明进步的历史长河中依然起着协调人际关系、缓和社会矛盾、维持社会秩序的积极作用。

(三)中庸之道

在传统道德思想体系中,"中庸之道"既是方法论,又是一种理想道德观念。"中庸"的主要内容并非现代大家所普遍理解的中立、平庸,其主要思想在于修养人性,在于人们要自觉地进行自我修养,从而达到一种"天人合一"的理想境界。

"中庸"的基本含义可从"中"和"庸"两字分而解之。"中"是指不偏不倚、无过无不及的状态。对于自然界来说,万物有"中",都存在着一个恰到好处的状态;对于人际社会来说,也有着一种公正、不卑不亢、恰到好处的人生态度。"庸"是指实践活动所达到的境界,这个境界的显著特征就是它们处于一种最佳的和谐状态。如:在实践活动中处理事情恰如其分、无过无不及;在人格境界中,有着和而不同、中立不倚的理想品格;在社会境界中,实现的将是大公有道、富而有礼的理想社会目标。总之,"中庸"就是以不偏不倚的"中"的态度和原则,实现和谐的"庸"的境界。

孔子对于"中庸",竭力推崇,简直把它抬到了至高无上的地步。他说:"中庸之为德也,其至矣乎!"(《论语·雍也》)"中庸"是一种德行,而且是最高的德行。

一方面,"中庸"被理解为"中道",即"中立",使对立双方保持均衡状态。孔子曾赞誉舜"隐恶而扬善,执其两端,用其中于民"(《中庸》第六章),也曾称颂尧说:"天之历数在尔躬,允执其中。"(《论语·尧曰》)"中"即"中道",不偏不倚的原则,就是指人生处世、操练万物,要做到适中、恰如其分。

另一方面,"中庸"还被称为"中行",是指人的气质、作风、德行都不偏于一个方面。孔子曾说:"不得中行而与之,必也狂狷乎! 狂者进取,狷者有所不为也。"(《论语·子路》)"狂""狷"是两种对立的品质,一者流于冒进、进取、敢作敢为;一者流于退缩、胆小怕事。孔子认为,"中行"就是不偏于"狂",不流于"狷"。孔子本人就是这样一个敦厚而庄敬自重的万古君子,"温而厉,威而不猛,恭而安"(《论语·述而》),即"温和而能严正俨然;人望而生畏,而无刚暴;虽为恭敬,而能安泰"(《论语正义》),充分体现了无过无不及的中和之气。

总的来看,"中庸"之道是以整体全观的视野,自我节制的心态,求取恰如其分的最佳状态;"中庸"之道是一种生存智慧,它已成为中国传统文化潜层结构的要素之一;"中庸"之道是一种方法论,深深地影响着中国人的心理和中国文化的特征;"中庸"之道陶冶了我们的民族性格。我们的民族性格是"极高明而道中庸","中庸"是不偏不颇、保持平衡,平衡才能发展。中国古代之所以孕育了源远流长的灿烂文明,是和这种思想分不开的,而"高明"是使"中庸"免于乡愿(子曰:"乡愿,德之贼也。"《论语·阳货》)的保证。然而,我们还要强调,"中庸"绝不是平凡庸俗。它完整的定义应当是"极高明而道中庸"。不"高明"不会有五千年辉煌灿烂的文明;不"中庸"就不会长期稳定而守恒。

　　然而,在极力维护等级制度的封建社会,无论是处于富贵、贫贱还是患难的地位,仍要严格按照这些要求行事,这显然是违背人性的发展和社会发展的。所以,我们在看待"中庸"思想时一定要慎重,要辩证地去分析和把握。

(四)重义轻利的道德价值观

　　道德作为一种调节人与人之间、个人与社会之间关系的特殊行为规范,他必须为人们确立一个行为选择的价值标准,告诉人们在处理人与人之间、个人与社会之间的关系时,怎样做才是应当的、合理的,怎样做就是不应当的、不合理的。应当的、合理的行为可称为善,反之则称为恶。"义"就是这样一种判断人们行为善恶当否的价值标准,它对人们的行为起着导向、定向的作用,是人们思想和言行必须遵循的准则,因而儒家非常强调"居仁由义",把义看做是人们实现道德完善所必须经由的道路。

　　孔子曾提出"见得思义"的主张,即在利益面前,要首先考虑是否应该、合理的问题。这一思想并不否定人们对个人利益的追求,而只是要以义作为衡量其行为的标准。孟子发展了孔子的这一思想,他更加重视义对人们行为的指导作用,认为如果不符合道义,即使拿天下的财富给他作俸禄,拿良马数千匹送给他,也不应该回头看一下,甚至在生命和道义之间发生矛盾冲突,二者不能兼顾时,也应该舍弃生命而取道义。这种"舍生取义"的价值取向,作为中华民族精神的一个重要内容,激励了历代无数仁人志士为正义事业而艰苦奋斗,甚至献出自己的宝贵生命。

　　但是值得注意的是,在孟子的思想中,表现出一定的重义轻利的倾向。当梁惠王问孟子有什么对魏国有利的方法时,孟子就说:"王何必曰利,亦有仁义而已矣。"(《孟子·梁惠王上》)到西汉时期,董仲舒提出"正其谊(义)不谋其利,明其道不计其功"的主张,又进一步把重义轻利的观念推向极端。宋代理学家继承了这种观念,强调"义利之辨",视义为儒者为学做人、立身处世的首要原则。认为君子以义为根本,得义则重,失义则轻,由义为荣,背义为辱,一切轻重荣辱都以符合义与否作为标准,其余一切功名利禄都不值一提。这种正义的观念,具有坚持人格尊严、实现个人价值的意义,深化了义的内涵。但是,与此同时,理学家对个人的私利追求也进行了过分的排斥、否定,从而形成了儒家传统伦理道德中重义轻利的倾向占主导地位的状况。

在市场经济条件下,人们在法律许可或法律未禁止的范围内,根据社会需求追求利益的最大化是人的正当权力,也是生产力发展的必然要求。因此,人们在从事经济活动时,追求利润的最大化是无可非议的。而在中华民族传统思维定式中把追求个人利益看做是小人的行为,君子只能看重"义"。在改革开放和市场化过程中,我们在与西方国家进行经济交流时,因"义"而失"利"的事例很多,教训也不少。更有甚者,把它运用到体育竞赛之中,"友谊第一,比赛第二"就是传统重"义"思想的表现。当我们从本质上和人类发展规律的角度来认识市场经济,审视中国传统"义利"关系时,这种文化上的差异表现得就十分突出,有时我们也会把"见利忘义"说成是市场经济的产物,这种认识显然存在偏差。只重视"义"而忽视市场经济规律性,不利于建立新的"义利"关系。传统"义利"关系中能反映出中华民族特征的,对市场经济具有指导意义的精华部分,理应在新的"义利"关系中占有一席之地,成为新的义利观的主流思想,而那些过于理想化的"义利"观只能供后人观瞻了。

(五)追求高尚的精神境界,向往理想的道德人格

中国传统道德中有一种非常可贵的道德精神,那就是主张人们在满足基本物质需要的情况下,追求崇高的精神境界,把"富贵不能淫,贫贱不能移,威武不能屈"的"大丈夫"和爱国爱民、无私奉献、舍生取义的"君子"作为一切有道德进取心的人们的理想道德人格。不论是"天下有道,以道殉身;天下无道,以身殉道"的执著道德精神,还是"为天地立心,为生民立命,为往圣继绝学,为万世开太平"的高尚道德理想,其核心思想,都是要求人们超越个人的私利、私欲,以国家、民族和人民的正义事业作为个人行为的最高准绳。孟子在《孟子·滕文公下》提出的"居天下之广居,立天下之正位,行天下之大道;得志,与民由之;不得志,独行其道",历来为仁人志士所

推崇。

　　所以,中国传统道德教育要求人们接受道德教育,认识理想的道德观念,并努力达到道德上的不断完善,成就"大丈夫"或"君子"的理想人格。具体来说有三大特点:一是通过"德教"达到"修身"。孔子倡导"修己以敬、修己以安人"、"修己以安百姓",也即自天子以至于庶人,皆以修身为本。道家与儒家尽管有所不同,但也十分看重"修德"。老子在《道德经》中说,修之于身,其德乃真;修之于家,其德乃余;修之于乡,其德乃长;修之于国,其德乃丰;修之于天下,其德乃普。把修身的过程和道德提高与普及的过程有机地统一起来。二是倡导"知行合一"。孔子认为,君子耻其言而过其行、君子欲讷于言而敏于行。实际上,"知行合一"就是通过道德教育,增进人们把自己的道德认识付诸道德实践的自觉性,达到道德认识与道德实践的统一。三是强调"言教"与"身教"的统一。在"言教"和"身教"的言论中,儒家思想最具有代表性。孔子非常强调在对君子进行道德规范教育时,必须身体力行,用自己崇高的道德思想教育民众,以自己的模范行为感化民众,激发民众对理想美德的追求。

　　中国传统道德中这种鼓励人们追求高尚的精神境界,向往理想道德人格的思想,在我们今天的社会主义道德建设中,仍然有重要的借鉴意义。理想道德人格是国民道德的一面镜子。一个国家民众普遍的道德精神面貌,直接决定一个国家的今天和明天。

第七讲　增强法律意识　弘扬法治精神

　　2002 年 1 月 29 日,北京某名牌大学电机系四年级学生,为了验证一下狗熊到底笨不笨,把用从学校实验室偷来的火碱兑好的饮料,倒向正在与游客戏耍的黑熊。看到黑熊被烧得满地打滚,嗷嗷乱叫,侥幸逃脱的他并没有感到满足,而是又酝酿着下一次行动。2002 年 2 月 23 日,带着硫酸兑的饮料,他再次来到动物园实施"泼熊"计划。先后有 3 只黑熊、1 只马熊和 1 只棕熊受到残害。后经警方审问,这名男子叫刘海洋,已经被保送该校研究生。

　　大学生群体原本应是社会中素质较高的一个群体,发生这样的事件,应该引起我们的反思,大学生只要学好科学知识就行了吗？令人忧虑的是,在实际生活中,像刘海洋这样只重学习科学知识,不重视加强自身品德和法律素质修养的青年学子还有很多,刘海洋只不过是其中极端的例子。这些青年学子在学习上大多勤奋刻苦,舍得付出;但对于思想品德和法律素质的修养普遍重视不够或无暇顾及。很难想象,一个满腹经纶却心理扭曲或道德低下的人,会成为一个广受尊重的科学大师,会成为对国家和社会有用的栋梁之材。建设有中国特色的社会主义,实现中华民族的伟大复兴,需要的是全面发展的高素质人才。要达到这一要求,仅仅掌握好科学文化知识是远远不够的,还应该具备高尚的道德情操和基本的法律素养。

一、树立法治观念,增强法律意识

　　大学生法律意识是大学生群体对法、法律或其现象的反应形式,即心理、知识、观点和思想,包括对法律的情感、认知、评价和信仰等的内心体验。① 作为一个特殊的社会群体,大学生是未来社会的支撑主体,其法律意识如何,直接影响到公民的法律素质和整个社会法治文明的程度。

> 2004 年 5 月 4 日到 6 月 14 日,短短 40 多天,重庆市北碚区某高校的办公室和电脑室连续 4 次被盗。第一次一台电脑的主机被盗,没有引起学校的重视。5 月 15 日凌晨,又一台电脑的主机被盗,由于机器本身很老了,不太值钱,好像重视的程度也不够。5 月 27 日凌晨,三台电脑的主板及一台投影机被盗。6 月 14 日凌晨,又有三台电脑的主板被盗。这一次学校开始重视起来,马上向公安机关报了警。重庆市公安局北碚区分局办案民警经过大量摸排,抓获犯罪嫌疑人丁超,丁超系该校 2001 级的学生。丁超交待,他将盗窃来的价值数万元的电脑都拿到了重庆市某旧货市场进行销赃,共得到 4000 多块钱。那么丁超作案究竟是抱着一种怎样的心态呢? 用他自己的话讲:"可能大家也不相信,作案的时候我就是觉得我像个小孩做游戏那样。"

把盗窃视为一种游戏,确实令人不可思议。但违反法律法规的行为在我们大学生中并不鲜见,大的如诈骗盗窃,小的如购买盗版、抄袭剽窃。相当一部分学生在生活细微处法律意识淡薄,存在着错误的"法不责众"观念,平日生活中明知有些小事是违法的,但仍然因"众人皆醉"而让自己"勇往直前"。因此,单靠制度规范言行,学生永远处于被动状态,无法避免会出现这样或那样的问题,从制度到理念的跨越,树立正确的法治观念,增强自身的法治意识,做到学法、知法、懂法,是十分必要的。

(一)培养法律至上的信仰

1. 法治社会的需要

大学生作为法治社会的主体应当树立法律至上的信仰。法治社会的根

---

① 《思想道德修养与法律基础》,高等教育出版社 2009 年修订版,第 175 页。

本标志在于全社会的公民对法律的无限崇尚,即信仰法律。法治观念的最核心内容就是对法律的信仰,法律信仰是坚信法律的公正、神圣,心悦诚服地接受其制约。对法律崇尚、信仰的程度与人们对法律知识了解、掌握的多少没有必然的因果关系。人们所掌握法律知识的多少也不是法治社会的标志。实践证明,只有对法律的崇尚、信仰,才能激发人们对法律知识的追求,法律知识才能增多。① 相反,如果对法律持怀疑态度,没有学习法律的热情,法律教育的效果就会受到影响,法律教育的目标也将无法实现,那么我们通过课堂而获得的有限法律知识也只是海市蜃楼,过眼云烟。

2. 个人发展的需要

美国作家爱默生认为"信仰与生俱来,人具有信仰如同树上结出苹果"。人类信仰在人类文明史上发挥了巨大的作用,法治信仰也是如此。从人类的信仰需求讲,法治是诸多信仰对象之一;从法治的价值讲,法治的价值与人的信仰需求相一致。法治的价值是一个不断完善、更新的价值体系,但有一些价值,从古代沿用至今,其科学性、稳定性、本质性都是被实践检验是成熟的、确定的,如法治价值观涵盖的自由、平等、正义等。20 世纪工业化进程加快,迅速发展的经济为人们追求丰富的物质生活提供了可能。实现富足生活的希望极大地刺激了人们参与社会活动的积极性,调动起许多人的潜力,但同时也萌发了非理性、不人道的价值观。进入 21 世纪后,我国不仅开始面临着 20 世纪世界工业文明时期出现过的普遍性问题,而且还经历着社会转型时期阵痛带来的各种特殊问题。这种社会转型时期难以避免的价值动荡,可能会动摇和瓦解一些传统的基本价值和共同生活所倚仗的基本原则。当代大学生要想成为 21 世纪祖国建设的合格人才,唯有坚定传统的正义的法治价值观,充实精神家园,做一个有正确法治信仰的人。

(二)树立自由平等观念

保障公民的自由平等是我国宪法和法律的基本价值取向。对于大学生来说,只有树立自由平等观念,深入理解法律上的自由平等,才能正确地行

① 刘旺洪:《法律意识论》,法律出版社 2002 年版,第 125 页。

使各项自由和权利。依法享有和行使自由,是公民意识中最核心、最基本的内容。公民意识是基于民主制度而形成的一种思想观念,它渗透着民主的基本精神,即天赋人权,主权在民。在现代社会,每一个社会成员都有自己独立的人格和不可侵犯的权利,个人权利存在的前提就是对他人权利的尊重。不珍视自己的权利,或者不尊重别人的权利,都是公民意识欠缺的表现。大学生在学会珍视个人自由权利的同时,还应当兼顾他人的权利。

1. 树立权利意识

一般认为,一个国家公民的权利意识在一定程度上代表了这个国家法治建设的水平。也就是说,民事主体的权利意识高,则这一国家的法治水平建设状况就相对较好,反之,则较差。大学生不仅享有宪法、法律规定的公民权利,同时还享有大学生的特殊权益。概括起来大学生权利有:对学校教学计划提出异议或合理化建议;选举和被选举权;依法结婚生育;维护自己的基本权利、人身自由、个人财产及隐私不受他人侵犯;在教职员工不作为的情况下,有权利向更高级领导反映情况;对处分处罚决定提出申辩、申诉;参加各项体育锻炼、各类竞赛活动;男女学生享有公平平等待遇的权利;享受学校规定的医疗卫生补贴;分享学校、院系或班级的集体荣誉或奖励成果;向学校或学工处申请成立学生社团组织;利用课余时间进行社会实践和勤工助学活动;自由选择工作单位;依法享受双休、节假及寒暑假;知情权(指对涉及自己权益的文件信息、行为举措的知情权利)。

2. 正确行使自由权利

(1)尊重他人的权利

公民在法律面前一律平等,平等地享有权利、平等地履行义务。公民权利的实现建立在公民履行法定义务和道德责任的基础上,尊重他人的权利意味着尊重自己的权利,对他人权利的侵害则是对自己权利的侵害。

比如,公民享有言论自由的权利。随着网络的兴起,很多大学生不经过调查核实,利用网络随意发表自己对某人、某事的看法,在不经意间会泄露他人的隐私,影响他人的正常生活,甚至侵犯他人的合法权利。

(2)不得损害国家、社会、集体的利益

在我国,国家、社会、集体同个人的利益从根本上说是一致的,国家、社会、集体的利益也包括着个人的利益,无数个人利益汇聚成国家、社会与集体的利益。因此,维护或者损害国家、社会、集体的利益。也就相应地维护或者损害了个人的利益。但是,个人利益同国家、社会、集体利益的一致,毕竟是总体上、根本上的一致,在局部或非根本利益上还是有差异的。由于公民确实有其个人特殊利益,基于公民个人思想道德与文化本质等方面的差异,当公民个人不适当地行使自由和权利时就可能发生利益冲突,甚至触犯法律。因此,公民个人必须将自己的自由和权利约束在法律允许的范围内,在不损害国家、社会、集体利益的前提下,实现个人权利。

（3）在法律允许的范围内行使权利

世界上没有绝对的权利和自由,任何权利都要受到一定的限制。一旦超越法律许可的范围,滥用权力和自由,必然会违背公众的意志,损害人民的利益,必将受到法律的制裁,进而丧失自由和权利。

（4）以合法的方式行使权利

公民行使权利和自由,并不是随心所欲的,必须采用合法的方式,依据法律规定的程序进行,否则,不仅可能会损害国家或他人的合法利益,更有可能甚至构成违法犯罪。如,行使批评建议权要采用合法的方式;享受婚姻自由要按法律规定的程序;行使集会、游行、示威的自由权利更要按法定的方式和程序来进行;从事工商个体经营要按法定的程序和方式办理开业手续等。

3. 树立平等意识

平等权是我国公民的一项基本权利,它意指公民同等地依法享有权利和履行义务。宪法规定:"公民在法律面前一律平等。"

平等权有三层意思,一是权利平等,即所有的公民平等地享有法律规定的权利;二是义务平等,即所有的公民平等地履行法律规定的义务;三是法律适用平等,即国家机关在适用法律时平等地对待所有的公民,在保护或惩罚上一律平等,不因人而异,任何组织或个人都没有超出宪法和法律的特权。这三部分是一个有机的整体,它们的统一构成了法律上的平等权。

在大学这座象牙塔中,每位大学生都享有同等的权利,平等地享受高等教育,通过各自的努力平等地获取各种奖励、荣誉称号,平等地享受国家给予大学生的各种补助、优惠待遇。不因社会背景、经济条件、职务身份的不同而给予区别对待。

权利义务是对等的。平等享受权利的同时,每位在校大学生应严格遵守学校的各类规章制度、国家的法律法规,对同样的违规违纪、不履行义务的行为,依据学校管理规定应当受到同等的处分。

(三)树立正确的权利义务观念

权利和义务是一对具有丰富内涵的概念,可以从多个要素或层面来理解。可以把权利理解为法律所承认和保障的利益,在特定的人际关系中,法律所承认的权利主体的选择或意志优越于他人;义务可以理解为保障权利主体获得利益的手段,法律通过规定,使义务主体承受某种约束或负担。也就是说,权利是主张,意味着自由、获取和保护;义务是被主张,意味着约束、付出和强制。[①]

1. 每个人既是权利的主体,也是义务的主体

宪法规定:"任何公民享有宪法和法律规定的权利,同时必须履行宪法和法律规定的义务。""中华人民共和国公民在行使自由和权利的时候,不得损害国家的、社会的、集体的利益和其他公民的合法的自由和权利。"因此,宪法在规定公民各项权利的同时,也相应地规定了公民的义务。

没有无义务的权利,也没有无权利的义务。没有义务的权利只能是特权,没有权利的义务只能是奴役。只有权利和义务的不可分离的结合,才是真正的人权。我们认为,人权不是绝对的,而是相对的、有限制的。它的限制标准就是对他人和社会的责任与义务。大学生应正确把握权利和义务的关系,为自己树立法治观念、明确法律责任、处理社会关系、做守法用法的公民打下一个良好的基础。

2. 权利和义务是辩证统一的关系

权利与义务相互对应、相互依存、相互转化、密不可分。任何一项权利

---

① 刘亚丽:《论大学生法律意识的培养和提高》,《商业经济》2009 年第 4 期。任以顺、王冶英:《公民法治意识淡薄的成因与法治观念培育》,《东方论坛》2001 年第 2 期。

都必然伴随着一个或几个保证其实现的义务;义务的存在是权利存在的前提,权利人要享受权利必须履行义务;法律关系中的同一人既是权利主体又是义务主体,权利人在一定条件下要承担义务,义务人在一定条件下要享受权利。特别应该指出的是,无论是从法的理论逻辑上讲还是从法的实际应用上讲,在权利和义务的关系上,义务占主导地位。法的根本目的是保护人的权利,但是如果缺乏义务性规范的支持,权利就形同虚设,法律就会成为一纸空文。义务存在的合理性决定了权利存在的合理性。如果原有义务的合理性丧失,或新的合理性义务产生,那么已有的权利必然发生变化。权利的实现取决于义务的履行,不自觉履行义务就无法获得相应的权利。权利的实现,一部分以他人履行义务而获得,一部分以自己履行义务而获得。离开了义务,权利就不复存在。也就是说,在权利和义务这一对矛盾统一体中,义务处于矛盾的主要方面和支配地位,发挥着主导作用,决定着权利的存在和实现。

随着社会的高速发展,大学生的法律意识日益提高。大学生在面对自身的基本权益,如受教育权、婚姻自由权等方面,权利意识都是很强的。但有的学生过分强调自己的权利,而忽视他人的权利,以至于为了实现自己的权利而损害集体和他人的权利。有些学生甚至只讲学校应为自己做什么,不讲自己应为学校、他人、社会做什么,缺乏基本的义务观念。

2006年8月1日,江苏省镇江市京口区人民法院受理了大四学生汪恺起诉母校江苏科技大学侵犯其受教育权的行政诉讼案。原告汪恺在诉状中称,2005年12月23日他在全国大学英语四级考试中违反规定将手机带入考场,接收到了同学潘某发来的与考试相关的短信,但并未偷看,后手机被监考老师搜出。同年12月31日,江苏科技大学做出了处分决定,认定汪恺的行为属"组织作弊",给予开除学籍的处分。汪恺认为母校江苏科技大学的处分决定事实不清、定性错误、违反法定程序、适用法律错误,侵犯了他的受教育权,要求法院判决撤销被告江苏科技大学做出的处分决定。

汪恺只意识到了自己的受教育权利被侵犯,却不能认识到自己并没有履行我国《教育法》第四十三条第四款中规定的遵守所在学校或者其他教育机构的管理制度的义务。违规作弊向来都是各高校管理制度中明文规定所禁止的。如果认可汪恺的行为,无疑是对高校现有管理制度的挑战。作为一个大学生,应该正确地认识到权利和义务是对立统一的,二者相互联系不可分割。没有义务,权利便不再存在;没有权利,便没有义务存在的必要。权利的依法行使必须依赖于义务的履行,义务的履行是权利实现的保障。因此我们既要树立起正确的权利意识,同时也不能忘记所应承担的义务,树立正确的权利义务观念,争做一个文明的、体现时代精神的大学生。

3. 大学生应树立义务为先的观念

树立义务为先的观念是大学德育的重要方面。以国家公民的身份履行法律规定的义务,是大学生应该具备的基本品德。法律是由国家制定并保证实施的行为规范,具有国家强制性。① 这种强制性不仅表现为国家对公民合法权利的认可和保护,也表现在国家对公民应尽义务的强制。

(1)大学生的义务

义务可分为法定义务和非法定义务。法定义务是指宪法或其他法律明文规定的义务,如果不履行这样的义务将触犯法律,要受到法律的制裁。法律没有明文规定的义务为非法定义务,属于习俗、道德范畴,履行非法定义务更需要奉献精神。

宪法规定的公民义务主要有:遵守宪法和法律的义务,劳动的义务,受教育的义务,实行计划生育的义务,抚养教育未成年子女的义务,赡养扶助父母的义务,维护国家统一和全国各民族团结的义务,保守国家秘密、爱护公共财产、遵守劳动纪律、遵守公共秩序、尊重公共道德的义务,维护祖国的安全、荣誉和利益的义务,依照法律服兵役和参加民兵组织的义务,依照法律纳税的义务等。对宪法和法律规定的义务,公民必须忠实履行。这些都是宪法规定的公民义务,也是每一个大学生必须自觉遵循的人生准则。

作为一名大学生,在校期间有义务完成教学计划内的学习作业任务,按

① 《思想道德修养与法律基础》,高等教育出版社 2009 年修订版,第 175 页。

时上下课;有义务遵守各项法律法规和学校的管理规章制度;有义务维护国家、民族及学校的尊严;有义务维护学校的稳定、团结和利益;有义务缴纳规定的学费、住宿费及其他合理费用;有义务承担本人经手的工作、文件签署、财务收支及言论所带来的责任和后果;有义务承担因自己的过错而造成的直接或间接责任、损失;有义务尊重他人的人身自由、尊严、安全、隐私及财产;有义务爱护学校公共财产安全;有义务保守学校保密、机密及绝密的文件、图文信息;另外,有义务接受军事国防教育和训练;有义务对学校管理人员和教师教学进行年度评议等。

（2）义务为先的观念是增强大学生社会责任感和奉献精神的重要手段

大学阶段是大学生学习知识、培养能力、发展智力、丰富阅历、积累经验、准备承担公民责任的过渡时期,是大学生道德、法律意识形成,发展和成熟的关键时期。可以说,在这个时期形成的世界观、人生观、价值观对大学生一生的影响是决定性的。大学生不论学习什么专业,不论毕业后从事什么工作,始终要以树立正确的世界观、人生观、价值观为本。从当代大学生的思想道德状况看,增强社会责任感,培育奉献精神,是大学生思想道德修养的重点。

大学生要有责任感。法律规定的义务,是每一个公民都必须担负的社会责任。大学生应该通过对权利义务关系的学习,解决自身义务观缺位的问题,增强社会责任感。随着我国经济体制的深刻变革、社会结构的深刻变动以及利益格局的深刻调整,大学生的思想道德观念也发生着深刻变化。我们这一代大学生的思想政治状况的主流是积极健康向上的,心向祖国、心向人民,热爱中国共产党、热爱中国特色社会主义。但在我们中间,也有少数同学理想信仰迷茫,政治信念淡漠,价值取向扭曲,对国家、对民族、对社会,甚至对父母、对自己都缺乏起码的责任感。表现在权利义务的关系上,有的人过分强调自己的权利,忽视他人的权利,甚至为了实现自己的权利而损害集体和他人的权利;有的人只讲国家、集体、他人应为自己做什么,不讲自己应为国家、集体、他人做什么,缺乏基本的义务观念。大学生无论是在校学习期间,还是今后走上工作岗位,都要忠实履行对国家、对人民、对社会的义务,积极承担自己的社会责任。

大学生要有奉献精神。奉献,是一个合格大学生的基本品质,是大学生全面发展的基本要求,也是实现大学生全面发展的重要途径。加强对非法定义务的理解和认识,把道德要求自觉上升为义务要求,是我们每一个大学生的重要学习任务。只有完成好这一学习任务,我们才能更深刻地懂得,一个人想要享受权利就必须先履行义务,只有履行义务才能保证别人和自己权利的实现,从而不断提高履行强制力约束的法律义务和非强制力约束的道德义务的自觉性,使奉献成为我们大学生健康成长的价值取向。

大学毕业生应到西部去、到基层去、到祖国最需要的地方去,报效祖国、服务人民、建功立业。把个人的远大理想同国家的前途命运紧密结合,把个人的成长进步融入到与人民共同奋斗的事业之中。"西部计划"从2003年实施以来,截至目前,全国共有10万多名高校毕业生志愿到中西部26个省(区、市)500多个贫困县的乡镇一级,参加了支教、支医、支农等志愿服务行动,其中有近七成服务期满的志愿者留在基层就业创业,充分展现出中国青年积极奉献,昂扬向上的时代风采。

(四)树立公平正义观念

作为在校大学生,应从自己做起,树立基本的公平正义意识。尽管古往今来人们对公平的含义尚未形成一个统一的有说服力的看法。但是,可以肯定的是,公平是指在特定的历史时期和特定的人群中,被人们公认是最佳的,或者说与别的规则相比不得不选择它的,用于评价社会中的竞赛规则、交易规则和分配规则等合理与否的价值尺度。

公平是竞争的基础,而竞争是公平的体现;竞争要求公平,公平保护竞争;在公平的环境中,人们才会更好地去竞争;如果离开了公平,竞争便失去了赖以存在的根本;当然只讲公平,而主观不努力,不主动参与竞争,也只是纸上谈兵罢了。

纵观大学校园,部分大学生缺乏公平竞争意识,害怕竞争和不公平竞争现象时有发生,特别是高校学生作弊现象屡禁不止。作为国家未来建设栋梁之材的大学生具备公平竞争心理,感受到良好的公平竞争氛围,养成公平竞争的心理和习惯,是适应市场经济需要的迫切要求。

大学校园的特殊环境也会滋生不公平竞争现象。大学生在校期间的主要任务是学习,学习上的竞争是大学生最关心的竞争。学习竞争的结果,目前还只能用考试分数的高低来衡量。每到大学英语四、六级考试时,"枪手"便成为热点,小广告贴得到处都是,而且价格不菲,对于学生来说,充满了诱惑。

大学生完成学业,走向社会就业,是青年学生人生道路上关键的一步,也是大学生活中最重要的环节,这个时候利益与诚信的天平在一些大学生的身上往往会发生倾斜。到了决定自己命运的时候,一些学生总会不择手段,有的不仅夸大自己的能力水平,甚至还效仿社会上的不良风气,请客送礼。一些学生在推荐书上会夸大自己的能力水平和考试成绩,有的明明不是学生干部,也填上个什么"长"。

当代大学生应自觉培养公平竞争心理,规范竞争行为,创造公平竞争氛围,消除侥幸心理和不正当竞争心理。不当竞争如果得不到抑制的话,会导致投机取巧心理和腐败现象的蔓延,也必然会加速不公平竞争现象的恶性循环。

在新的历史条件下,公平竞争具有丰富而深刻的时代内涵。树立竞争意识,是培养公平竞争心理的基础。竞争意识就是要把自己融入到社会的发展中去,通过自己的努力拼搏,来实现自我和社会目标。社会要发展,科技要进步,就必须要有竞争,因为只有竞争才有压力,才会产生一种催人上进的原动力,才会促进人类不断地去发明和创造。只有具备竞争意识,才会知难而进,努力去提高和完善自己,壮大自己的实力。大学生应积极进取,通过脚踏实地的学习和锻炼,培养真才实学,提高自身的素质和能力。

二、学习法律知识,践行法律精神

随着社会的发展,特别是高等教育改革的深入进行,如收费上学,供需见面、双向选择分配等政策实施,以及市场经济运行所带来的人们观念变化,经济利益的调整,校园社会化程度增加等原因,致使现在的大学生较以往大学生在思想上、心理上都产生很多负担和压力。家庭贫困学生的经济压力,毕业生面临的就业挑战,高额奖学金评定所带来的学习压力,所有这些,在个别大学生中产生了一些不协调的音符,出现了不可忽视的违法犯罪现象,盗窃、赌博、寻衅滋事等违法犯罪活动不断发生。大学生只有不断地完善自我修养,加强法律知识的学习,提高法律修养,从我做起,才能养成正确的行为习惯。

(一)学习法律知识

只有了解法律、明确某个问题在法律上的具体规定,才能更好地体会法律精神,并运用法律知识和法律思维去处理各种问题。我国的法律体系是以我国全部现行法律规范按照一定的标准和原则划分为不同的法律部门,由这些法律部门共同构成的具有内在联系的统一整体。我国的法律体系包括下列法律部门:

宪法。宪法是法律体系的基础,主要表现形式是《中华人民共和国宪法》。此外,还包括主要国家机关组织法、选举法、民族区域自治法、特别行政区基本法、授权法、立法法、国籍法等附属的低层次的法律。

民法。民法是调整平等主体的公民之间、法人之间、公民和法人之间的财产关系和人身关系的法律,主要由《中华人民共和国民法通则》和单行民事法律组成,单行法律主要包括物权法、合同法、担保法、专利法、商标法、著作权法、婚姻法等。

商法。商法是调整平等主体之间的商事关系或商事行为的法律,主要包括公司法、保险法和票据法等。我国实行"民商合一"的原则,商法虽然是一个相对独立的法律部门,但民法的许多规定也通用于商法。

经济法。经济法是调整国家在经济管理中发生的经济关系的法律,包括建筑法、招标投标法、反不正当竞争法、反垄断法、税法等。

行政法。行政法是调整国家行政管理活动中各种社会关系的法律规范的总和。主要包括行政处罚法、行政复议法、行政监察法、治安管理处罚法等。

劳动法与社会保障法。劳动法是调整劳动关系的法律,主要是《中华人民共和国劳动法》;社会保障法是调整有关社会保障和社会福利的法律,包括安全生产法、仲裁法、劳动合同法、消防法等。

自然资源与环境保护法。自然资源与环境保护法是关于保护环境和自然资源、防治污染和其他公害的法律。自然资源法主要包括土地管理法、节约能源法等;环境保护方面的法律主要包括环境保护法、环境影响评价法、噪声污染环境防治法等。

刑法。刑法是规定犯罪和刑罚的法律,主要是《中华人民共和国刑法》。一些单行法律、法规的有关条款也可能规定刑法规范。

诉讼法。诉讼法(又称"诉讼程序法"),是有关各种诉讼活动的法律,其作用在于从程序上保证实体法的正确实施。诉讼法主要包括民事诉讼法、行政诉讼法、刑事诉讼法。仲裁法、律师法、法官法、检察官法等法律的内容也可归属于该法律部门。

(二)学会法律思维

1. 以法律为准绳

首先要学会以法律为准绳去思维与处理问题。判断一种行为是合法行为还是违法行为,是违法行为还是犯罪行为,是否应当承担法律责任,应当承担什么样的法律责任等,都应当以法律为准绳来判断。

法律就在我们身边。法律是每个公民保护自身合法利益的坚盾,让你享受身为一个公民应当享有的权利,同时也让你履行一个公民应当履行的义务。法律对违法犯罪分子进行应有的惩处,同时对公民人身自由与财产安全进行保护,维护社会秩序与社会风尚。这就是说,在人们的政治生活、经济生活和社会生活中,处处都有法律,人人都受到法律的制约和保护。

2. 以证据为根据

一般来说,证据是以法定的形式表现出来的、能够证明案件真实情况的事实。我国证据的形式和种类在诉讼法中有明确的规定。法律上的证据要具有合法性,即证据的形式、取得和查证都必须符合法律的规定。其次,证据要具有真实性,即证据必须是客观真实的,既不能虚构歪曲,更不能主观臆断。证据还要具有相关性,即证据只有与案件事实有实质性联系,才能对案件事实具有证明作用。①

3. 以程序为中心

程序问题在法律领域的地位越来越重要。正义不仅应得到实现,而且要以人们看得见的方式加以实现,程序正义的观念在现代社会正在凸显。简单地说,程序是法律所规定的法律行为的方式和过程,法律通过明确的程序规定来规范人们的行为。程序规定在实施某种法律行为时,应先做什么事情,后做什么事情,以及如何做这些事情才是符合法律的。

4. 以理由为支撑

任何理性的思维都需要适当的理由来支持所获得的结论。在理解法律精神,熟悉法律知识的基础上,要学会运用法律原则和精神思考与处理法律问题。法律思维的任务不仅是获得处理问题的结论,而且要为法律结论提供适合、充分的法律论证与法律理由。

(三)参与法律实践

1. 法律的实践性

法律并不仅仅是"统治阶级意志的体现",也不仅仅是简单的"社会规范",法律还包含了无数人的辛勤探索所得来的智慧结晶,体现了人类追求幸福的不懈努力。良好的法律应当是为了人的幸福和进步为宗旨的,否则也终会被修改或废除。一位法律界的著名学者曾说:"法律人的道德追求优于技术取向,应当倡导以社会公益为本的奉献精神。""维护正义"才是法律的根本目的。大学生只有通过参与各种社会活动,在实践中运用法律知识和方法分析问题,解决问题,用实际行动去践行法律精神,才能培养一种良好的法律素养。

从社会学角度来看,我国正在加快融入法制社会。这对置身在未来社会中的每一个人,是无法摆脱法律而生存的。所有市场主体都得遵循统一的规则或制度,在这种高度规则化的社会里,"法制手段"将越来越广泛地运用于我们的现实社会关系中。这意味着,从个体人的日常生活行为到丰

---

① 《思想道德修养与法律基础》,高等教育出版社 2009 年修订版,第 197 页。

功伟业之创造,均离不开一定的法律知识或法律技能。当我们以审思发展和关切生活的态度来判断实践领域时,自然会发现,必备的法律素养,已成为现代市民特别是青年学生们立足社会的不可或缺的基本要件。知识来源于实践,能力来源于实践,素质更需要在实践中养成。崇尚道德、遵纪守法,不论在任何场合、任何时候,都要维护法规的神圣和严肃性,不越规、不逾矩,将法律精神融入到广泛的社会实践中去。

2. 做法律的实践者

法律实践表现在两个方面,一是守法;二是用法,二者的结合才是法律素质高的表现。守法仅仅表现在对法律义务的履行和遵守,是一种内在表现形式。用法既表现为对法律义务的履行和遵守,同时又包括对权利的保护,对各种不同的不法侵害行为进行斗争,采取种种形式和合法手段及法定程序来实现自己的权利,是一种二者结合的表现形式。

你有过兼职经历吗? 在兼职过程中是否遭遇过侵权行为? 遭遇侵权后该怎样维护自身权益? 据中国质量万里行近日发布的一项调查报告,大学生的维权状况并不乐观,在权益受到侵害后,有四分之一的人选择"保持沉默"。大学生人身权、财产权受侵害的现象屡屡发生,我们应学会在日常生活、社会兼职、实习、就业等过程中,自觉运用法律的思维来解决问题。维权是权利,同时也是为维护市场公平需要承担的责任。一旦合法权益受到侵犯,应该积极运用法律武器,通过申请调解、仲裁、诉讼等合法途径,维护自己的正当权益。

自觉维护社会秩序,是每个公民都应肩负的社会责任。在日常生活中我们在公共场合会看到许多不良行为,插队、乱穿马路、随地吐痰等,甚至还可能遇到违法乱纪现象。大学生作为现代社会的公民应自觉树立公民意识,要有对社会的责任感,在做好自我保护的前提下,积极与不良现象作斗争。现在大学生中存在一些"事不关己,漠不关心","多一事不如少一事"等极其有害的思想观念。在制裁违法、惩处犯罪的斗争中,公、检、法等执法机关发挥着重要作用。但是,同违法犯罪作斗争不只是执法机关的任务,还需要广大民众,尤其是青年大学生的支持。只有在社会范围内,形成见义勇为、勇于护法的良好氛围,才能有效地预防和减少犯罪。我国法律鼓励、支持公民同违法犯罪作斗争,赋予公民同违法犯罪作斗争的权利,我们要珍惜这种权利,敢于行使这种权利。

"天下之事,不难于立法,而难于法之必行",践行法律精神要做到学法、守法和用法,不能忽略任何一个方面,忽略任何一个方面都是维权意识的一种缺失,也难以真正做到维权。法律就在我们身边,弘扬法治精神,才能形成全民学法、守法、用法的社会氛围。建设法治国家,需要全社会积极参与。大学生应自觉弘扬法律精神,传播法治理念,维护良好的社会秩序与风尚。

第八讲　感知身边美丽　缔造品质生活

　　"什么是美?""什么是理想?"不同的人会给出千差万别的答案。因为每个人的生活经历,情感体验都不可能完全相同,于是仁者见仁,智者见智。不过,要说"美是我们的理想",相信大家都能赞同,谁不爱美呢? 哪个理想的实现不是一件美事呢? 人们也正是按照美的理想来生活的。

一、美的表现形态

　　美的范围是广阔的,它的表现形态主要有自然美、艺术美和人的美。

(一)自然美

　　大自然的美是天然的,也是广阔的。我们的地球是三分陆地、七分海洋;大自然既有山川平原之美,也有湖泊海洋之美。著名的旅行家徐霞客说过"五岳归来不看山,黄山归来不看岳"。五岳是泰山、恒山、华山、嵩山和衡山这五大名山。泰山在山东平原之地拔地而起,雄伟气派;恒山巍峨幽然,如世外桃源;华山状若莲花,奇险陡峭;嵩山气势磅礴,景象万千;衡山奇花异数,秀丽多姿;黄山风景奇绝,大自然用它的生花妙笔营造了这里的奇峰怪石、云海松涛。生活在内陆的人们有了闲暇,便想去看一看大海。海洋的广阔、沙滩的温馨、天空的无垠,都是美不胜收的。碧海蓝天,阳光和煦,海水泛青波,浪花拍打在黄金似的玉带滩上,是一种美;海水清澈透明,一边与绵软的银色沙滩相接,在海的尽头,水天相接,浑然一色,又是一种美。

有人没去过任何风景名胜,但对于自然呈现出来的美,也是熟识的;李白有句诗"清风明月不用一钱买",看来,人们欣赏自然美是"得江山之助"的,你生活的世界给你提供了丰富的自然美,即便是走在路上,也有行道树绿、行道花开的美景。在北方,有"骏马西风冀北"的壮丽景色;在江南,更是有杏花春雨、三秋桂子、十里荷花的胜景。而且,大自然是一位魔术师,它是不断地运动和变化着,根据时节的变换来打扮自己,时而凤冠霞帔,时而银装素裹,这也让每一个景物都充满了生机。即便是寂静不动的山峦,各个季节也展示着不同的风姿,《林泉高至》中有一段精彩的描绘:春山烟雨连绵,夏山嘉木繁阴,秋山明净摇落,冬山昏漓隘塞。① 西湖美景亦是"水光潋滟晴方好,山色空濛雨亦奇"。更不用说春花秋月,夏蝉冬雪了。

(二)艺术美

艺术是人们追求美的集中体现。它起源于实用,原始的先民做一只碗来盛东西,在碗上刻一些图案作为装饰,虽然这些图案很简单,只是模仿一条小鱼、一只小鸟的样子,但是它们已经超越了实用的价值,象征人的力量。随着时间的推移,艺术逐渐超越实用价值而独立,成了人们发挥想象力,创造美的价值的活动及其结果,从本质上显示着人的伟力并且引领着人的内心世界走向高尚而自由的境界,这是模糊的却有着崇高情感的。把美当做理想的人类,总是努力追求美,创造美,创造着各种类的艺术,有些艺术家甚至提倡:为艺术而艺术,为美而美。艺术的种类繁多,主要有建筑、绘画、文学、音乐等等。

建筑大多是实用的,那些有观赏价值、体现着文化的建筑属于艺术。我国的苏州园林,通过建造长廊,设置隔墙,堆砌假山怪石,制造小桥流水,栽种古树丛竹,达到隔景、借景的效果,给游玩者创造"移步换景"的意境。北京的故宫,按照严整的中轴线布局,大小殿宇居中,东西两边院落对称,层楼叠院,错落有致,平面延展,占地 72 万平方米;整个宫殿红墙金瓦,用色彩华丽的琉璃作装饰,到处皆是繁复的龙凤木雕和石雕,做工精致,用尽了人力,

---

① 叶朗:《中国美学史大纲》,上海人民出版社 1985 年版,第 280 页。

它展现了封建社会皇家气派、皇权威力。西方哥特式大教堂以"高而尖"的建筑风格著名,这种高耸峭拔的设计给人一种向上飞腾的感受,好像要飞向天国,以此制造基督教的权威和神秘。

绘画艺术是通过线条、色彩等技术,在平面中展现立体的审美意象,它是空间艺术。大体上说,西方传统绘画重写实,艺术成就很高,达·芬奇表示要做大自然的儿子,他的绘画充分印证了这句话,达·芬奇学习解剖,悉心研究人体骨骼的构成,然后把科研成果应用于他的人物画中。我国传统的绘画重写意,讲究画中有诗,重视作画要留有"空白",以便营造像诗歌一样的"言有尽而意无穷"的意境,让这些"无画处皆成画境"。国画追求情感的表达,意境的营造,所以,王维可以不问四时,而画雪中芭蕉图。齐白石也可以不问残花败柳的难堪,画残荷图,让荷花别具一番风姿。

文学艺术通过语言文字创造生动的意象,来抒情或达意。每个民族都有自己经典的文学之作,如古希腊的神话和史诗,阿拉伯的《一千零一夜》,欧洲莎士比亚的戏剧、托尔斯泰的长篇小说等等。我国的文学在世界文学之林中是一颗璀璨的明珠:抒情文学发达,尤其是诗歌,《诗经》为源头,唐诗为鼎盛。叙事文学也不逊色,有《史记》、六朝志人志怪小说、唐传奇、宋话本、明清四大名著等,其中《红楼梦》集诗词曲赋为一体,是文学艺术的巅峰之作。此外,我国文学重视音律,六朝骈文讲究对偶和声律的和谐,宋元时的诗词、戏曲悦耳动听。

音乐是流动的、时间的、情感的艺术,通过旋律、音调、力度等手段来表现。一首曲子像逝水一样流动着,它存在于时间的流淌之中;在音乐的流动过程中,是情动于中而发于声的,表现着内心细微的情绪。我国古代的音乐著作《乐记》中说:治世之音安以乐,乱世之音怨以怒,亡国之音哀以思。这正说明了音乐传达着情感。

(三)人的美

人的美,是外在美与内在美的统一。外在美基于人的自然生理之貌,只要健康、匀称、有活力,便符合了美的素质。不过很少有人会完全满意自己的天然之貌,人们总是通过修饰,通过言行举止显示出美的风度。儒家倡导

"文质彬彬,然后君子。"文和质分别指人的外在美和内在美,作为一个君子,两者都要注重,不可偏废。所以我们在追求外在美的同时,更应当培养自己的内在美。内在美是一个人的志向、才能、学问、情趣的综合体。我们要树立积极向上的人生观;通过多训练、多实践来提高才能;通过读万卷书、行万里路来丰富学问;有意识地培养自己高尚的情趣。

大学生正值青春年华,对美的追求有着强烈愿望,在学习、生活中,通过各种渠道,正在逐渐形成自己的审美情趣和追求美的方式。我们参加社团,展现自己的风采;我们努力学习,以知识之美来丰富自己;我们装点宿舍,创造一个个温馨的港湾;运动场上,我们身手矫健……这些都体现着我们对美的追求。如果有人伤害了我们追求美的心灵,我们一定会愤然而起,进行斗争,护卫我们的爱美之心。我们希望获得知识,获得成功,希望获得同学、老师的认可和尊重,所以我们不懈地追求着美,也不断地发展着自己。

二、感受美、欣赏美

审美是追求愉悦的心态,是怡情养性。审美情感从狭隘的个人功利中升华出来,能够丰富人的精神生活,净化人的心灵,激发人们对于美的热爱和追求,从而有益于我们做一个真正的、完整的人。有一个"对牛弹琴"的故事:有人一天很有兴致,对牛弹奏高雅的琴曲,牛不理他,仍然埋头吃草。因为牛不具有欣赏乐曲的修养。人如果不具备一定的审美修养,没有相当的审美能力,也难以领会各式各样的美。所以,我们需要提高审美修养,更好地欣赏美。

(一)提高审美修养

审美修养是个综合素质,关涉到审美主体对审美对象的理解,审美主体对审美对象要有一定的甚至足够的储备。我们大学生喜欢读书、喜欢旅游,可若是自身知识贫乏,便会影响到对名作、景观之美的欣赏。李白有句大家熟知的诗:"江城五月落梅花"。有人发出疑问:既然天气已经到了五月的时节,又在温暖润泽的江南地区,哪里还会有梅花呢?这个疑问足见读诗者的细心与求真,不过他却缺少一个知识,那便是"落梅花"是一个曲调的名称,自古便有"梅花落"之曲。这句诗似乎是用落英缤纷的图景冲击我们视觉的想象力,进而把弹奏优美的乐曲描画得绘声绘色。再如,当我们来到故宫博物院,如果不听专门的讲解,大概许多建筑的功用、象征意义、艺术价值等便难以领悟;走到珍宝馆,这里陈列着许多文物;如果你精通古文字,会对这些活的化石留恋不舍,细细琢磨品赏;如果对古文字方面的知识一窍不通,那么这些珍贵的文物便失去了它们被欣赏的价值,因为它们被视为一堆普通的石头,恐怕还不如一些用来装饰的石头工艺品。所以说,审美需要积累知识,提高审美的修养。书本是知识的宝库,我们可以凭借自己的兴趣爱好读一些人文历史方面的经典著作,或是读一些与自然、生活密切相关的科普文章。除了书本之外,生活是一本丰厚的著作,事事留心是我们从中获取知识的钥匙。

其次,人生的经验也丰富着审美的修养。只有见多识广,有着丰富社会阅历的人,欣赏对象时细心观察,才更容易触动、引发情感、联想与回忆,于是更好地体会美。如果说古典诗词让我们更加细致、深入地体会自然的美妙;那么我们对自然之美的亲身感受,也同时会对诗词这种艺术之美的领悟更深一层:家门前有一棵柳树,春寒料峭,它抽出星星小笋,很勇敢的样子,然后就有嫩黄的柳花一串串地挂在枝条上,挂出了春到人间的可爱。"绿柳才黄半未匀"的诗家情景原来如此!后来又去看柳,那是沿湖而栽的一排垂柳,初春时候,葱翠点点,疏疏淡淡,在清清的湖水、蓝蓝的天空、煦煦的阳光的衬托下,那一团绿意远远地就将你笼罩进来了,这不正是在"杨柳堆烟"的诗境中缭绕吗?还有一次去一片原始大森林,高山峻岭,小溪潺潺。一边躲雨,一边看对面山坡披着灿烂阳光的经历,让我分外地感到"分野中峰变,阴晴众壑殊"这句诗的好处:真的是大山气魄!人生的阅历与见识积淀于审美修养中,影响着审美的判断。与陶渊明同时代的钟嵘在《诗品》中,将陶诗列为中品,陶诗从诞生起,一直以来都没有受到特别的重视;直到宋代出现了苏轼,这位饱经仕途风霜的大文人非常欣赏陶诗,钦慕陶渊明的人格,评价陶诗:"质而实绮,癯而实腴",说它达到了繁华落尽见真醇的境界,是天籁之音。

（二）拥有一定的审美心境

宋代理学家朱熹有诗《春日》："胜日寻芳泗水滨，无边光景一时新。等闲识得东风面，万紫千红总是春。"这诗描写的是春回大地，诗人在踏青探寻美景的一种活泼泼的新鲜感受，看到了整个世界焕然一新，充满了生机，仿佛是一夜春风，让千树万树花朵绽放着。这些满眼的光景，到底是一个寻春诗人的眼中景。一个匆忙的路人经过这里，或是一个心里满是哀伤的青年走过这河水边，大概都没有这个赏春的心情吧！看来，审美不仅仅关涉修养之事，还需要一个审美的心境。

审美心境首先要排除带着功利的目的。有人看到青松，就想到把它拿到家里做家具；看到飞翔的白鸽，就想到捉来熬汤喝；看到一幅美丽的画卷，就想到能卖几个钱。带着这些目的去观照审美对象，哪里会获得美感！德国古典美学家康德曾经做过一个比方，他说，草原上的嫩草和花朵，对于牛羊来说是可口的美味，对于牧羊人来说是赏心悦目的美的对象。因为牛羊对美丽的草原是有物质目的的，牧羊人对美丽的草原只有欣赏的目的，并且这种目的他往往是不自知的；如果他在盘算着草原如何为他带来经济上的利润，那么他就与审美擦肩而过了。即便不是感官的、物质的目的，是道德的、向善的目的，也会影响审美心境。这犹如小学生的春游，本来是怡然自得的开心玩耍，可老师或是家长在春游前给布置了任务，要求写游记，那么小孩子的心情便被写作的压力给破坏了，甚至荡然无存。

此外，审美的心境还需要审美主体与对象保持一定的距离。不能完全依照现实生活来看待审美对象，而是要主观地保持适度的距离，对审美对象投以艺术的眼光。陶渊明《归园田居》："种豆南山下，草盛豆苗稀。晨兴理荒秽，带月荷锄归。道狭草木长，夕露沾我衣。衣沾不足惜，但使愿无违。"诗人在南山下种豆，草很茂盛豆苗却稀稀疏疏的。为了不使豆田荒芜，一大早就下了地，到了晚上才披着月光回来。如果我们由此想到自己的生活，体会的是如何地劳作辛苦，如何地满身疲惫，那么便体会不到此中的真意了。诗人远离尘世，选择隐居山林之中，有明朗的月亮为伴，穿行于悠然的南山，心情充实又愉悦。如果能在审美中洗涤心胸，澄明心境，与对象保持一定的距离，发挥情意和想象力来欣赏对象，我们将陶冶自己的情操，让自己的心灵更加地丰富,此所谓"空故纳万境"。

(三)欣赏美

欣赏美是主体对审美对象观照的过程,也是一种享受。它使得心灵得到净化,情感得到升华,精神获得愉悦。从心理活动上来看欣赏美的过程,主要有三个层次。

首先是主体对审美对象形象的感知,也就是获得"第一印象"。我们来欣赏宗白华的美文:"风烟清寂的郊外,清凉山、扫叶楼、雨花台、莫愁湖是我同几个小伙伴每星期日步行游玩的目标。我记得当时的小文里有'拾石雨花,寻诗扫叶'的句子。湖山的情景在我的童心里有着莫大的势力。一种罗曼蒂克的遥远的情思引着我在森林里,落日的晚霞里,远寺的钟声里有所追寻,一种无名的隔世的相思鼓荡着一股心神不安的情调;尤其是在夜里,独自睡在床上,顶爱听那远远的箫笛声,那时心中有一缕说不出的深切的凄凉的感觉,和说不出的幸福的感觉结合在一起;我仿佛和那窗外的雾光月光溶化为一,漂浮在树杪林间,随着箫声、笛声孤寂而远引——这时我的心最快乐"。[①] 宗白华先生描述了游玩清凉山时候心情是宁静的喜悦、圆融的满足,这是轻盈的愉快的心理状态,是投入大自然怀抱中获得的松弛、舒畅、欣然怡悦的享受。当面临着优美的对象,它会使主体感到愉悦;但是如果主体面临的是崇高的对象,如观看动物园里的老虎,或是在高山悬崖边向下望,那么老虎的威力或是海拔的高度也会使主体受到一种压力,甚至是惊心的感觉,会有紧张感。不论是柔美还是雄壮,都是美的表现形态,它们本身没有优劣之分,不过欣赏者各有喜好,我们可以根据自己的兴趣爱好来选择欣赏对象。

欣赏美的第二个层次是主体在审美过程中渗入自己的情感。在欣赏美的过程中伴随着主体情感的涌动,其中移情作用是一个关键。王国维先生描述了欣赏美时主体情感渗入时的两种典型情境:"有我之境,以我观物,

---

① 宗白华:《美学散步》,上海人民出版社1981年版,第279—280页。

故物皆著我之色彩。无我之境,以物观物,故不知何者为我,何者为物。"①
第一种情境是:我着物之色彩。此时的"我"不是不存在或是被消解,而是
我将自己看做与万物一样,也是其中的一物,感到自己处于混茫之中,一切
回忆此刻都失去了意义——时空断裂了! 于是,我的想象在刹那间终止,止
于一片虚空之中。于是这"物的我化"式的移情形成了无我之境。无我之
境是一个澄明的世界。在这儿,一切都返璞归真、素淡自然。于是,庄子能
在梦中身与蝶化,翩然起舞;陶渊明能"采菊东篱下,悠然见南山"。

　　欣赏美的另一种典型情境是物着我之色彩,即我是物我关系的中心,我
将深刻地回忆、个人的气质投射于物,我的强烈的情感也向物移入;就在同
时,物亦触发我之情感的愈演愈烈和想象的绵绵无尽。于是这物的我化式
的移情形式形成有我之境。有我之境是一个缤纷的世界:因为一片风景就
是一片心情,同一自然之景可能被化合为优美、欢乐、缠绵、哀怨、忧伤、崇高
等不同色彩的人之景,况且大自然以其千姿百态呈现于我们的眼前呢? 陶
渊明爱莲之出淤泥而不染,中国人欣赏梅兰竹菊并称之为"四君子",都是
把情感渗入到了自然物中,使它们拥有了人格;甚至平常我们说的"情人眼
里出西施",也是一样的效应。艺术欣赏也是如此,看喜剧开怀大笑,观悲
剧黯然落泪,都是常人的情绪反应。但是,这种情绪反应不宜过度。曾经发
生这样的事件:有人观看话剧《白毛女》,因为一时气愤欲枪杀"黄世仁"。
作为一个欣赏者,他虽然渗入了足够的情感,但缺少审美的理性,不能正确
看待艺术真实与人生真实。欣赏美的情感应当包含着理解的因素。

　　欣赏美的第三个层次是获得再创造。欣赏者在审美中常常是由对视、
听等经验感受的回忆和体味而引起的葱茏的想象世界。在美感经验回忆之
中,伴随着主观情感的涌动,情感推动着回忆材料的重组、化合,同时又约束
着回忆材料的选择,于是心中虽浮想联翩,却有一定的去向,这去向可能便
通向欣赏者的再创造。比如读鲁迅《秋夜》的开篇:"在我的后园,可以看见
墙外有两株树,一株是枣树,还有一株也是枣树。"令人费解! 纵观整部《野
草》,这句"经典开头"的难处可以理解,而且从品读中能够获得一些新的领

---

① 王国维:《人间词话》,上海古籍出版社 1998 年版,第 1 页。

悟,从而进一步接近鲁迅先生的灵魂。用这个重复的叙述语言作为开头,是为了表明:后园的两株树同是枣树,却是截然不同的两棵树,它影射了鲁迅身上的双重性格,即同是一个鲁迅,又是两种不同风格。《风筝》可为证:全文围绕着一个遥远的、朦胧的、却又清晰的存在于记忆中的风筝,并以此为线索,回忆了幼年发生的一件小事。在这已被人忘却了的,但被作者慧眼捕捉的小事中,展现了"我"与弟弟的个性差异、是我们之间的兄弟关系、是那象征着弟弟希望的"风筝"被"我"无情撕破后,就再也没能得到修补,以至于它忘记了自己是一个风筝,忘记了还能飞上天空。其中,无意扼杀得到希望的"我"与反思而心存愧疚、想弥补过失却不能的"我"为一。《题辞》中,沉默充实的"我"与开口空虚的"我"为一;《希望》中,"绝望之为虚妄,正与希望同"……创造者给欣赏者留下了充足的空间,欣赏者可能从中发现创造者不曾发现的东西,可能是一种微妙的情绪,也可能捕捉到当时时代、环境对于创作的影响,于是作出全新的解释。当欣赏者从中有所发现时,这种体验是对美的欣赏的创造的喜悦,它将有助于欣赏者心理、情意的发展。

王国维先生读宋词而领悟了人生的三个境界,可以说是欣赏时再创造的典范了。他说:"古今之成大事业、大学问者,必经过三种之境界:'昨夜西风凋碧树。独上高楼,望尽天涯路。'此第一境也。'衣带渐宽终不悔,为伊消得人憔悴。'此第二境也。'众里寻他千百度,蓦然回首,那人却在灯火阑珊处。'此第三境也。"①取宋词作为自己述说的语言,赋予它们新鲜活泼的意义:人们往往在立志初期,感到前途漫漫,不知尽头;然后是对于志向的刻苦钻研,排除万难,坚持不懈;最后是收获的喜悦,通过坚忍不拔的努力,成功便不期而至。

三、艺术地生活

艺术地生活是生活得美好的动态展现,它需要的是一种氛围,人与自然的和谐是它的本质。和谐是一个理想,它是一种理想中的优美境界,悬在我

---

① 王国维:《人间词话》,上海古籍出版社 1998 年版,第 6 页。

们的眼前,让我们不断努力。同时,和谐也是一种丰富的状态,是人们各尽其能、各得其所而又和谐相处。

(一)美化环境,提高生活

在石头森林般的城市里,总是会留有一些空间,成为街心公园,让整天生活在钢筋水泥中的人们接近自然,呼吸新鲜空气。这里绿树成荫,花香鸟语,有些植物还被排列成各种造型,或是被修剪成各种式样,供人们赏玩。新修的道路两旁,也都成了绿化的景观,让人们出行时获得好心情。许多人喜欢在家里摆上鲜花,种几盆四季常青的植物,或是养一池晶莹闪亮的金鱼,把自然移入家中,点缀着家里的气息。人们还把喜爱的自然物,比如茶花、菊花、金鱼等,用心种植培育,并探索它们的生长规律,常常开发出新品种。就菊花来说,经过长期的人工选种培植过程,今天的菊花品类繁多。待到百花衰败的秋日,各色菊花竞相开放,人们又迎来了一片花的世界、花的海洋,真是满眼绚烂,美不胜收!

我们的校园,美丽又整洁,这得益于最初校园的设计以及绿化工人每年的劳动,同学主动成立的小红帽组织,也为维护这样一个好的环境做出了奉献。我们布置寝室,在门口还特意用艺术的方式写下它的名字,用来寄托我们对大学生活的某种理想,在打扫、装点中,我们为自己营建着一个美好的生活、学习环境。

(二)用审美的眼光看待生活

我们今天去登山,决不会像古人那样冒着生命危险,当我们遇到困难时,可能会有一些害怕,但不会是惊慌恐惧,而是会镇定下来,想方设法解决困难。当我们历尽千辛万苦登上山顶时,油然而起的是"会当凌绝顶,一览众山小"的感觉,攀登途中所有的努力都是值得的,我们见到了山的美丽,料山见我们也如是,尽管我们已疲惫不堪,甚至躺在大山的怀抱中,它也绝不会视我们的这种行为为狼狈,因为我们通过努力,看到了山的"分野中峰变,阴晴众壑殊"的美,山也会让我们油然而生一种优越感,一种自信心。

《舟还长沙》说得好："侬家家住两湖东,十二珠帘夕照红,今日忽从江上望,始知家在图画中。"自己住在现实生活里,没有能把握它的美的形象,等到自己对自己的日常生活有了相当距离,从远处来看,才发现家在画图中,溶在自然的一片美的形象里。[①] 读了这首诗,更让人感到生活的美好,从而更加珍惜现有的生活,总是感觉幸福、快乐的人,往往保持了适度的主观距离。有一场著名的濠梁之辩——濠水上有一座桥梁,庄周和惠施信步到那里,站在桥上看着清澈的濠水,庄周叹了一口气说,鱼在水里面游来游去真是很快乐。惠施说,你又不是鱼,你怎么知道鱼快乐呢? 庄周反驳说,你又不是我,你怎么知道我不知道鱼快乐不快乐呢? 惠施说,我不是你,我确实不知道你是不是知道鱼快乐,按道理,你不是鱼,你也不能知道鱼是不是快乐。庄周说,这个问题又转回来了,你不是我,你怎么知道我不知道鱼快乐不快乐呢? 其实,庄周把自己游濠梁之上的快乐,移栽到出游的鱼身上,他用一种诗意的眼光来看待自然万物,看到了游鱼在水中的欢快,也丰富了自己在濠水散步时心情的愉悦。

"主动去发现美"的生活! 如果大家都有一双"善于发现美"的眼睛、都有一颗"善于发现美"的心灵,那么,我们每天都像生活在"诗情画意"之中,时时刻刻与美好相伴。走在路上,有行道树绿、行道花开的美景供您欣赏。上班时,看到栽树种花的老人们在忙碌着,他们成群结队,一边干着活,一边说笑着,其乐融融;等到下班了,又看到他们席地而卧,用帽子遮着脸,相互依偎着休息,人与自然这样地和谐相处,更是天地间的大美。生活丰富多彩,只要我们稍稍留心,在身边都不会缺乏美。一棵小树、一朵小花,那样自然而然地生长着,不经意之间,被人发现,得到了人的赞叹,可能还会引起对生命的思考,这是主体对客体的发现;而同时,客体因主体才变得有意义,因此客体也影响主体,它给主体心灵以力量,它能提升主体的人格。当你灰心丧气时,你想到一朵美丽的小花在对你微笑,原来,这个世界如此可爱,你能不鼓起勇气,振作精神吗?

[①] 宗白华:《美学散步》,上海人民出版社 1981 年版,第 17 页。

（三）欣赏艺术，参与创作，让精神升华

生活需要有艺术作品作为媒介。石涛说得好："山川使予代山川而言也。"是这样的！天地有大美而不言，艺术家以其灵心慧眼发现美，并用人的智慧将它酿成艺术品。它有助于人们发现那些可能会视而不见的美，这是通过再造艺术之境的感受来成就人内心的诗意。苏轼《卜算子》：

> 缺月挂疏桐，漏断人初静。谁见幽人独往来？缥缈孤鸿影。
>
> 惊起却回头，有恨无人省。拣尽寒枝不肯栖，寂寞沙洲冷。

词中营造了一个月明的秋夜，万籁寂静，一个未能入眠的人静静享受这月挂疏桐的美景，听着滴滴的漏声，品味着淡淡的孤寂。没有原因的、突如其来的孤鸿的特写镜头打破了这份宁静，不禁教人心头荡起层层涟漪：是明月移动、月阴别了树枝，惊起孤鸿，翩然起舞弄清影，又不时回首，待人欣赏？是幽人梦迷孤鸿怅离群，伤流落，顾影自怜，想得到同情？是谁惊起，谁又回首，又谁有恨？这一连串的动作发自鸿还是幽人？还是鸿的惊起回首触着幽人绵绵心事？词人徘徊于"谁能见"的幻想与"无人省"的清醒的心理矛盾之中，让鸿带着幽人之孤独时，又赋予幽人以鸿之飘逸。苏轼有诗："人生到处知何似？应似飞鸿踏雪泥；泥上偶尔留指爪，鸿飞那复计东西。"于是，孤鸿意象成了士大夫形象的化身，它们有着极度的神似：飘然、执著、空漠、遗憾。海子的《面朝大海，春暖花开》勾勒了一幅温暖的、理想的生活图景。它让无边的大海做你的背景，无限的春光沐浴着你，再为你送上满目鲜花：你就这样实实在在地生活着——喂马，劈柴，周游世界。多么诗意盎然！

《诗品·序》里有一段话："嘉会寄诗以亲，离群托诗以怨。至于楚臣去境，汉妾辞宫，或骨横朔野，魂逐飞蓬；或负戈外戍，杀气雄边，塞客衣单，孀闺泪尽。或士有解佩出朝，一去忘反，女有扬蛾入宠，再盼倾国。凡斯种种，感荡心灵，非陈诗何以展其义？非长歌何以骋其情？故曰：'诗可以群，可以怨。'使穷贱易安，幽居靡闷，莫尚于诗矣！"[①]钟嵘强调了艺术作品的功

---

① 陈良运主编：《古代文论名篇选读》，中国古籍出版社1998年版，第184页。

用,一个人潦倒愁闷,全靠写诗来抒情、排遣、慰藉或补偿,从而心灵得到提升。情动于中而发于外,高兴的时候唱首歌,悲伤的时候写首诗,这都是人的情感的自然流露,这样你的精神便更加地充实而和谐。当你心有所感,写下来,可能就是一篇美文;拿起你的画笔,可能一篇意象葱茏的世界便诞生了;从生活中汲取日常的语言,现实又能打动人心的情节,组织成一个小品,联欢会时为大家带来精彩的表演。主动参与艺术创作,让精神升华。

在对美的追求中,我们种下了各种形态的美丽种子,它们在大地上生根发芽,蓬勃生长成一片片绿洲,这是人类的家园,是人们艺术地生活、诗意地栖居之地。

第九讲　品味经典诗文　书香浸润身心

　　文学是人类精神财富最富于情感的表现,也是最能打动人心的艺术形式。在同学们的求学生涯中,文学最初只是以语言工具的形式出现,我们认字解词造句,只是为了学会掌握一门语言,用于和他人的沟通和交流。而在此基础上,能够体会遣词造句中精妙的文字之美,沉醉在审美的愉悦里;能够被作品背后隐含的巨大思想所震撼,深陷于哲理的沉思中,才是我们今天所说的文学之美。

　　在古今中外浩瀚无垠的文学之海中,我们可以尽情留连和徜徉,这不仅是人类全部情感的完美呈现,也是人类思想智慧的绝妙展示。在这片文学之海中,你可以体验经历各种不同的人生,也可以找到心灵的知音和精神的伴侣。当你深陷在人生的泥沼中时,它也许会帮你摆脱困境;当你沉沦于绝望的情绪中时,它也许会成为你唯一的精神依靠。文学就是这样美,它让我们带着审美的眼睛来生活,又赐给我们敏感的心灵来认知。所以说,在人类创造的所有艺术形式中,文学是最富想象力和美感的,下面就让我们采撷其中一些精彩的片段一起去体验一下吧!

　　在古典文学中,最令人难忘的莫过于中国的唐诗和宋词了。

一、唐　诗

　　唐代是中国古典诗歌发展的全盛时期,这是多方面因素的共同结果。首先这得益于唐代政治稳定,经济繁荣,国力强盛。当时国泰民安的社会状况,在杜甫的《忆昔》诗中有着忠实的记载:"忆昔开元全盛日,小邑犹藏万家室。稻米流脂粟米白,公私仓廪俱丰实。九州道路无豺虎,远行不劳吉日出。齐纨鲁缟车班班,男耕女桑不相失……"其次,唐代各民族文化交流日益频繁,统治阶级对于儒、佛、道以及各学派实行兼容并包的政策,使得知识分子思想活跃,愿意参与社会生活,渴望建功立业,唐代呈现出昂扬磅礴、自由张扬的时代精神和风貌。再次,唐代的君主自太宗以来对于诗歌的爱好和提倡,以及当时诗赋取士的科举制度,又在客观上促进了文人对诗歌的青睐。因此唐诗反映社会生活的广阔性远远超出前朝历代,诗歌题材也得到前所未有的开拓。这一时期,诗歌创作进入辉煌的全盛时期,无论是数量还是质量,都是其他朝代无可比拟的,涌现出大批风格迥异的优秀诗人。

唐代诗坛最杰出的代表人物是李白和杜甫。

李白(701—762年),字太白,自号"青莲居士",是继屈原之后最具有个性与浪漫情怀的大诗人,他的作品达到我国诗歌浪漫主义的新高峰。

李白出生在中亚碎叶,5岁时随父迁居四川彰明县的青莲乡,自幼接受儒、道两教的熏陶,不仅善作诗赋,而且颇有豪侠之气,20岁以后,开始在蜀中漫游,后来游踪所及,几乎遍布整个中国。在漫游中,他并未忘却儒家经世报国的志向,只是不想走科举考试的平庸之路,而是希望凭借他的诗才一鸣惊人。

对于李白的精神、神态、性格和嗜好描写最为传神的作品,当推杜甫的《赠李白》。短短28个字,写尽李白一生的风貌,是一幅形神兼备的李白画像:

> 秋来相顾尚飘蓬,未就丹砂愧葛洪。
> 痛饮狂歌空度日,飞扬跋扈为谁雄。

终于在天宝元年,42岁的李白怀着"申管晏之谈,谋帝王之术,奋其智能,愿为辅弼,使寰区大定,海县清一"(《代寿山答孟少府移文书》)的政治理想,应唐玄宗之召入京。大喜过望的李白,还写下"仰天大笑出门去,我辈岂是蓬蒿人"(《南陵别儿童入京》)的诗句,表现了他的春风得意和志得意满。

李白初到长安,轰动朝野,他卓越的诗才令人惊叹,太子宾客贺知章赞他为"谪仙人",玄宗对他也是恩宠有加。不过玄宗只是将他当做一个点缀盛世的御用文人来看的,并未给他施展政治抱负的机会,而且在复杂的政治环境中,李白由于不能"摧眉折腰事权贵"也常受到群小的谗毁,日渐失去了玄宗的信任。在天宝三年春李白上书请还,离开了京城,开始了人生的第二次漫游。

长安三年的生活,李白经历了从理想到现实的巨大落差,但他始终没有丧失对自己的信心和乐观的精神,酒酣兴至醉里梦中抒发豪情逸志愤懑牢骚的信手之笔,都成了千古传诵的名篇佳作,由此成就了中国诗坛最伟大的浪漫主义诗人。

组诗《行路难》就写在离开长安之时,《行路难》是古乐府旧题,多写世路的艰难和离别的悲哀。这是第一首:

> 金樽美酒斗十千,玉盘珍羞直万钱。
> 停杯投箸不能食,拔剑四顾心茫然。
> 欲渡黄河冰塞川,将登太行雪满山。
> 闲来垂钓碧溪上,忽复乘舟梦日边。
> 行路难,行路难,多歧路,今安在?
> 长风破浪会有时,直挂云帆济沧海。①

本诗运用比兴和象征的手法描写了世道险阻,抒写了诗人在政治道路上遭遇艰难时,内心产生的强烈苦闷和愤郁不平。可贵的是,诗人永远抱有自信,从来没有放弃自己的理想,期盼终有一天他能够乘风破浪施展抱负,全诗充满了积极浪漫主义的情调。这首诗虽然只有 14 句 82 字,但诗人情绪的高低变化使得诗歌带有一种疾缓有致的节奏,读起来抑扬顿挫、气势如虹,成为后人称颂的千古名篇。

---

① 周汝昌等:《唐诗鉴赏辞典》,上海辞书出版社 1983 年版,第 228 页。

有"诗仙"美誉的李白继承和发展了屈原以来的诗歌浪漫主义的传统,以他放荡不羁的性格、奇幻浪漫的想象、酣畅饱满的笔墨、夸张宏大的气魄,书写了他愤世嫉俗的傲岸、自由不羁的理想和洒脱天成的个性,从而形成了他独特的飘逸豪迈的艺术风格,具有强烈动人的美感。其《行路难》、《将进酒》、《梦游天姥吟留别》、《静夜思》、《蜀道难》、《望庐山瀑布》、《登金陵凤凰台》等都是不朽的名篇。

与李白并称为"双子星座"的是伟大的现实主义诗人杜甫(712—770年),他出生于河南省巩县的官宦之家,祖父杜审言是武则天时期的诗人。杜甫自幼勤奋好学,7岁能诗,35岁之前过着读书和游历的生活。此间《望岳》、《画鹰》等诗已经显示出诗人不凡的才气。

746年,杜甫怀着"致君尧舜上,再使风俗淳"的远大政治抱负,到京城长安应进士考试,奸相李林甫、杨国忠把持朝政,使他的理想落空,杜甫困守长安城南的少陵近10年之久,自称"少陵野老"。这一时期,他生活极端困顿,常常挨饿受冻,"饥饿动即向一旬,敝衣何啻悬百结",对于"朱门酒肉臭,路有冻死骨"的社会现实有了深刻地认识,写下了《兵车行》、《自京赴奉先咏怀五百字》等诗篇。

755年,安史之乱爆发,杜甫曾只身被叛军扣押营中。逃脱后,投奔新帝,被唐肃宗任命为左拾遗。颠沛流离的生活,对国家命运的忧虑和对人民深切的同情使得诗人的口中吟诵出《春望》、《哀王孙》、《羌村》、《北征》等诗。不久杜甫因罪被贬官华州,途中见到生灵涂炭,杜甫写下组诗"三吏"(《新安吏》、《潼关吏》、《石壕吏》)、"三别"(《新婚别》、《垂老别》、《无家别》)等一系列爱国爱民的诗篇,并达到了现实主义的高峰。

759年冬,关中大旱,为了逃荒,他辞官西去,辗转到达四川成都。在友人帮助下,在成都西郊盖了一座简陋的茅屋定居,过了一段相对安定的生活,但仍很贫困。在国家政局的动荡中,杜甫的命运也激烈地动荡着。这一时期,他写下了上千首诗,许多是反映战乱年代人民痛苦生活的诗作,《闻官军收河南河北》、《茅屋为秋风所破歌》、《秋兴》均是这一时期的优秀作品。后来四川内乱,杜甫伴同家族,离开四川,乘舟沿江东下,辗转于湘鄂之间。770年冬,杜甫死在一条破船上,结束了他漫长的漂泊生涯。

　　杜甫经历过歌舞升平的开元盛世，也经历过万方多难的安史之乱，从流传下来的一千四百多首诗中可以看出，他继承并发扬了诗歌现实主义的优良传统，他的诗作不仅具有鲜明的时代特色和丰富的社会内容，而且充溢着爱国爱民和自我牺牲的崇高精神。他的诗作秉承各家之所长，语言精练，形象鲜明，诗风沉郁顿挫，犹如"安史之乱"前后唐代社会的一面镜子，反射出唐王朝由盛转衰时期重大的历史事件，自唐以来，其作品就被公认为"诗史"，明清文人推崇他为"诗圣"。

　　我们看看他的《自京赴奉先县咏怀五百字》：

> 杜陵有布衣，老大意转拙。许身一何愚，窃比稷与契。
> 居然成濩落，白首甘契阔。盖棺事则已，此志常觊豁。
> 穷年忧黎元，叹息肠内热。取笑同学翁，浩歌弥激烈。
> 非无江海志，潇洒送日月。生逢尧舜君，不忍便永诀。
> 当今廊庙具，构厦岂云缺？葵藿倾太阳，物性固难夺。
> 顾惟蝼蚁辈，但自求其穴。胡为慕大鲸，辄拟偃溟渤？
> 以兹误生理，独耻事干谒。兀兀遂至今，忍为尘埃没。
> 终愧巢与由，未能易其节。沈饮聊自遣，放歌破愁绝。
> 岁暮百草零，疾风高冈裂。天衢阴峥嵘，客子中夜发。
> 霜严衣带断，指直不得结。凌晨过骊山，御榻在嵽嵲。
> 蚩尤塞寒空，蹴踏崖谷滑。瑶池气郁律，羽林相摩戛。
> 君臣留欢娱，乐动殷胶葛。赐浴皆长缨，与宴非短褐。
> 彤庭所分帛，本自寒女出。鞭挞其夫家，聚敛贡城阙。
> 圣人筐篚恩，实欲邦国活。臣如忽至理，君岂弃此物？
> 多士盈朝廷，仁者宜战栗。况闻内金盘，尽在卫霍室。
> 中堂有神仙，烟雾蒙玉质。煖客貂鼠裘，悲管逐清瑟。
> 劝客驼蹄羹，霜橙压香橘。朱门酒肉臭，路有冻死骨。
> 荣枯咫尺异，惆怅难再述。北辕就泾渭，官渡又改辙。
> 群冰从西下，极目高崒兀。疑是崆峒来，恐触天柱折。
> 河梁幸未坼，枝撑声窸窣。行李相攀援，川广不可越。

老妻寄异县，十口隔风雪。谁能久不顾，庶往共饥渴。

入门闻号咷，幼子饿已卒。吾宁舍一哀，里巷亦呜咽。

所愧为人父，无食致夭折。岂知秋禾登，贫窭有仓卒。

生常免租税，名不隶征伐。抚迹犹酸辛，平人固骚屑。

默思失业徒，因念远戍卒。忧端齐终南，澒洞不可掇。①

这首诗作于天宝十四载（755年），是杜甫五言古诗中的代表作。755年11月，杜甫由京城长安往奉先县（今陕西蒲城）探望妻儿，恰在此时安禄山举兵造反。杜甫途经骊山时，唐玄宗和杨贵妃尚不知晓安史之乱的消息，正在骊山华清宫避寒享乐。国家危机迫在眉睫，沿途所见贫富悬殊，到家后得知幼子饿死等事，使诗人从自己的不幸想到人民的苦难，忧国忧民、忠君念家、怀才不遇等复杂情感，相互交织，于是创作出这一传诵千古的不朽诗篇。全诗五百字，从个人的悲苦，万民的哀乐，推定一国的兴衰，字字真实，句句感人，它标志着诗人现实主义风格的形成，具有划时代的意义，历来备受读者和评家推崇。"以文而论，固是一代之史诗，即论事，亦千秋之殷鉴矣。"②

二、宋　词

词，又称长短句、诗余，"它兴于唐，胜于宋，不绝于元明，回光于清季，直至今日，余绪尤存。"（《唐宋名家词译析》）

中唐以前，词的创作在文人中并不普遍，诗仍被看作"言志"的主要手段，词则是"诗之余"。到了晚唐，涌现出一批以填词为主的文人词家，"花间"词派最为著名，晚唐温庭筠就是其中最杰出的代表。他善写闺情，用语浓艳巧丽，意境缠绵幽深，笔调曲折，讲究声律，词风香软。冯廷巳属南唐词人，是唐五代词人中作词最多的一位，他文笔秀丽清新，委婉情深，对北宋婉

① 周汝昌等：《唐诗鉴赏辞典》，上海辞书出版社1983年版，第445页。
② 周汝昌等：《唐诗鉴赏辞典》，上海辞书出版社1983年版，第449页。

约派词人影响颇大。李煜也是南唐词人，他亡国之后的词写得尤为出色，以真挚的情感书写家国之痛，纯以白描取胜，语言凝练而深邃，冲破了"词为艳科"的藩篱，开阔了词的境界，积极推动了词的发展。

词的发展真正达到顶点是在宋代。宋词流派众多，名家辈出，华彩纷呈，千峰竞秀，因此，宋词与唐诗并称双绝，都代表一代文学的高峰。

宋词根据风格被分为婉约派和豪放派两类。

婉约派是我国词坛上历史最久、数量最多、影响最大的一派。其代表人物有：柳永、李清照等。主要内容侧重闺情离愁，善用柔笔抒情，语言精巧而切合音律，一唱三叹，具有一种柔婉之美。

柳永是北宋第一位专业词人。柳永（约 987—1053 年），福建崇安人。出身于儒宦世家，原名三变，后改名为永，字耆卿。因排行第七，又称"柳七"。柳永妙解音律，受民间乐曲和民间词的影响，改制和创作了一些词调，大量制作慢词，使词的容量大大增加，写了许多描写都市繁华生活的词，铺叙委婉，音调上抑扬顿挫，使慢词达到了很高的艺术成就。

柳词风格独特，以白描见长，善于铺叙刻画，情景交融，不避俚俗，音律和谐，浅显平易。在当时广为流传，有人说："凡有井水处即能歌柳词"（《避暑录话》），其巨大的影响力，在北宋词人中是非常突出的。

《八声甘州》是柳永一首颇享盛誉的名作：

> 对潇潇、暮雨洒江天，一番洗清秋。渐霜风凄紧，关河冷落，残照当楼。是处红衰翠减，苒苒物华休。惟有长江水，无语东流。
>
> 不忍登高临远，望故乡渺邈，归思难收。叹年来踪迹，何事苦淹留？想佳人、妆楼颙望，误几回、天际识归舟。争知我、倚阑干处，正恁凝愁！①

这首传诵千古的羁旅行役之词通篇贯穿一个"望"字，上片写景，下片抒情。章法结构紧密，融写景抒情为一体，通过描写羁旅悲秋，相思愁恨，把人生漂泊的悲愁，思乡怀人的凄苦深挚地表现出来，语言浅近而情意深长。其

---

① 唐圭璋、潘君昭、曹济平：《唐宋词选注》，北京出版社 1982 年版，第 122 页。

中上阙"渐霜风凄紧,关河冷落,残照当楼"一句气象极为阔大,感情苍凉激越,深得苏轼赞赏,认为"唐人佳处,不过如此。"(《侯鲭录》卷七)下阙以细腻的心理描写取胜,先写自己的思乡之情,再联想到自己的漂泊异乡的艰难处境,最后以佳人妆楼遥望的情景来反衬自己的离愁别绪,笔调委婉而情韵毕现。

婉约派的另一位代表词人是李清照。

李清照(1084—约1151年),号易安居士,山东济南人,是公认的宋朝"婉约派"词人。李清照的词风以南渡为界发生了很大的改变。

李清照出生在一个上层封建士大夫家庭,生活条件优越。南渡之前,她过着平静幸福的家庭生活,丈夫赵明诚是著名的金石收藏家,两人志趣相投,都爱吟诗作赋。这一时期李清照的作品多是写闺中生活,描写自然风光和离愁别绪,格调清新明丽,婉约含蓄。《如梦令》(昨夜雨疏风骤)、《一剪梅》(红藕香残玉簟秋)、《醉花阴》(薄雾浓云愁永昼)都是这一时期的代表作。

靖康之难以后,随着金兵入侵,国破家亡,李清照个人的命运与国家的命运都发生了逆转。建炎二年四月,赵明诚病亡,李清照孤身一人,漂泊异地,过着流离失所、无依无靠的生活,晚景凄凉。在这一时期的作品中,她把国愁和家恨紧密结合,倾注了自己凄苦、沉痛的情感,表现了真实的内心感受,读来感人至深。《声声慢》(寻寻觅觅)、《永遇乐》(落日熔金)是这一时期的代表作。

《永遇乐》是李清照晚年避难江南时的作品,她以女性特有的细腻纤巧之笔回忆京洛元宵节时的旧事,今昔对比,读来令人凄怆欲绝:

> 落日熔金,暮云合璧,人在何处?染柳烟浓,吹梅笛怨,春意知几许!元宵佳节,融和天气,次第岂无风雨?来相召,宝马香车,谢他酒朋诗侣。
>
> 中州盛日,闺门多暇,记得偏重三五。铺翠冠儿,捻金雪柳,簇带争济楚。如今憔悴,风鬟霜鬓,怕见夜间出去。不如向、帘儿底下,听人笑语。①

---

① 唐圭璋、潘君昭、曹济平:《唐宋词选注》,北京出版社1982年版,第122页。

词的上阕从眼前景物抒写心境，又是一个春意盎然的元宵节，还是宝马香车的好友会，但词人显然已全无兴致，因为"人在何处"，故国已去，家园不在，美景佳日只能徒增感伤而已。下阕从今昔对比中抒发国破家亡的感慨，从"簇带争济楚"到"怕见夜间出去"，表达了难言的沉痛悲苦之情。词人以女性特有的心理变化将眼前景、心中情相互融合，通过南渡前后过元宵节两种情景的对比，真实地反映出词人在历尽沧桑以后的悲凉心境。全词情景交融，跌宕有致。家国之痛和身世之悲的深度融合，使得这首词具有深刻的社会意义。

由于长期以来词多趋于婉转柔美，人们便形成了以婉约为正宗的观念。婉约词风长期独占词坛，但豪放派异军突起，从内容到形式、题材到风格都有所发展，它突破了词为"艳科"的藩篱，为词坛开辟了一个崭新天地。其代表人物为苏轼、辛弃疾等。

苏轼（1037—1101 年），字子瞻，自号东坡居士，四川眉山人。是北宋集散文家、词人、诗人、画家、书法家于一身的艺术天才。

苏轼出身于一个文化修养极高的家庭。父亲苏洵早有文名，母亲能教他读书，因此他自幼就生活在浓郁的文化氛围之中。苏轼一生坎坷，因新旧党争，多次被贬官放逐。神宗年间，苏轼不满王安石变法，请调外任，曾任杭州、密州、徐州等地地方官，"乌台诗案"后，苏轼被贬为黄州团练副使。此后苏轼几经起落，甚至远放到儋州（今海南儋县），直到 1100 年徽宗即位，他才被赦还，次年七月死于常州。

苏轼对于词的贡献，是无人能比的。他将北宋诗文革新运动的精神，扩大到词的领域，对词的诗化和散文化作了大胆的尝试。他突破了晚唐五代以来词专写离愁别绪、男女恋情的旧框子，扩大了词的题材，怀古、感旧、记游、说理都可入词，使词成为能摆脱乐曲独立发展的新诗体。他还突破音律的束缚，不让作品的内容受到形式的限制，成为豪放词派的开创者，"一洗绮罗香泽之态，摆脱绸缪宛转之度，使人登高望远，举首高歌……"（胡寅《酒边词序》）使词的发展进入新的局面。

我们来欣赏一下苏轼的《定风波》：

公旧序云：三月七日沙湖道中遇雨。雨具先去，同行皆狼狈，余独不觉。已而遂晴，故作此词。

莫听穿林打叶声，何妨吟啸且徐行。竹杖芒鞋轻胜马。谁怕？一蓑烟雨任平生。

料峭春风吹酒醒，微冷，山头斜照却相迎。回首向来萧瑟处，归去，也无风雨也无晴。①

这是一首旷达之词，作于苏轼因"乌台诗案"被贬黄州后。全词紧扣旅途中偶遇风雨这样一件生活小事，抒写自己开朗达观的胸襟和超凡超俗的心境。上阕描写雨打竹叶，春寒料峭，词人却手持竹杖，脚着芒鞋，在雨中照常舒徐行步、潇洒自如的情景。下阕抒写忽而雨忽而复晴的感慨，表现了词人处变不惊、笑对人生的潇洒气度，以及"也无风雨也无晴"的平淡心境。词人以比兴手法直写胸臆，言在此而意在彼，以小见大，富含哲理。

其中，"一蓑烟雨任平生"，由眼前风雨推及整个人生，表现了词人面对人生风雨的超然态度。结尾"回首向来萧瑟处，归去，也无风雨也无晴。"是饱含人生哲理意味的点睛之笔，道出了词人从大自然中所获得的顿悟和启示，一种无喜无悲、物我两忘的人生哲学和处世态度呈现在读者面前，反映了苏轼旷达飘逸的处世态度。

辛弃疾（1140—1207年），字幼安，号稼轩，历城（今山东济南）人，是南宋爱国词派的领袖和旗帜。他出生前，宋朝已经经历靖康之耻，南宋小朝廷偏安江南，大好河山被金人占领，辛弃疾就是在金人的统治之下度过了他的青少年时期。

辛弃疾在他21岁的那一年，组织了一支两千人的义军，参加了由耿京领导的抗金队伍，英勇地与金兵作战，后来南渡归宋，名震江南。此后辛弃疾一生坚持抗金主张，反对妥协投降。但是这个充满了爱国热情的干才没有被朝廷派去抗击金兵，一生最好的时光都浪费在内乱问题上，而且由于辛弃疾积极打击贪官而被当权者所忌恨，曾两次被弹劾退职，先后闲居20年，

---

① 唐圭璋、潘君昭、曹济平：《唐宋词选注》，北京出版社1982年版，第196页。

辛弃疾厮杀疆场、收复失地的梦想只能在他的词里展现。

这样,我们就不难理解辛弃疾词中忧国忧民的爱国热情、以英雄自许的丈夫气概、不屈不挠的民族精神和壮志难酬的忧愤之情了。

请看辛弃疾的《摸鱼儿》:

> 淳熙己亥,自湖北漕移湖南,同官王正之置酒小山亭,为赋。
>
> 更能消、几番风雨?匆匆春又归去。惜春长怕花开早,何况落红无数。春且住。见说道、天涯芳草无归路。怨春不语。算只有殷勤,画檐蛛网,尽日惹飞絮。
>
> 长门事,准拟佳期又误。蛾眉曾有人妒。千金纵买相如赋,脉脉此情谁诉?君莫舞,君不见、玉环飞燕皆尘土!闲愁最苦。休去倚危栏,斜阳正在、烟柳断肠处。①

这是辛弃疾在宋孝宗淳熙六年(1179 年)暮春写的词,当时作者 40 岁,距他南归宋朝已过去了十几个年头,又适值调任之际,深感岁月已逝,报国无门之苦,在词中他通过比兴手法寄托对国事的忧愤之情,以及自己遭受排挤的苦闷。词的上阕,词人以春喻国,伤春吊古,但实际上将自己的忧国之情隐藏在春残花落之中。下阕描写自身的遭遇,用比兴手法写出了他在朝中的处境,表达的既有个人遭遇的感慨,也有他对南宋朝廷暗淡前途的担忧,把个人感慨纳入国事之中。词风委婉,但情感却很激烈。

辛弃疾继承和发展了苏轼"豪放派"的词风,进一步扩大了词的表现范围,境界开阔,手法多样,是豪放词的集大成者。辛弃疾与苏轼并称"苏辛"。辛词洋溢着强烈的爱国热情和豪迈的英雄气概,体现出积极浪漫主义的风貌,感时抒怀之间叙事、写景、抒情紧密结合,广泛地引用各种典籍和前人诗词中的历史典故,把词引入到一个更为广阔的新天地。

---

① 唐圭璋、潘君昭、曹济平:《唐宋词选注》,北京出版社 1982 年版,第 420 页。

三、现代小说

小说是文学史上的后起之秀,但其发展之快、成就之高,已使其成为当今最为重要的文学样式。

就中国小说发展来看,古典小说的巅峰是明清时期的四大名著,《三国演义》、《西游记》、《水浒传》和《红楼梦》从不同侧面抒写了整个封建时代的悲欢,但真正代表现代精神的小说却是从 1917 年中国新文化运动开始的。

随着现代社会的民主自由理念被那些先知先觉的有识之士引入古老的中国大地,一大批文学家或用诗歌、或用散文来启迪民智,传播现代精神,这其中又以小说的力量最为巨大,而最能体现现代小说思想和成就的作家又非鲁迅莫属。

鲁迅(1881—1936 年),原名周树人,浙江绍兴人,出身于没落的封建士大夫家庭,少年时就饱尝世态炎凉。1898 年,鲁迅放弃走科举正途,而进入江南水师学堂,次年转入江南路师学堂附设的矿务铁路学堂,在这里,他接受了西方的科学理念,主要是进化论思想。1902 年鲁迅考取官费到日本留学,他本希望用实用科学来拯救国人,选择了在仙台医专学医,但在此期间,一部纪录日俄战争的幻灯片使鲁迅受到很大刺激,他痛感改变国民精神的麻木才是“第一要著”,于是决定弃医从文,想以文学唤醒愚昧的国民。1906 年,鲁迅离开仙台回到东京,开始了他的文艺活动,创办杂志,发表论文,翻译小说。1909 年鲁迅离开日本回国。

自 1918 年起,鲁迅投身于文学革命之中,创作了《狂人日记》、《阿 Q 正传》等一系列小说佳作,并结集出版了《呐喊》、《彷徨》、《故事新编》等小说集。在小说领域,鲁迅创作成就极高。“中国现代小说在鲁迅手中开始,又在鲁迅手中成熟,这在历史上是一种并不多见的现象。”[1]

鲁迅的小说创作主要收于两部短篇小说集。

---

[1]　严家炎:《鲁迅小说的历史地位》,北京大学出版社 1983 年版,第 101 页。

1923 年 8 月出版的《呐喊》收集作者 1918 年至 1922 年所写 14 篇小说,具有充沛的反封建的热情,表现了文化革新和思想启蒙的特色。作家通过对人民特别是农民命运的描写,揭示了旧民主主义革命失败的历史教训和现实中国的社会问题,深刻刻画了"一群老中国的儿女"——沉默的国民的灵魂。想借此"呐喊",来唤醒"铁屋"中沉睡的国民。其中影响深刻的作品有《狂人日记》、《阿 Q 正传》、《药》、《孔乙己》、《故乡》等。

1926 年 8 月出版的《彷徨》收鲁迅 1924 年至 1925 年写的 11 篇小说。反封建内容与《呐喊》相承续,艺术上更加成熟,集中描写了在历史变动中挣扎浮沉的知识分子的命运。这些接受过新思潮洗礼的知识分子从奋斗挣扎到绝望迷惘的心路历程,反映了鲁迅对知识分子命运与出路的反思。代表作品有《在酒楼上》、《伤逝》、《孤独者》等。另外,这部小说集也体现了鲁迅对妇女命运的关注和深切同情。《祝福》中祥林嫂的悲剧正代表了中国妇女几千年来的苦难命运。

小说创作虽然在鲁迅的全部作品中数量不是最多,且都是短篇,但因其卓越的思想和艺术成就,鲁迅当之无愧地成为了中国现代小说的奠基人之一。

《狂人日记》是一部日记体的小说,也是中国第一篇白话文小说,就中国小说的发展来看,日记体小说的出现是石破天惊的。可以说,中国现代文学、现代小说的历史,是从"狂人"的十三则日记开始的,它颠覆了几百年来中国小说的典型体裁样式、叙述模式和话语形态。全文的主要部分采用白话文,以第一人称"我"的内心独白展示了一个迫害狂患者的精神状态和心理活动。表面上这是一个狂人疾病发作时的心理的真实记录,而实际上在狂人的胡言乱语之中包含了他对中国传统社会清醒而理智的认识。除了这个故事之外,小说开头还有一个小序,是用浅显的文言文写成,这个小序讲叙述者"我"的故事,而"我"的故事中包含着狂人的故事。

狂人的世界是由他的内心独白构成的,表现出社会和周围的人事在他内心的一种投射和反映。狂人特别提出了周围人的眼光和议论,不仅是赵贵翁、七八个邻人,甚至是小孩子以及赵家的狗都给狂人带来了一种特殊的感觉和恐怖。他们的眼光"似乎怕我,似乎想害我",这种古怪的眼色终于使狂人明白他们要吃人的本意。把眼光和吃人联系在一起,看似病态的想法却向我们暗示了"眼光"是狂人未狂之前受到精神重创而遗留下来的痕迹和符号,也暗示狂人生活的社会和人生的真相。接着狂人叙述了大哥请医生给自己看病的感受,医生的话"不要乱想,静静的养"在狂人内心投下了一片不祥的阴影,不仅是医生要吃人,而且连自己的大哥也是吃人队伍中的一员。他不仅同意"易子而食",而且对吃心肝的事点头,这使得狂人联想起妹子的早夭,继而对自己是否吃过人也产生了极大地恐惧和怀疑。就此,狂人用内心独白完成了对中国几千年封建历史的追问和反思。生活在专制统治下的中国人无一例外地在扮演吃人和被吃的角色,而这种吃人的能力和被吃的命运也是注定而无法逃避的,狂人看似荒诞的胡思乱想正是对整个中国封建社会历史本质的透视。发狂之后,狂人认为礼教吃人,也表明了未狂之前,他是一个反封建的战士,在他的思想意识和情感层面上,他对封建礼教戕害人性的本质都有清醒的认识。只是在现实生活层面,他无力反抗和解脱,只有发狂之后,他才暂时跳出了专制社会固有的精神禁锢,获得了自由的释放。可见,狂人不狂,他敏感、多疑,大胆、叛逆,是一个接受了现代思想的新型知识分子,对中国社会历史的深入思考使他具备了质疑的勇气和能力。而这个人物形象的塑造正是深切地表现了作家个人对中国社会本质的思考和认识,深深地饱含了作家的情感,"意在暴露家族制度和礼教的弊害,却比果戈理的忧愤深广"。

《伤逝》是鲁迅作品中唯一的一篇爱情小说,是以男主人公涓生的口吻来讲述整个故事的。小说以涓生的悔恨自责开头,构成了凄婉悲怆的氛围,全文 21 个断续跳跃的抒情片段,诉说了爱与美的实现及消亡的过程。在这段回忆中,涓生讲述了他和子君从相恋、同居到分手以及子君死去的全部过程。他写出了涓生为自由而爱,为自由而分的全部过程,也写出了他为子君的死而痛惜忏悔的心情。但同时涓生又细腻地描写了他一系列的体验,包括对爱情的体验、对厌倦的体验、对人生的体验,这些体验构成了对自我行为的辩护。因为子君庸俗了,成为累赘,与子君分手也是为了个性解放,并虚构了爱与真实的矛盾为自己解脱,想推卸责任。这个故事既体现了处于新旧交替时代的人们对现代浪漫爱情的渴望以及对它的消解,充分表现了爱情和人性的复杂。

同时,我们从故事中发现涓生忏悔的内容也是错位的,他悔恨自己对子君说出了爱情已逝的真相,他忏悔自己没有为无爱的婚姻尽责任,这明显是从旧道德出发推导出的道义负罪感。因为从现代爱情观的角度来说,他们为自由而爱,为自由而分,无爱的婚姻是不道德的,怎么能为结束这种不道德而悔恨?并且涓生和子君就是因为接受了新思想才自由恋爱的。其实他应该忏悔的是自己面对社会重压时的软弱和无力,应该为爱情的消逝负责任,而非忏悔向子君说了真话。真实与爱的矛盾是涓生虚构出来的,这表明涓生仍是一个在新旧思想和道德之间徘徊挣扎的知识分子,他接受了新思想却又背负着旧道德,是一个痛苦的形象。这个人物形象的塑造使整篇作品醇化为一种浓郁苦涩而沉勇的抒情和思考。

《离婚》是鲁迅小说中最富有戏剧性的作品,讲述倔强的农村姑娘爱姑遭夫家抛弃,从开始的气愤不平到后来的委屈妥协的过程。用爱姑的眼睛来看这个世界,并且细腻地描写了这个转变的过程和原因,同时隐秘地揭示了这种原因背后的中国民众特有的集体无意识,从而引发人们的思考。爱姑本来是个泼辣、直率的乡下媳妇,因为婚后被丈夫抛弃而决意要讨回公道,这次是随父亲回夫家理论的。在回家的航船中,爱姑父女与乘客们七嘴八舌的谈话带给了我们一个信息,即城里的七大人此次要出面调停,七大人的名号使坐船的乡下人睁大了眼睛,但爱姑却并不以为然,她的愤愤之语让我们了解了她倔强不服输的个性特质。而且此时爱姑的心理优势是很明显的,她自认为站在道义的一方,对七大人、八大人不以为然。但她的父亲庄木三的脑子里却已"横梗着一个胖胖的七大人"了,这为后文爱姑态度的转变埋下了伏笔。故事的重点在中间人慰老爷家的客厅里展开,因为知道来了个城里的七大人,是和知县大老爷换过帖的,刚进门,爱姑就感觉到气氛不对,心理也有了点微妙的变化,局促不安起来,虽然随即她又稳住了心神,但伴随着七大人莫名的威严和情势的发展,爱姑的心理防线终于崩溃,不由自主地屈服下来,实际上在旁观者的眼中,七大人并没有什么激烈的言辞和举动,可是在爱姑看来,周围人的恭顺和七大人怪异的言行已演变成为一种无形的强大的威压,客厅中的氛围也改变了,变得陌生、异样而又神秘。正是这样的环境使爱姑完全丧失了心理优势。这种氛围的陌生化使爱姑感觉自己完全被孤立了,有点类似于古代的升堂问案,在三班衙役的威吓声中,几乎所有的犯罪嫌疑人都会不由自主地双腿发软。而在慰老爷家的客厅里,七大人的到来所制造的特殊气氛使一个普通乡绅的家也具有了某种大威严。爱姑看到众人在七大人面前的恭敬、安静,听到七大人的吆喝、耳语,感受到了这个环境不同寻常的意义。由此作家向我们揭示了权力在中国平民百姓心中的分量,它意味着至高无上和生杀予夺,并且权力并不需要被解释和被赋予。这种几千年专制统治下形成的意识可以说是已经渗透到中国人的血液中了,构成了集体无意识中的一部分。任何古圣先贤的道德优势在权力面前都是不堪一击的。爱姑当然也不例外,她的惶恐不安是每一个中国人都很熟悉的,是来自于中国环境里的底层百姓潜意识中积淀的对于权力的恐惧、敬畏和服从。从航船到客厅,从民间氛围到具官方色彩的权力场,爱姑的心理剧变就是在这样两个环境的交替中自然地完成了,而作家希望通过爱姑的心理剧变告诉读者的中国现实也就真实地呈现出来了。

鲁迅小说的艺术成就是如此卓著,不仅它影响了几代中国人,启迪了民众的思想、精神和灵魂,而且也让我们把目光投向了西方现代社会。越过大洋彼岸,我们可以寻找共同的精神家园,说到西方现代小说家,奥地利作家卡夫卡是一个里程碑式的人物,他的代表作《变形记》,是全人类共同的精神财富。

卡夫卡(1883—1924年),生于奥地利(当时属奥匈帝国)首府布拉格的一个犹太商人家庭,是家中长子,自幼爱好文学、戏剧,18岁进入布拉格大学,获博士学位。毕业后,在保险公司任职,终生未娶,41岁时死于肺痨。

1904年,卡夫卡开始发表小说,建立了自己独特的风格,常采用寓言体,他与法国作家马赛尔·普鲁斯特、爱尔兰作家詹姆斯·乔伊斯并称为西方现代主义文学的先驱和大师。卡夫卡生前默默无闻,孤独地写作,随着时间的流逝,他的价值才逐渐为人们所认识,作品引起了世界的震动,并在世界范围内形成一股"卡夫卡"热,经久不衰。

《变形记》是卡夫卡中篇小说的代表作,它讲述了一个荒诞不经的故事,小职员格雷戈尔一天早上醒来发现自己变成了大甲虫,他的生活也由此发生了彻底的改变。这个故事开辟了小说全新的想象空间，也开启了现代小说的重大命题，即对人的生存处境的思考。

格雷戈尔在变形前是一个饱受精神和肉体双重痛苦的小人物。因为父亲生意失败，家中欠债很多，他只好去一个令他厌恶的公司上班还债，每天日复一日奔波于旅途之中，从不敢有片刻松懈，饱受着疲劳痛苦的折磨，还要忍受上司极端的刻薄和无情。而家中，父母已心安理得于靠他赚的钱生活，并且已失去了那种特殊的温暖之感，只有妹妹还和他很亲近。这样可怕的生活他已过了5年，身心俱疲！

终于有一天他不用4点起床赶火车了，变形后的格雷戈尔第一次睡了个懒觉，但惊醒后他仍想挣扎着起来去上班，虽然身体变成了虫子，可他的心还是属于有责任感的人，在全权代理面前他努力保持镇静，答应马上穿好衣服，带上样品动身。这时他仍想负起家庭的重任，只是全权代理已脚底着火般地跑掉，他的工作也彻底失去了。因为他，家庭陷入困境后，父母也开始从恐慌到镇定，父亲出去跑腿、打杂，母亲为时装店缝制内衣，妹妹去当售货员，又腾出一间房来出租。家庭终于存活下来了，又继续开始了运转。这时的格雷戈尔终于从责任的重压中解脱了出来，虽然他孤独地呆在一间堆满杂物的小房间中，四周满是灰尘污垢，但他终于结束了5年噩梦般的工作生涯。虽然他也为家人的处境担忧伤心，但也渐渐习惯了做一只不用思考的虫子，有时在屋里爬来爬去，还能自我游戏一番，他已经可以像虫子一样生活了。

在卡夫卡的笔下，现代人已经无处容身，只能荒谬地逃进甲虫壳里，可就是这样的逃遁也维持不了多久。在格雷戈尔变虫的几个月内，他的存在已经给家人带来了无边的精神压力和现实烦恼，从而让他们忍无可忍。父亲对他的态度是厌恶，连见也不想见，母亲因为恐惧，见到他就晕倒，只有妹妹还能照顾他，但日渐疏忽，终于妹妹也懒于见他了。在又一次吓昏母亲后，愤怒的父亲用一个大苹果重伤了他，而他吓走房客的举动，更是给这个家庭雪上加霜，不仅精神上给家人压迫，而且物质上也给家庭带来了灭顶之灾。妹妹首先崩溃了，她认为这个虫子根本不是她的哥哥，应该设法弄走。听着家人对自己的愤怒叫喊，格雷戈尔明白了，他还是得逃，只有逃到死亡的怀抱中去,他才能彻底的解脱和安宁。这个恢复人心的虫子最后静静地死在了自己的家里、亲人的身旁,而暖暖的阳光这时才重新回到了现实中去。

这个可怜的现代人的逃亡之路是那么荒谬,又那么真实。在家与社会的双重挤压下,他成了一个只能赚钱的机器人,灵魂和身体完全分裂,没有丝毫的生存乐趣。他那么痛恨他的债主上司,却不敢反抗一声,因为家人的重托使他成为亲情的奴隶,在无可奈何变成虫子后,他才睡了个懒觉,并过了几天虫子式的肮脏悠闲的生活,可家人的厌弃终于打消了他生的欲望,他最终只能逃到永恒的虚空中去。

的确,格雷戈尔是有内在动机的,他灵魂所受的苦都源于对家人无节制的爱与容忍,他甚至还有一个梦想,就是送妹妹去读音乐学院,而先不考虑庞大的费用。在无奈成虫之后,开始他的责任心使他日夜痛苦,后来虽然他已被家人遗忘,自己似乎也忘了人的身份,但妹妹悠扬的琴声最终唤醒了他的使命和柔情,也给了他结束自己生命的理由。

在卡夫卡的笔下,格雷戈尔的内在动机确已无足轻重,上司不会因此改变冷酷专横的作风,家人不会因此接纳他丑陋的外形,妹妹更不会因此原谅他的无心之错。在人类精神价值日益贬值的现代社会中,情感已渐无生存之处,所以卡夫卡给我们描绘了现代人生存的一种可能性,那就是对继承下来的价值有情感依赖的人只能不断地逃遁,最后只有在死亡中才能成功逃离,彻底放逐自己。

格雷戈尔的故事像是一个恶意的玩笑,谁会一夜睡醒变成甲虫呢?但格雷戈尔的逃跑却是每一个现代人都体验过的心路历程,于是,卡夫卡便把我们也带到了这个玩笑之中去了,我们不能静静地看格雷戈尔在生命的陷阱中挣扎;笑他,同情他,因为我们自己就是格雷戈尔,就连最后死去也并不崇高,只是无处可逃罢了。

卡夫卡的这篇小说是在一个超现实的世界里探究人的生存可能性的杰作,不幸的是,他说中了,像一个预言家那样,宣告了现代人不断逃遁、不断陷落的命运。

从以上的分析中我们可以看到,不论是小说还是诗歌,都具有一种直指人心的力量,这也就是文学的魅力所在,每一个孤独的现代人也许都离不开这些温暖的慰藉。

文学之美是属于我们每一个人的,希望大家都能用心灵去体会。

第十讲　思接悠悠千载　明辨是非曲直

穿越辽远深邃的时空,我们走到了今天,历史被甩在了身后。日月如梭,四季更替,若干年以后,现今时代又将成为以后时代的历史。人类历史延伸的同时,也给后人留下了浩如烟海的历史文献和宝贵的精神财富。一个民族、一个国家、一个企业、一所学校无不深受其历史文化的影响。作为个体的人,也是历史文化的综合产物,同样也无不深受自身的历史文化的影响。但当我们反观历史时,却惊奇地发现:在我们的历史记忆中存有很多是非之争和历史之谜,它们犹如层层浓雾弥漫其间。

一、历史天空,浓雾弥漫

(一)历史资料的缺失和封锁

模糊的印象和回忆、残缺的记录和遗迹总能勾起人们对于历史的回忆,但由于时间久远、主角的离去,加之战争、人为毁坏使很多珍贵的历史资料都缺失了。

在冯小刚执导的电影《集结号》里有这样的场景:为了证明那场惨烈战争的存在,为了给予死去的战友应有的承认,连长谷子地拿起铁锹,独自寻找那 47 具战友的遗骸……他迷茫而坚定,无助而执著的眼神,令人动容。但由于时间的流逝、记忆的淡化,那似乎刚刚过去的惨烈的一幕,竟被茫茫的煤海无情地掩埋了——令人痛心而又无奈。

气势磅礴、美不胜收的阿房宫,由于战争和愚昧,早已化为乌有,后人只能在一些文献资料中想象一下它往日的风采。被称为"万园之园"的圆明园，由于战争的损毁，现在也只留下一些断垣残壁在残阳中诉说着它往日的辉煌。

历史上每一次的战争和掠夺对于历史档案和文物都会带来令人痛心的毁坏。李自成领导的农民起义引爆了一场规模巨大的战争，这次战争对档案资料的损毁也是非常惨重的。明代档案在这次战火中绝大多数被损毁、焚劫。从鸦片战争到新中国成立这段时间，我国有几十万件历史档案流失到了国外。有些档案是历史久远的珍品，有些是中外罕见的艺术瑰宝，有些是编史修志、史学研究不可缺少的宝贵史料。这些无法用金钱计算的国宝级档案资料因为战争遭到损毁，给我国的档案建设带来了无可挽回的损失。

除了战争损毁，还有就是类似"文化大革命"那样疯狂的年代中发生的人为毁坏。许多珍贵的历史文物和档案被愚昧的人群付之一炬。这种史无前例的破坏使许多史学家一想起来就痛心疾首。

由于担心涉及某些组织或国家机密、影响相互关系，有些国家或组织人为地封锁档案或相关资料，也容易导致人们理解上的片面甚至错误。随着苏联的瓦解，大量档案和绝密资料公开，使得发生在苏联的一些历史人物和历史事件中鲜为人知的故事得以较全面客观地展现。在这种情况下，原有的认识格局被打破了，随之而来的就是一些新的看法和新的观点。

以上情况的存在和延续都使得我们史学家很难准确捕捉历史的真相。

（二）历史事件的复杂性

有些历史事件本身是很复杂的，不要说旁观者，就是亲身经历者也难说能知晓内情，洞明真相。

"文革"期间，满街大字报、标语、传单，无休无止的批斗大会，几千万红卫兵参与其中的全国性的大串联，整个社会似乎一夜之间卷入了一场噩梦之中。两派人群义愤填膺地挥动着同样的红宝书，高喊着同样的革命口号，相互撕咬、打斗直至流血。身在其中的几万万人，被一种莫名的冲动裹挟着、推动着，很少有人对自己的行为提出疑问和反思。毛泽东自己也曾这样评价自己：一生做了两件大事，一是建立了新中国；二是发动了"文革"运动。并且预言：后人对第一件事是肯定的，没有异议，对第二件事否定的人要多，有争议。确实，时至今日，其间的复杂性还依然存在。

在中国历史上，孙中山算是一位百折不挠的斗士。他为了民族的解放、国家的独立做出了终身的努力，可以说竭尽全力，九死一生，但似乎所有的努力换来的总是失败。他屡战屡败，又屡败屡战，就像一位在沙漠中行走，但又没有方向的旅行者，走了很久也不能走出沙漠。而身在其中却不知路在何方。

一些特殊行业，如战争中的特工和谍报人员，他们所从事的职业本身就真真假假，虚虚实实，敌我难分，真假难辨。整个事件一旦有一个地方出了一点问题都可能导致整个事件扑朔迷离，难以定性。电影《潜伏》、《无间道》就反映了那种真假难辨、扑朔迷离的间谍故事。

另外就是一些重要人物或家族的隐秘的生活真相，由于私密性强，往往很难确定。这些也给后来者的猜想和戏说留下了足够的空间。现在有些电视剧借名人之身胡编乱造的故事就有这方面的原因。

（三）历史评判标准的随意性

随着时间的流逝、证据的丢失，历史真相已经无从还原。而后来者为了集团或个人的利益往往偏向于强化一些有利于自己观点的事件，弱化或否认不利于自己观点的事件。过多的感情因素的渗透，加之偏激与成见，历史往往容易成为任人打扮的小姑娘。

在我国旧戏舞台上，曹操是一个大白脸，是个奸臣。红脸的关公，白脸的曹操，可以说是妇孺皆知。白脸成了曹操的代名词了。其中原因主要是拥护刘姓汉室血统为正统的《三国演义》通俗生动，旧戏都是按它为蓝本编造的，所以就把曹操当成坏人、奸相。在三国以后，由于朝代更替、喜恶变化，是尊刘还是尊曹反反复复变化了好多次。到了当代特别是由于毛泽东在尊重历史史实的前提下给曹操平了反，并给予了高度的评价，情况又发生了变化。1959 年 8 月，在庐山会议上毛泽东又说："曹操被骂了一千多年，现在也要恢复名誉了。好的讲不坏，一时可以讲坏，总有一天恢复，坏的讲不好。"郭沫若说："曹操对于民族的贡献是应当做高度评价的。他应该被称为一位民族英雄。"同年,蒙伯赞在《应该替曹操恢复名誉》一文中也说:"曹操不仅是三国豪族中第一流的政治家、军事家和诗人,并且是中国封建统治阶级中有数的杰出人物。"逝去的历史人物和事件就像被涂上了层层油彩一样,以致很难找到它的原色了。

对于抗日战争中南京大屠杀的历史,日本右翼极端分子总想抹杀事实,给自己的罪恶减分,不惜打击报复亲身经历者和健在者,毁坏不利于他们的证据。为此作为正义的一方应多方搜集事实材料和实地探访亲身经历者,让健在的目击者说出实情,让更多铁的事实存留下来,就至关重要。历史上由于证据的丢失,证人的死亡而歪曲更改历史的事情已经很多了。让历史的真相大白于天下是我们后来者的责任。

苏联解体后,由于所处的国家不同、阶级立场不同,人们对十月革命的评价也褒贬不一,或是热情地欢呼、赞美它,或是诅咒、诋毁它,表现出了前所未有的多样化。

在历史评价标准中,对于个体有利的事实和证据被强化、被放大,而一些对于个体结论不利的事实和证据被忽视或篡改。这种做法容易人为地酿出历史迷雾。

二、拨开浓雾,明辨是非

对于逝去的历史事件本身,我们的任何态度和看法——批评或表扬、讽刺或贬抑,其实都已经没有什么实质性意义,但对于我们自身和生活在其中的时代而言,却具有重大的现实意义。它在潜意识中决定和制约着我们思考问题的方向及采取行动的方式,它在无形中展露出评价者追求什么、舍弃什么。在我国相当长的一段时期内,尤其是在"左"的思想占统治地位的时候,我们的历史学出现了一种极不正常的倾向:评价历史人物时,常常出现或吹捧、拔高,或歪曲、丑化等一边倒的情况。这种思想的存在深深影响着人们的思维和行动,影响着时代的进步。

那么我们应该用什么样的态度和观念看待历史呢? 还历史本来面目是我们后来者的一个重要使命。尊重历史、尊重史实、实事求是,不受外来任何压力的干扰和影响。这应是我们对待历史和评价历史人物的基本态度。

唯物辩证法认为一切事物、现象、过程都可分为两个互相对立和互相统一的部分。在《矛盾论》中,毛泽东同志指出:"一切事物中包含的矛盾方面的相互依赖和相互斗争,决定一切事物的生命,推动一切事物的发展。没有什么事物是不包含矛盾的,没有矛盾就没有世界。"人们认识世界,就是认识事物的矛盾;人们改造世界就是解决事物的矛盾。事物矛盾的法则是自然和社会根本法则,也是思维的根本法则。

(一)优点和缺点

历史人物的性格及经历大多是复杂的,瑕玉互现。我们在认识他们时,既不能因为优点而避讳缺点,也不能因缺点而全盘否认优点和成就。用东汉哲学家王充的话说:"誉人不增其美,毁人不益其恶。"萧克将军曾说:"写好人好事,要写得适当,不要再去涂粉;讲坏人,讲敌人,也不能讲过头。"

在楚汉之争中楚霸王项羽是个失败者。但史学家司马迁实事求是地充分肯定了他的功绩和品质。《史记》中说项羽"起陇亩之中,三年,遂将五诸侯灭秦","位虽不终,近古以来未尝有也。"在战场上他英勇异常,"瞋目叱之",敌将"目不敢视,手不敢发";而平时对人却"恭敬慈爱","人有疾病,涕泣分食饮"。在司马迁的笔下,项羽始终是一位勇猛豪爽的英雄,直到最后愧见家乡父老,不肯过江东,引恨自杀。他虽然失败了,但他敢做敢当、光明磊落的品质,却让人永难忘怀。从这个意义上说,项羽又是一个令人尊敬的失败者[①]。

作为法国著名的军事家拿破仑,有人评价他是一个军事上的巨人,但同时也是一个道德侏儒。在战场上,他常常被视为高山仰止的巨人,他指挥了无数次的战争,并取得了辉煌的成功;但在道德镜子面前,他又变成侏儒。有人说如果拿破仑的前胸写着"灵机应变"、"策略"、"有理想、有抱负",那么他的后背也写着"投机分子"、"骗子"、"野心勃勃"。[②]

---

① 赵文润:《重评刘邦、项羽的成败原因及其是非功过》,《人文杂志》1982 年第 6 期。
② 许述、夏言玫:《军事巨人与道德侏儒——冷评拿破仑》,《书屋》2008 年第 1 期。

对于国民党在抗日战争中的功绩,我党实事求是地给予了充分肯定。胡锦涛同志在纪念抗战胜利 60 周年的讲话中指出:"以国民党军队为主体的正面战场,组织了一系列大仗,特别是全国抗战初期的淞沪、忻口、徐州、武汉等战役,给日军以沉重打击。"对于那些在抗日战争中有功,但后来在内战中与我军对垒的国民党军人,即使是战犯,我党也充分肯定了他们的抗战功绩。在战犯审判改造中,那些在抗战中有功的内战战犯,都能体会到我党并没有抹杀他们的抗战历史,所否定的只是他们在内战期间,追随蒋介石反人民的罪行。

新中国成立以后,毛泽东关于党史人物和民国史人物的一些富有实事求是精神的言论,也有力地促进了后来人们公正评价这些人物。党的早期领导人陈独秀的确曾犯过很严重的错误,给党和革命带来了无可挽回的损失。后来就据此把他定性是托派、汉奸、右倾投降主义分子,这些论断广为传播,似乎已经是无可辩驳的铁案,但事实并不是这样。抗日战争全面爆发后,陈独秀一走出国民党监狱,就投入到火热的抗日斗争中去。值得尊敬的是,陈独秀始终把爱国主义精神摆在首位,并没计较个人得失和恩怨。为了同仇敌忾、共付国难,他毅然表示支持抗日的蒋介石国民政府。他深明大义地说:"蒋介石杀了我许多同志,还杀了我两个儿子,我和他不共戴天,现在大敌当前,国共二次合作,既然是国家需要他合作抗日,我不反对他就是了。"这些话说得很诚恳也很感人,体现了一个伟大的爱国主义者的博大胸怀。现在,汉奸的帽子摘掉了,托派问题也得到合理的说明,"右倾投降主义错误"先改为"右倾机会主义错误",再改正为"右倾错误"①。

由此可见,优点与缺点共存是大多数历史人物的共同特点,以历史事实为根据,实事求是、一分为二地认识他们是我们的责任和义务。

(二)此时和彼时

历史人物是复杂的,有些人开始时也许表现较好,但后来却走到了对立

---

① 李乔:《陈独秀、林彪等一批被恢复历史本真的党史人物》,《党史周刊》2008 年第 10 期。

面;也有的开始表现不好,但随着时间的推移,却又有了大的转变甚至是一百八十度的转变。我们在评判一个人物的是非功过时,不应以一时的功,覆盖以前的过,也不应以一时的过,覆盖以前的功。

林彪,既是开国元勋、建国功臣,又是反革命集团案首犯。"文化大革命"中罪恶滔天,不知伤害了多少人,邓小平同志甚至有"林彪不死,天理不容"的愤慨之言。"九·一三事件"后,林彪被全盘否定,"叛徒林彪、孔老二,都是坏东西"的儿歌响遍街巷。在《中国大百科全书·军事卷》初稿中,林彪的形象是很糟糕的。然而,人所共识,辽沈战役他的功劳不能抹掉,也是抹不掉的。我们要按历史唯物主义的观点,用实事求是的态度,来写林彪的历史。好的、坏的两方面都写,要还原真实客观的历史人物。近些年来,林彪在历史上有功的一面得到如实反映。中央军委确定的我军36位军事家中,林彪就是其中之一。在军事博物馆举办的纪念建军80周年展览《我们的队伍向太阳》中,林彪作为十大元帅之一,大幅照片被挂了出来。在《辽沈战役》、《八路军》等多部影视作品中,林彪皆是运筹帷幄、决胜千里的正面形象。[①]

记住他的功绩并没有也不可能否认他的罪恶,恰恰在这些变化中有更多的东西值得我们记忆和深思。

傅作义将军作为国民党的高级将领,在战争中不可避免地干了一些与人民作对的事,但我们也应该看到他的另一方面的表现。1949年1月,在蒋介石、国民党准备孤注一掷,拼死一搏时,他响应中国共产党提出的"停止内战,和平统一"的主张,毅然率部举行北平和平起义,使古老的文化故都完好地回归人民手中,200万市民的生命财产免遭兵燹。对完整地保留文化古都做出了重大贡献。这一义举对中国人民革命事业的胜利,做出了重大贡献。

博古,过去多与王明相提并论,在以前中学的各种教科书上,人们大多只知道他曾犯有严重的"左"倾错误,给中国工农红军造成重大损失。而今

---

① 李乔:《陈独秀、林彪等一批被恢复历史本真的党史人物》,《党史周刊》2008年第10期。

又知道他的另一面。他不仅勇于承认错误，还与毛泽东站在一起反对张国焘、反对分裂、支持北上，是一个光明磊落的人。另外他在党的新闻宣传战线上做出过重要贡献，是一位卓越领导人。①

历史人物身处不同的历史阶段，其思想、行为会有不同的变化。此时、彼时的他们都是真实的，我们既要看到此时，也要看到彼时，既要肯定一定时期所作的贡献，又要认识到一定时期所犯的错误。只有认清这一点，才能更加全面地了解他们在历史上的功过，还他们以本来面目。

（三）内因和外因

在事物的发展过程中，内因和外因是同时存在、缺一不可的。任何事物的发展都是内因和外因共同作用的结果。其中内因是事物发展变化的根本原因，外因必须通过内因才能起作用。

在与装备精良、训练有素的国民党的斗争中，小米加步枪的共产党为什么能够取得胜利？从根本而言，是因为中国共产党所领导的军队是人民的军队，代表人民的利益，获得了人民的拥护，中国共产党的方向是人民解放的方向。这是中国共产党能够打败蒋介石，战胜国民党的政治基础。而国民党虽然装备精良，部分军队甚至都是万里挑一的精锐，但是政治上的反人民、经济上的通货膨胀必然失去民心。失去民心的军队是必然要失败的。在中国革命胜利的过程中，虽然我们不能否认毛泽东和党的其他领导人的指挥才能，但人民的拥护，历史的方向是打败貌似强大的敌人的内在原因。

在历史上，朝代的更替、社会的进步、新兴阶级战胜腐朽没落阶级的原因都在于此。新兴的事物开始很弱小，但它会悄悄地强大；腐败的东西开始很强大，但最后必然会失败。

另一方面，外因是事物变化发展的条件，没有良好的外在条件，个人的发展就有可能受阻。

就个体而言，湘军统帅、大清重臣曾国藩以惊人的毅力砥砺自我品行，

---

① 李乔：《陈独秀、林彪等一批被恢复历史本真的党史人物》，《党史周刊》2008 年第 10 期。

追求完美人格,一度被人称为是中国传统儒家文化理想的化身。他汲取中国传统文化的精华,继承和发扬林则徐、魏源的经世致用之学,独立时代潮头把握世界风云际会,大力倡导学习西方,开展自强新政运动,是中国近代史上有影响力的风云人物,中国本土最勇敢、最坚毅的改革家。就他个人能力来说,的确令人钦佩,以至于毛泽东同志早年都说过"独服曾文正公"的话。但他苦练湘军为的是镇压国内农民起义,而不是外来之敌;他扶持的是腐败透顶的清王朝,是一个行将就木的腐朽政权,是一个实实在在"扶不起的阿斗"。这就决定了曾国藩的追求注定要以悲剧而告终,他的人生注定带有悲壮的色彩。在评价曾国藩时,我们既要看到他身上所表现的能力,同时也要看到他所处的悲剧时代以及他所代表的可悲没落阶级。

宋江的悲剧既是他个人的悲剧,也是那个时代的悲剧。在没有新兴阶级出现的时代,他的结局也许是那个时代大多数人都注定会选择的结局。在许多悲剧性人物身上,我们既要看到内在的原因,又要善于发现外在的限制。

(四)效果和动机

在历史上,有些人所干的事,就他本人来说,动机和出发点都是自私利己的甚至是祸国殃民的,但所做事情本身却对后世有功,正所谓:弊在当时,功在千秋。

隋炀帝杨广为了个人享乐,当时想乘船游览江南而要开凿大运河。为此征调了大量人力物力,给当时的人民带来了无比深重的灾难。再加之远征高丽三次失败,导致民不聊生,国内烽火频起。但大运河北起北京,南到杭州,流经北京、天津、河北、山东、江苏、浙江四省二市,沟通海河、黄河、淮河、长江和钱塘江五大水系,全长 1747 公里,是世界上最长的人工运河。在历史上,大运河是中国南北交通的大动脉,对中国军事、交通、经济和文化的繁荣与发展都起过重要的作用。大运河是中国劳动人民改造自然的智慧的结晶,是中国灿烂的古代文化的象征。

秦时建造的长城,既是秦始皇暴政的见证,也是人类建筑史上的一大奇迹。

还有就是被喻为"世界古代七大奇观"之一的古埃及金字塔。为了这样规模宏大的陵墓,古代埃及国王逼迫贫苦劳动人民夜以继日地去修建,金字塔是残酷奴役劳动人民的历史见证,但设计巧妙、计算精密的金字塔同时又是埃及的象征,是古埃及文明的代表作,是古埃及人民骄傲和智慧的结晶。

在历史上,也发生过出发点或想法是好的,但实际效果却远没有想象的那样好的事件。

在"大跃进"运动中,由于对客观规律认识不足,过分夸大了人的主观能动性,放卫星、浮夸成风,给社会资源和劳动力造成了极大浪费。

(五)个别和普遍

有些历史事件的发生虽然是个别现象,但却存在着深刻的时代因素。正所谓时代造英雄。我们在分析历史人物时既要善于挖掘历史事件和历史人物背后的性格要素和个别特征,又要重视时代因素的分析。

春秋战国时期是中国历史上第一个人才辈出的时代。这个时代不仅思想空前活跃,而且促成了文学艺术的繁荣。出现了一些像孔子、孟子、老子、庄子、墨子这样思想文采卓越的人才。这些人才的成熟历程固然有其独特性,但出现这样群星灿烂的现象也不是偶然的。春秋战国时代,生产力有了很大提高、社会经济有了长足发展,这为思想文化的发展提供了物质基础;王权衰落、奴隶制度解体、奴隶主贵族独占文化的局面被打破;奴隶制的崩溃、阶级关系的变革以及封建制度的确立,为思想文化繁荣提供了政治前提;民族融合不断加强,各民族文化交流扩大,私学兴起与讲学之风的出现,造就了一大批有知识、有才干、敢于发表自己政治观点的思想家;人口的增加,土地分配困难,社会发生剧变,这一时期有思想的知识分子,面对现实的社会问题、人生问题,提出了许多解决的办法和思想;诸侯争霸,各国开放政权以延揽人才,个人利害与国家之间的利害交互运用,相互影响,标新立异、异彩纷呈。造成这种状况的原因与宽松的环境和思想家优越地位有密切的关系。

15世纪的欧洲出现了许多著名的航海家和冒险家,如麦哲伦、哥伦布、迪亚士、达·伽马,他们的出现不是偶然的,是与当时的时代特点紧密联系在一起的。当时的欧洲正处在封建社会解体和资本主义兴起的阶段,以西班牙、葡萄牙为首的殖民主义国家开辟新航路,抢夺殖民地,开始用殖民主义的锁链,把原来彼此孤立、隔绝的大陆连接起来。为即将到来的资产阶级革命提供了物质基础。

正是因为这样的时代特点从而出现这些著名的航海家和冒险家。

战争年代多将军,经济建设时期多企业家。每个时代有每个时代的英雄。人可以改变环境,但环境也能造就人。一个英雄的出现总是与他当时所处的社会客观环境有一定的关系。

(六)定量分析和定性分析

任何事物都是质和量的结合。质是一事物区别于其他事物的内在规定性。质和事物的存在是直接同一的。量是事物的规模,发展程度和速度以及它的构成成分在空间上的排列组合等可用数量表示的规定性,量与事物的存在不是直接同一的,即在一定范围内,量的变化并不影响某物之为某物。世间万物变化有两种状态:量变和质变。世界上任何事物的变化都是量变和质变的统一。量变是质变的前提和必要准备,没有量变就没有质变;质变是量变的必然结果,事物的量变达到一定程度时必然引起事物质的变化。对历史人物的评价既要会定量分析,也要定性分析。有些历史人物一生也许做了一些不好的事,但并不能改变其一生有功的总体评价;有些历史人物一生也许做了一些贡献,但并不能改变其一生有过的总体评价。

1980年初,中共中央决定起草《关于建国以来党的若干历史问题的决议》。邓小平在审阅《关于建国以来党的若干历史问题的决议》的提纲后,明确提出:确立毛泽东同志的历史地位,坚持和发展毛泽东思想。这是最核心最根本的一条,邓小平在随后的评价中明确指出不能把对毛泽东的评价混同于"四人帮",对于毛泽东而言功大于过,要三七开。毛泽东是"伟大的马克思主义者,是伟大的无产阶级革命家、战略家和理论家",虽然晚年犯了严重错误,但是就他的一生来看"功绩是第一位的,错误是第二位的"。"他为我们党和中国人民解放军的创立和发展,为中国各族人民解放事业的胜利,为中华人民共和国的缔造和我国社会主义事业的发展,建立了永远不可磨灭的功勋。他为世界被压迫民族的解放和人类进步事业做出了重大的贡献。"

近代史上的李鸿章,被定性为一个"汉奸"、"卖国贼",是个被否定的历史人物。他是镇压太平天国运动的刽子手;是洋务企业中维系旧的封建生产关系和管理体制的主要后台人物;他多方阻挠戊戌变法,帮助清政府干了不少坏事。当然对于这种定性,也有不同的看法,有人说大厦将倾,独木难支,责任不全在他,他只是个替罪羊。近年来,也有很多学者抱着同情的态度,使我们看到了他促进历史发展的另一面。他是洋务运动的先锋和中坚,是资本主义生产方式和科技知识的积极引进者,他也曾同情过戊戌维新运动,视梁启超为中国栋梁之才,出钱资助过"强学会"。当然这种客观公正的唯物主义态度只是让我们立体地、全方位地了解一个历史人物,对于人物的总体评价并没有被颠覆。

另外,也有这样的一些人,他一生做了很大的贡献,但却没能得到应有的地位和荣誉。也就是说,在定性方面不够准确。

600多年前,中国人郑和率领27000余人组成的庞大船队七下西洋,经东南亚、印度洋到红海和非洲,遍访亚非30多个国家和地区,建立并巩固了海上丝绸之路,促进了经济贸易发展,增加了国与国之间的友好交流,传播了友谊的种子,为世界的文明进步做出了巨大贡献。然而,一直以来,郑和下西洋无论是史学地位还是文化地位都没有得到公正的评价,尤其是对人类文明进步的作用更被长期忽视。相较于西方航海家达·伽马、哥伦布、麦哲伦等事迹的广为流传,郑和更伟大的七次远航,也未得到民间的足够认识。厦门大学南洋研究院李金明教授认为,郑和作为世界上第一个洲际航海家,作为人类征服海洋的先驱,他揭开了世界航运史从大陆转向海洋的序幕,成为达·伽马、哥伦布和麦哲伦的先行者。他对中国航海史和世界航海史的发展,对中国古代航海技术的完善,做出了不可磨灭的历史功绩。

(七)个人感情和历史标准

列宁有句名言:有些真理接受起来是痛苦的。

的确如此。蒋介石的手上沾满了人民的鲜血,曾给中国人民带来极大灾难,使民族生活于水深火热之中,世人皆谓之"蒋该死"、"独夫民贼"、"人民公敌"。人们在心理上不愿提及他在北伐和抗战时的功绩以及他坚持一个中国、严厉打击"台独"势力的政治态度。这些,无疑都是可以理解的,而且是一种正常、正义的情感。但是,还原历史的真实就不能仅仅讲情感,我们既要认识到蒋介石的罪孽,又要理智、勇敢地承认历史的真相,认可他们曾经有过的历史功绩。

汉高祖刘邦重新统一中国,并能在大乱之后,接受秦亡的教训,实行一些缓和阶级矛盾的措施,有利于汉初生产力的恢复和发展,促进社会进步,这些是值得肯定的。但是,司马迁在《史记》中没有因为他是皇帝是胜利者,就扬善隐过,掩盖其过失和缺陷。刘邦在家时"好酒及色",不事生产,被其父骂为"无赖";"居山东时,贪于财产,好美姬";率军占领咸阳时"入秦宫,宫室帷帐狗马重宝妇女以千数,意欲留居之";他猜疑部下,杀戮功臣,"淮阴诛夷,萧何系狱",迫使张良"愿弃人间事,欲从赤松子游",以"明哲保身";他满嘴秽语,"与人言,常大骂",竟会当众"溺儒冠"。由此看来,刘邦又是一个品格低劣的胜利者。①

同样对于我们钟爱崇敬的人,我们也要勇于指出他的缺点和不足。在《亮剑》这部影片中,主人公李云龙是一位有胆有识、嫉恶如仇、具有"亮剑"精神,勇敢、可爱的人,但他性格鲁莽、我行我素、不守纪律,经常惹是生非、蛮不讲理。他是一位拥有很多缺点的英雄。就是对于值得我们亿万人民尊敬的像毛泽东这样的领袖人物,我们也要充分认识到他晚年的错误。

一个成熟的、理智的民族,就应当敢于直面事实,不欺不瞒,同时能够调适自己情感心态,并具有高度的科学判断力。对于历史人物和历史事件不以自己的喜好爱憎为标准,而应当以它是否从推动历史发展和社会进步作为认识和评价人物和事件的标准。凡是符合这个标准,即使一面、一段、一点,也要肯定。只有这样的民族,才是有前途的民族。

---

① 赵文润:《重评刘邦、项羽的成败原因及其是非功过》,《人文杂志》1982 年第 6 期。

三、避开暗礁,破浪前行

英国科学家和哲学家培根曾说:"读史使人明智。"读史就是我们人类思考自身过去的活动,考察其发生的原因和结果,对过去的人和事做出客观评价,吸取经验和教训,从而更好地认识自己,思考避免重犯历史错误的途径和方法,并自觉把握人生的现在和将来。当代大学生是祖国的未来建设者和接班人,我们要通过正确认识历史,从而增强认识现实事物,辨别事理,正确处理生活中所遇到的种种问题的能力。

(一)反对一点论——学会全面看问题

任何事物都是有矛盾的两方面组成的。在分析历史人物和历史事件时,我们要从多个角度加以分析。在现实生活中,我们也要学会全面地多角度地看问题。既要看到事物的正面,也要看到事物的反面;既要了解局部,又要了解全局;既要了解内因,又要分析外因。也就是说,要搞两点论,不要搞一点论。不能一概地肯定一切或否定一切,要作具体分析。

在大学里,同学们特别是刚入学的新生都会面临一个非常严峻的问题,就是如何客观地认识和评价自己。有一种说法叫做"大学生的平庸化",不少同学在上大学之前感到自己是出类拔萃的、优秀的,是家长的骄傲、老师的宠儿,但上了大学之后却发现自己变得很平庸,没有那么突出了。有些同学的成绩渐渐变得很一般;有些同学的成绩甚至竟然在班级殿后;有些同学虽然成绩还好,但其他方面都没特长,普通话不会说,足球不会踢,钢琴不会弹。这些都使得不少同学在上了大学后会产生自卑感。

产生这个问题最主要的原因是没有正确地认识自己和环境。当周围的人都说你好的时候,你往往会忽视自己的缺点。很多同学在上大学之前,与以前的同学相比由于成绩优秀深受老师同学的赞许、表扬和支持,因而很少想到自己的不足。而上了大学以后,比较对象发生了变化,同学们都是经过层层考试挑选出来的人,这个时候你要学会在新环境下清醒地认识自己,不要忽视了自己的长处。学习成绩不如人,不要全盘否认自己,要看看是哪些科目,找找原因,改变方法,然后有针对性地进行弥补。至于其他方面如果不如人,也不要过分自责。一生中要做的事很多,我们不能指望自己在所有方面都比别人强。贝多芬不会因为拳击打不过阿里而感到自卑;阿里也不会因创作不出第九交响曲而感到自卑。各人有各人的长处。不要拿自己的缺点和别人的优点比较,不要拿自己的不足与别人的长处比较。正确地全面地认识、评价自己,树立自信心。

看待自己要一分为二,看待朋友、同学、老师,都应该一分为二,不能只看见一面而忽视另一面,好就全好,坏就全坏。认识人物要全面,认识事物也要全面。如今社会是网络的社会,网络以不可阻挡之势走进了我们的生活。通过网络我们可以开拓视野,拓宽获得知识的途径;足不出户,就可以聆听名师的讲授,查阅丰富的资料,了解国内外大事,遨游于知识的海洋,使有限的精力得到延伸;上网学习可使我们化被动为主动,充分发挥主体作用,从而增强学习的积极性;与网友交流思想,探讨人生,启迪心扉,可以克服面对面的胆怯心理和羞怯之情,从而提高学习能力和交流能力。但网络又是一把双刃剑,美丽却拥有毒性。由于网吧的管理还存在着诸多不足,加之一些业主见利忘义,诱惑同学光顾非法网站,致使其沉溺于一个虚拟世界而不能自拔;再加之学生作为一个特殊群体,自制力差,辨别是非的能力弱,有时不能正确处理上网问题,有些人过分迷恋网上聊天、游戏,造成精神恍惚,生活空虚,有些甚至走上犯罪的道路。

其实世间万物,何止网络,都是有利有弊,我们要明辨是非,分清利弊,趋利避害,才能为我所用。

(二)反对均等论——分清主次轻重

历史人物有功有过,历史事件的发生有利有弊,但这并不是说功过利弊都是均等的。功过到底占有多大比重,在不同人物和事件上是不一样的。这些都需要我们从事实出发,实事求是,以正确的历史观为指导,对其作恰如其分的评价。在现实生活中我们也不能犯以偏概全的错误。

在学校生活中都会遇到如何处理集体和个人利益的关系问题。当今不少大学生自我意识都比较强烈,表现为追求个人利益、重视自我发展、崇尚自我奋斗;有些大学生变得特别世俗和功利,被单纯的物欲所控制,他们轻视集体生活,只重个人的自由与追求;有些两耳不闻窗外事,一心只读圣贤书,推崇自我设计,追求个性自由;有些不愿意参加集体和社会活动,离群索居,独来独往,意在我行我素。这些大学生认为只有个人利益的实现才能体现个人的价值。至于集体利益想都懒得想。这种只注重个人发展而忽视集体的思想是极端有害的。集体主义作为一种价值取向,强调在个人利益服从集体利益的前提下尊重个人的自主、个性和幸福。集体主义并不否认个人的自主、个性和幸福,而恰恰是个人价值体现的基础和环境。社会认可、集体的赞誉从来就是人们实现自我价值所需要的前提条件,作为大学生,必须要跳出个人狭小的圈子,并得到学校或班级社会的接纳和承认之后,才可能形成成熟和稳定的自我意识,并在此基础上获得自我价值感,建立起真正的自尊与自信。

在处理学习和恋爱方面,有些同学就常常犯顾此失彼的错误。从高考的紧张学习中舒缓下来的大学生,认为在学习方面可以停一停了。久已压抑的对异性的爱慕越来越明显,在行为上也体现出对异性的追求。在大学期间有两心相悦的爱情当然很好,处理得当,有利于彼此的身心健康,有利于学习的提高。但并非所有的人都能正确对待。有的同学的恋爱开始时谈得很好,但随着了解的深入,性格的显露,彼此的隔阂就会增大;有些同学往往出于寂寞孤独攀比的心态而恋爱的,随着时间的流逝就有可能给对方带来痛苦与烦恼;有的学生误把男女同学之间的友情看作是爱情,盲目表达爱意,遭对方拒绝后又容易陷入迷惘痛苦之中而不能自拔,甚至走上自杀的道路。在这个过程中,有不少同学往往忘了自己努力来到大学主要是干什么来了,把恋爱看得比学习还重要。大学时期是人的一生中学习效率最高的阶段,大学生的主要任务是学习,是积累知识,是提高素质和能力,学业是未来的立身之本。在校学习的时间本来就很短暂,应当好好珍惜来之不易的学习光阴,不能因为恋爱而影响学习,更不能因为恋爱而失去生命。为了恋爱而荒废学业,是本末倒置和不理智的。

大学生在大学里所要做的事情很多,但主要事情只有一个,我们要把握主要矛盾,围绕主要矛盾才能很好地处理其他事情。

(三)反对静止观——要有发展的眼光

形而上学认为世界上的一切事物都是静止不变的,如果有变化也仅仅是数量上的增减或位置的移动,拥有这种观念的人,往往容易无视新的客观事实,而用固有的观念去修改、歪曲历史事实,用一成不变的观念看待历史人物。这种观点是静止的观念,是极端错误的。其实世界上没有一成不变的东西,一切事物都处在永不停息的运动、变化和发展之中。我们要学会用发展的、变化的观点看待新事物,处理新问题。

上了大学以后,对于大部分同学来说各方面都发生了很大的变化。除了要适应校园环境和人文环境的变化,还有就是要适应变化了的学习方式。

大学阶段与中学阶段相比,是人生旅途上的一个飞跃。培养目标、学习内容和教学方法都发生了重大变化。大学阶段不仅要有通识教育内容,还有了一定的专业教育。对于有些同学来说专业知识是陌生的,如果再加之不感兴趣,缺乏积极的学习动力,就会表现出迷茫和困惑。中学课程教学时间多,老师讲得细,学生通过听课做作业来完成学习任务;大学则不同,课程多,每周课时少,老师主要讲解重点和疑难点,自学时间多,课外作业、考试都相对减少。原来在中学能够灵活掌握学习方法的部分同学,上大学后能够很快地适应新的学习环境要求,但也有一部分同学习惯中学老师耳提面命式的授课方式,受中学时期养成的思维定势的干扰和影响,就会无所适从,继而产生焦虑不安、紧张恐惧的心理。

现在的社会是变化的社会,变是绝对的,不变是相对的。我们的思想也要随着社会的变化而变化,以便适应不断变化的社会。现在的地球已经不是原来的地球,现在的人类已经不是原来的人类。我们对于很多概念的理解都要作适当的调整。不能老停留在几十年前的思维里。对于大学的理解和定位也要随着社会的发展而调整。以前的精英教育阶段的大学已经过去,以前的铁饭碗阶段的大学教育也已成为历史了。大学普及的步伐,迫使我们必须要重新定位大学,定位大学生。对于一些高职高专来说,为基层培养高素质的人才正在被越来越多的高等院校所确立。

中学时教师为了激励学生刻苦学习,总爱把大学描绘成一个"人间天堂",把大学生描述成天之骄子。中学生也将考入大学作为自己唯一的和最终的目标来激励自己在高中埋头苦读。但学生跨入大学校园后,突然发现事实并非如此。自己的地位在高校林立的城市不是那么回事。校园也并不是想象中的校园,特别是一些高职院校的社会认可度、办学水平等各方面与本科高校相比还存在着差距,容易造成高职院校的学生产生心理上的落差,出现无奈、失意等各种不健康的心理。这些思想的出现,一方面当然是因为与原来的理想有差距,而造成的心理落差;另一方面也反映了我们的适应能力还比较差。用变化的思想对待变化的环境,而不能要求环境适应你的不变的思想。

人类的发展给后人留下了无数的历史财产,忘记历史就等于背叛,但对于历史我们不能作机械的理解,更不能用固有的观念去图解历史。我们应该本着实事求是的科学态度,正确地对待历史,理解历史。同时要避免错误的思维习惯影响我们的行动、阻碍我们的前进,让理智、冷静、客观的思想成为我们生活的指南,行动的向导。

第十一讲　探索哲学智慧　体悟生命真谛

有这样一个故事：公元前 6 世纪，有一个智者叫泰勒斯，有一天他研究天象，非常入神，一不留神掉到了井里，身边的女仆嘲笑他说：你连眼前的路都还没有看清楚，却想知道天上的事！泰勒斯受到了女仆的嘲笑，但是却揭示出人类不仅关注眼前，而且乐于思索。当人类开始去追问世界是什么、人的本质是什么的时候，当人类开始去追问一些司空见惯现象背后原因的时候，哲学和哲学思想就产生了，人类的发展也就上了一个台阶。

一、哲学与智慧

在语义学上，"哲学"概念是来自希腊语 philosophia，由 philo（爱）和 sophy（智慧）组成，即对智慧的热爱。"哲"在中国古代也是智慧的含义："哲，知也"，"哲，智也"。哲士指聪明智慧、见识超群的人。由此可见，不管是希腊还是中国古代，哲学是和智慧相关的知识。那么哲学追寻的是不是具有功利目标的"小聪明"或是"小智慧"呢？自然不是，哲学是一种"天人合一"的智慧，是一种至上的境界，是对人生根本问题的思索，是有限的个体对无限和永恒的思索。哲学家冯友兰认为，个人的精神境界是千差万别的，但大体可以分为四种，即是自然境界、功利境界、道德境界和天地境界。哲学则是引导人追求较高的精神境界，天地境界就是一种最高的境界。① 哲学是热爱智慧的学

---

① 冯友兰：《冯友兰自述》，中国人民大学出版社 2004 年版，第 203 页。

问,关注的是至高的、永恒的和终极的问题。哲学所关注的对象的特点,会带给人们大的视野和不一样的境界。在生活中,当阅读陈子昂的诗"前不见古人,后不见来者,念天地之悠悠,独怆然而涕下!",品读张若虚的"江畔何人初见月? 江月何年初照人? 人生代代无穷已,江月年年只相似"时会有什么样的感觉呢? 是不是觉得非常壮观,异常超脱呢? 这是因为诗人在诗中表现出对无边无际的自然和宇宙的思索,感叹人和壮观的自然应是什么样的一种关系! 而这样的诗才能给人一种博大的境界,一种无尽的回味①。诗人这种思索的方式就是一种哲学的思维方式,很自然地让人发出感叹。明白了哲学所追寻的智慧不完全等同于日常所说的知识,哲学学科有别于一般的科学,一般的知识或是科学是人们认识世界和改造世界的工具和手段,带有一定的功利性,而哲学更多关注的是对人与人、人与自然一种形而上的认识,一般具有超功利性的。哲学家柏拉图曾说过,智慧这个词太大了,它不适合人只适合神,我们人只能是爱智慧。因此哲学家应是谦虚的,是迫切地关注人类现实生活、人类社会和历史发展的,关注人类自身的存在方式的,而人又是一个矛盾的结合体,一方面具有超越性,但现实中又常常被外界条件所限制;另一方面个体的存在是有限的,但所思考的又是一种无限地和永恒。在生活中,当我们为追求物质财富而忙碌时,可能失去了一些更重要的东西,当有一天财富目标实现的时候,可能会在不知不觉中发现自己只是变成了赚钱的机器,生活中是否有一些更加值得去探索的问题呢? 哲学和哲学问题往往会让我们对生活感受到不一样的意义。就像人们常说:"哲学不能烘面包,但能使面包变得更加甜美",这就是哲学能够带给人们的快乐。

认识到哲学是一门"爱智慧"的学问之后,有必要进一步对哲学有一个形象的把握,因为形象的知识是每一个人更能把握的,孙正聿教授在《哲学修养十五讲》中谈到,哲学是对"自明性"的一种追问。哲学关注的问题是日常生活背后的一些问题,而一般人由于习惯所认为是一种自然而然的、无需多加论证的事情,而哲学家则可能不这样认为。哲学家擅长把日常生活中所隐喻的东西给揭示出来,让人怀疑,从而引发思索,他们的认识是一种

---

① 孙正聿:《哲学修养十五讲》,北京大学出版社 2004 年版,第 12 页。

反思性的,追求更深本源的认识。在成龙主演的电影《我是谁》中,主人公因为失忆而不知道自己姓什么叫什么,在日常生活中,每一个人都知道自己是谁。然而却可能没有思索过自我存在究竟是心灵的还是肉体的更为根本呢?或是心灵和肉体的统一体?"心灵"在不断成熟,"肉体"也在成长,那现在的"我"和以前的"我"是不是不一样?那"我"是不是在不断地变化呢?若是在不断变化的,那"我"与"我"有没有统一性呢?……如果我们这样去思索,则会从一个看似一个正常的"我"中就可以引出许多问题来。①在日常生活中,常听到有人骂人说:"你不是东西",去想一想,若骂人不是东西,那人是什么呢?再说人本来就不是东西啊,对这一日常性的话语进行分析,就会认识到,实际上骂这个人不是东西,就是说这个人已经失去了人性,是一种道德败坏的状态。② 人们常说去超市买点"东西",但为什么不说是买"南北"呢?若你把这些"自明性"的问题当成问题来琢磨,则会把握日常现象背后更深层的原因和道理,而养成这样思索的习惯,能在别人习以为常的事情中,看到不一样的方面,这本身也是创造性思维的基础,对以后工作和生活都有积极的意义。总之,在生活中,有许多我们当做是天经地义、不证自明、不言而喻的东西,却正是哲学要去追问的,而这样的追问则是一种哲学的思索,这种思索常常会让你把握住常人没有看到的一面,会对世界有一种更加本源性的认识,在思维和认识领域会有一个不同的境界。

二、哲学与人生

哲学是一门追求"智慧"的学问,是对于日常生活中"自明性"的一种追问。在一定意义上,哲学更是探讨人生,追求人生意义的一门学问。

(一)哲学家眼里的人生

哲学家苏格拉底有一句名言:"没有经过反省的人生是不值得过的。"③

---

① 张志伟:《西方哲学十五讲》,北京大学出版社 2004 年版,第 3 页。
② 孙正聿:《哲学修养十五讲》,北京大学出版社 2004 年版,第 22 页。
③ 孙正聿:《哲学修养十五讲》,北京大学出版社 2004 年版,第 17 页。

人生要想活得有意义和价值是需要经过一定思索的。在希腊神话里，有一个驰名整个古希腊的德尔菲神庙，神庙供奉的是阿波罗神，阿波罗神是希腊神话里的太阳神，代表的是光明和理性。就在这个神庙的入口处，有两行字：一是"认识你自己"，另一是"凡事勿过度"。希腊哲学家苏格拉底就以"认识你自己"作为一句座右铭，进行反思，得出结论就是"自知自无知"，不管是在大的方面还是小的方面。也正是因为他认为自己是无知的，德尔菲神庙却传出神谕：苏格拉底是希腊最有智慧的人。可见早在古希腊，人们已经在思索"人"自身的问题。实际上一个人"认识你自己"是非常难的事情，就算进入大学学习，也不一定能够完全认识自己。然而认识自己又是非常重要的事情，若是一个人无法认识自己，就势必不会有一个清晰的目标，在生活方面，则会人云亦云，没有自己观点；在学习方面，则缺乏内在主动性；在职业选择过程中，则可能会选择自己并不适合的工作，奋斗一辈子仍然在原地打转。实际上"认识你自己"代表一个人在"知"方面的一个态度，在学习知识、认识世界的过程中，首先应有一个出发点，先学会对自己的了解，这就是在认识世界过程中应有的一个出发点。

古希腊"百科全书"式的哲学家亚里士多德对人有这样一个认识："人是有理性的动物"，他曾说过这样的话："任何人都会生气，这没什么难的，但是要适时适所，以适当的方式对适当的对象恰如其分地生气，可就难上加难。"因为能恰如其分地生气，必须具备高度自我反省、自我判断、自我约束的能力。而这就是有理性的人，也不是人人都能够做到的。人是有理性的动物，的确，人与其他动物的区别就在于人类有理性，这也是人类的一个本质属性。亚里士多德在他的《形而上学》一书中说道："人类天生渴望求知。"这也正是有理性的人的一个本质追求，生活在这个自然界，不会像动物一样被动地适应世界，人类会主动地改变世界，而且致力于追寻自然的规律性，在概念领域对世界有一个真理性的把握。那么渴望知识又有理性的人，是不是就能完全地认识自然，构建和谐的人类世界呢？实际上并非如此，因为有理性的人有时候也会做出一些非理性的事情，做出一些让自己后悔、别人也无法理解的事情。因此，应意识到，亚里士多德所做的"人是有理性的动物"的界定，只是从人和动物区别这一角度来定义的。实际上，人性是复杂的,不仅仅是只有理性。①

　　西方基督教认为人是由上帝创造的,而上帝创造的人是具有"原罪"的,有这样一个故事:上帝在创造了万物之后,感到世界比较单调,并照着自己的样子创造了亚当。为了不使亚当觉得孤独,又趁亚当在睡觉的时候,去了他的一条肋骨,创造了夏娃。上帝在东方辟了一个园子,叫做伊甸园,是给亚当和夏娃居住的,并且把天上飞的和地上跑的都交给亚当和夏娃进行管理,伊甸园就是人间的天堂。在伊甸园里有许多树,其中有两棵树最特别,一棵是生命之树,一棵是智慧之树。据说吃了生命之树的果子可以长生不老,吃了智慧之树的果子就会有了智慧。上帝告诫亚当和夏娃,伊甸园中唯有智慧之树的果子不能吃,吃了并会死。但是亚当和夏娃最终没有抵住蛇(撒旦)的诱惑,偷吃了智慧之树的果子,于是,悲剧发生了:他们被赶出伊甸园,子孙万代都有了"原罪",并且为此而受着痛苦。② 应该怎么样去理解人所具有的"原罪"呢? 因为人偷吃了智慧果,有了智慧,同时就有了"原罪"。因此可以说正是人类特有的"智慧"使人不同于一般动物,正是这样的"智慧"给人类带来了一般动物所没有的烦恼和罪恶感,特别是人类容易放大自己的智慧,以为拥有了智慧就会无所不能,而当人类一旦以自己拥有智慧而骄傲的时候,人类就会受到处罚。基督教给人以信仰,就是要人们对上帝信仰的过程中,追求心中的善,从而使人所具有的"原罪"在信仰中达到救赎。在现实生活中,每一个人都会有骄傲、嫉妒、好色、贪婪、懒惰等罪行。实际上就是说人性中包含有惰性和劣根性,而这在一个人的成长过程中往往会带来很大的阻碍。那么人们应如何做到救赎呢? 这还是要从人自身做起,儒家说"克己复礼"、"己所不欲、勿施于人"。基督教则说人应通过"信仰"、"希望"、"爱人如己"这三德来使内心安详,得到救赎。对于青年学子来说,首先要认识到人性中有惰性和劣根性,在学习和生活中规范自己的行为,促进成才,而战胜惰性最好的方法就是提高修养,树立高尚的品德,养成良好习惯,同时做到慎始、慎独、慎行,学会时时内省。

---

① 傅佩荣:《哲学与人生》,东方出版社 2005 年版,第 57—58 页。
② 张志伟:《西方哲学十五讲》,北京大学出版社 2004 年版,第 8 页。

近代哲学家尼采对于人性有深刻认识,并产生了很大影响。在他眼里"上帝死了",人类应重新估定一切价值。认为生命的存在就应以权力意志来彰显自身,所谓的"权力意志"并不是指政治权力,而是一种广泛的权力,如,缝隙中的小草和悬崖上的松树,不管自己身在何处,都要努力使自己茁壮成长,展现自身的生命力,扩大自身影响,这就是权力意志的表现。在尼采看来,人在生命中就应努力使自己成为一个"超人",他认为,人类只是一座桥梁,一边是动物,一边是超人,而人的生命应该从动物这一边走到超人一边,在这个过程中,人类必须要接受各种考验。实际上,尼采对人应成为超人的界定,是指出,一个人活在这个世界上,应对生命充分的肯定,即是努力把"生命的潜能"完全实现出来,他还认为,"生命的潜能"包括两个部分:"有形的身体"和"无形的精神"这两个方面。

在尼采看来,人生应经过这样的三个阶段:骆驼、狮子和婴儿。在他看来,骆驼是"沙漠之舟",刻苦耐劳,意味着人在年轻的时候,应多接受训练,承受挫折,敢于承担。就像人们在有所成就之前,必须要默默地进行奋斗。这是人生的必经阶段。人生的第二个阶段就是狮子阶段,狮子和骆驼的根本区别就是骆驼听从他人指导,遵从命令行事,而狮子则是自己做决定,对自己负责,想的也是"我要如何"。每一个人都要经历从骆驼到狮子的过程,在骆驼阶段,更多是听从父母、听从老师的安排,到了狮子阶段则是形成自己的主见,自己的判断,在大学学习期间很多时候就是自己在告诉自己该怎么做,学会独立,并为自己负责。现代年轻人都想要更多的自由,但是不知有没有去想过,随着自由而来的就是责任,有了自由之后就要做出选择,通过选择就会有相应结果,而这样的结果要求自己承担责任。尼采认为狮子阶段之后则是婴儿阶段,婴儿阶段意味着完美的开始,提供了所有的可能性。初为父母的人往往都会对子女充满了爱和想象,希望婴儿能有一个满意的人生,而随着婴儿的长大,往往也是父母希望破灭的过程。在尼采看来,当人回归到婴儿阶段时,意味着心灵回归,是一种希望和期待,充满了可能性。①

---

① 傅佩荣:《哲学与人生》,东方出版社 2005 年版,第 137—140 页。

（二）人生需要哲学

随着近代工业文明的发展，人类社会已经进入了一个飞速发展的时代，知识更新得越来越快，各种各样的信息不绝于耳，在这样一个世界里，很多人容易迷失自己，迷失了方向。哲学反思性的思维和关注对象的独特性，使哲学虽然是孤独的但却是充满了魅力的学问。大学生处在人生成长的关键时期，思维活跃，创造性强，所学的专业各不一样，而这样的特征是非常需要哲学的，因为哲学能够提供应有的境界，让你从光怪陆离的世界表象中学会反思，提高人生境界。在生活中，人最不喜欢的就是单一颜色，大学生则更是如此，会认为单一颜色太单调，就连阳光穿过雨滴后都会形成七彩的光芒。自然界是丰富多彩的，春天来了，更是姹紫嫣红。然而对多彩世界的喜爱，更要求青年人提高哲学修养，不管你学的是什么专业，只有相应的修养，才会有相应的审美境界，才能发现世界的多彩之美。否则的话，世界是多彩的，是存在的，可是对你来说却是单一的存在。有哲学修养的青年人，在同样的生活和学习中，会有不一样的体会，更善于发现事物中的存在之美，感受到生活的意义。

哲学家康德说过，他最敬畏的就是头顶的星空和心底的道德率。温家宝总理也说，每一个民族都是需要少部分人来仰望星空的。我们可能不会是那少部分仰望星空的人物，但是青年学子完全可以在人生重要的大学时期，去学会仰望星空，去追求精神自由。大学的学习就给我们提供了这样一个平台。大学是思想和思想碰撞的地方，在这里一方面要学习系统的专业知识；另一方面也会开拓视野，提高思维能力。在大学里，会有明确专业学习计划，对自己三年后职业也会有一个清晰的认识，就业的压力可能会变成今天生活的焦虑，课程学习是在就业指挥棒下进行的，一切都可能是功利性的。我们可能不会去思索：专业知识的学习就是我们上大学的根本目的吗？未来职业所需要的就一定是我们的目标吗？实际上，精神的自由才应是我们最重要的追求，大学里，超越职业追求的某些理念或是实践会让我们感受到不一样的意义。对于大部分人来说，全部精力投入到学习中，在人生中是不多的，一生中又会有多少时间来思考人生，思考生命，思考人的存在方式呢？哲学的学习会让我们多一些这样的思索，也会让自己的大学生活多一些不一样的意义。当然哲学修养的提高和自身专业学习并非矛盾,也并非说每一个大学生都应该进行哲学式的思索。哲学修养对于我们来说,更易使内心和谐,会带给不一样的精神境界。

三、哲学修养与人生境界

哲学作为"爱智慧"的学问,也是积极探讨人生意义的学问,在现实生活中,不可能每一个人都是哲学家或是以哲学为生,但是作为一门思索和探讨智慧的学问,对于个体独立人格和创新思维的培养具有积极作用。

(一)青年人需要有哲学修养

素质教育是现代教育的根本,通过大学的学习,我们不仅要学会相应的专业技能,更重要的是学会如何做人以及如何独立思考,在走向职业的过程中,不应该只是一个单纯的某一行业的技工,应有自己的思考,善于灵活运用知识,能够对事对物作出自己的判断,具有创新精神;哲学是对智慧的追问,这是一个活跃思维的过程,需要质疑和询问,应有开放的胸怀;哲学还是和生活、和人生密切相关的学问,所谓"离开人生,哲学是空洞的;离开哲学,人生是盲目的。"①可见,无论是什么专业的学生,都应该提升自己的哲学修养,都应该培育具有时代内涵的哲学修养。同样的问题,具有不同思维方法和境界的人会有不一样的看法,具有一定哲学修养的人则可能会提出具有全局性的观点。正是哲学的这些特征,决定了哲学在素质教育领域中具有重要的作用。

任何一门学科都是一种知识性的,是人们在长期的社会实践过程中形成的关于世界和人自身的理解并以知识性的形式保留下来,但在学习过程中都会涉及思维和意义的问题,特别是意义往往需要通过哲学来回答,就像每一个领域学问最深的人都是哲学博士。哲学是对人生系统性和终极性的反思,在素质教育中,哲学当然也会给我们提供知识性的认识,但是不仅如

---

① 傅佩荣:《哲学与人生》,东方出版社2005年版,第1页。

此,特别是对非哲学专业的学生来说,哲学思维方式和研究的对象,有助于人们活跃思维,提高人生境界,树立正确的、科学的人生观和价值观。

(二)如何提升哲学修养

哲学修养的提升,不仅能提高思维能力,增强实践能力,而且能引导人们形成自己的判断。大学期间,提升哲学修养,可以促使思维活跃,心灵和谐,学习意义清晰,行为动机内化。在学习中可以作如下尝试:

1. 理性的反省

人生活在经验之中,从一出生开始,就生活在特定氛围和环境背景之下,自然地就接受了身边的人所给予我们的经验,这些经验虽然像是一个丰富的宝库,但实际上里面的东西是好坏都有的,随着我们的成长,自己受到外界的影响也会越来越多,很多时候,我们在为人处世的时候,都有可能是身不由己的,有很多外在的因素会影响自己的行为,使自身的目标和理想变得遥不可期。因此,对于生活中的经验,需要依靠理性来进行反省。生活不可能一帆风顺,当我们有了一定生活经验之后,必须以理性来思考这些经验。静下心来思考,对于人生异常重要,或许因为你的思考,你的人生就进入一个不一样的境界。

反思能使一个人变得清醒,使自身成为生命的主宰。在生活中有很多时候,人们往往会因为别人的言语或是当天的天气变化,影响情绪,进而影响学习和工作,乃至对身边的人都不会有一个好的态度;很多时候,个体会受自身情绪的影响,变得不易控制,喜怒哀乐充分表现在脸上;很多时候,人们把自己所认定的价值准则当成公理,认为自己完全把握了真理,可以做到无所不能。哲学家则说,当一个人以为自己无所不能的时候,他就要受到惩罚了。苏格拉底认为自己是一个牛虻,是让雅典青年人清晰的牛虻。是神赐给雅典的礼物,目的就是刺激他人,促使他人清醒,接受新的思维。而这个过程往往是在痛苦感觉中获得的,因为打破旧的认识体系必然带来疼痛。苏格拉底在和他人谈话中,运用反诘、辩证和归纳的方法,让别人意识到自己原先所认定的是多么的无知。通过对话,他引导人们,促使人们反省。让我们意识到"是不是没有经过考虑,就接受了很多既成的观念? 这观念往往是风俗习惯和传统权威造成的,以致你根本没有经过批评的反省,就盲目认定某些行为一定是好的或是坏的"①。而当人们内心真正地理解了,知道自己应该如何做,人们的行为就会更加自然、更加真实、更加具有自主性。

那么应如何学会理性的反省呢?除了培养自己反思的意识外,学会在别人没有怀疑的地方产生怀疑也很重要。大家都知道牛顿的故事,因为苹果下落掉在他的头上,这一常人看来非常平常的事情,却引起他的思考,"为什么苹果是往下掉,而不是往上飞?"于是他最终发现了万有引力定律。牛顿正是会在别人没有怀疑的地方进行怀疑:"为什么是这样,而不是那样?"才使他成为一代科学巨擘。在读书的时候也应持有这种态度,不应对书中的观点在没有进行怀疑和思考的情况下就认同了,应尝试寻找新的可能性。如果事情都被视为理所当然,就无法养成理性反省的习惯,无法提高自身哲学修养。

2. 掌握辩证的观点

辩证观点是人们的一种思维方式,也是事物内在的一种规律性。生活中很多时候人们习惯于孤立地看待事情,习惯于从某一特定角度来思考问题。辩证的观点则是全面的、发展的、普遍联系的来看待问题,要求在解决问题时突出重点,具体问题具体分析。在生活中,有正方就会有反方,在向别人表达看法时,往往倾向于选择一定的角度,而忽视甚至是抵制和自己不一样的观点,辩证的观点则要求我们学会在对立中看到统一,学会从不同的角度看待问题,在解决某一特定问题时,学会分清先后和主次,把握住事物的主次矛盾。在生活中,辩证思维是一种科学的思维,一般来说,专业的学习都是从基础课程开始,然后学习专业课程,会有一个过程,最终专业技能的把握,则是在对基础课程、专业课程以及一定实践基础上的一个整体的把握。在每一特定时期都需运用辩证思维来看待学习,这样,在每一时期,学习动机更易内化,更易发挥自身的主动性。学习不会是一帆风顺的,很多时候学习中会出现很多挫折,应该如何看待生活中的挫折呢?辩证观点告诉我们,成果和失败对立统一,是一种"祸福相依",可以相互转化。实际生活

---

① 傅佩荣:《西方哲学与人生》,上海三联书店 2007 年版,第 12 页。

中,有失败然后才有成功,这样的经历是丰富的。在挫折面前,需要学会辩证的来看,学会总结,这样才可以百尺竿头,更进一步。

3. 确立价值目标

人是自由的,在处理事情或是在学习过程中,都会带有自己的价值判断。价值具有主观色彩,可以通过选择使自己成为什么样的人。现实社会中,常听人们说到,生活充满了烦恼或是无聊,自己只是应付工作,感到前途渺茫。实际上,这样的人缺乏清晰明确的价值目标。在变化飞速,竞争激烈的社会里,确立价值目标至关重要,至少可以使自己目标明确,有自己的追求,不会像一个无根浮萍一样,随风而飘。就算是一个井底之蛙,也有属于自己的一片天空。哲学家柏拉图年轻的时候有志于做一名文艺青年,喜欢做诗,写过希腊悲剧。他在 20 岁时遇到苏格拉底,听到苏格拉底一段话之后,回家第一件事就是把诗和剧本全部烧掉,因为他发现了自己该走的路,并选择将自己终身奉献给哲学世界。[①]

价值和人的自由有关,若是没有自由选择的机会就没有所谓的价值,而自由的选择并不一定带来好的价值结果。在选择时需要问一问:"为什么要做出这样的选择? 根据是什么? 这样做是否正确?"实际上,一个人的选择如果由外在的因素决定,则践行的力量往往是不够的,因为外在的条件一旦改变或是消失,则不一定能坚持原来的选择;反之,若是出自内在的因素,是自己内在价值目标的实现,则会更加努力。比如说,在大学专业选择过程中,很多同学受家人影响,而选择了临床医学这样一个专业,但因为并非完全出自内心,一段时间学习之后,会发现临床并非是自己的价值追求。因此,在学习遇到挫折之后,更容易降低专业学习的兴趣,甚至会消极懈怠。更有甚者,由于内心没有明确的目标,在人生道路上常常更换价值目标,最终导致一事无成。人们在进行价值选择的时候,往往会把他人的价值观强加在自己的身上。而每一个人所面对的外在世界是不一样的,适合他人的,可能并不适合你。因此在价值选择方面,一定要好好听取自己内心的声音。当然,在选择时,需要对社会上各种价值观进行思考和判断,而不是光看事

---

① 傅佩荣:《哲学与人生》,东方出版社 2005 年版,第 21 页。

物的表面现象,个体价值应和普遍价值结合起来,才能使你崇高起来。确立了正确的价值定位,了解自己言行背后的道理后,就应该坚持下去,即使遇到挫折,付出代价,也无怨无悔。

确定了价值取向之后,就需要自己用行动去践行,人生的价值需要自己去印证。人们常说,关爱他人,是一种高尚的行为。如果有一天,你在一辆满载的公交车上遇到一个需要帮助的人,这时候你正好有一个位子,坐得很舒服。心里可能正在矛盾,"到底要不要让座呢?"你有两个不同的选择,如果选择不让座,则不能印证那句话的真假。如果选择让座,可能就在你把座位让给需要帮助的人的时候,忽然心情开朗,展现了人格的尊严,感受到了崇高。这就是对价值的印证。助人能使自己快乐,就会成为你的真理,因为已经得到了证明。① 价值需要印证,人生需要体验,若是光叙述理论或是格言,而没有自己的体验,则只能是观念上的把握。相反,若是通过践行来验证,价值则成为生活的一部分,大学的学习更是如此。

(三)提高哲学修养,提升精神境界

哲学家冯友兰认为,哲学的任务就是提高人的精神境界。他在《新原人》一书中曾说,"人与其他动物的不同,在于人做某事时,他了解他在做什么,并且自觉地在做。正是这种觉解,使他正在做的事对于他有了意义。他做各种事,有各种意义,各种意义合成一个整体,就构成他的人生境界。"他认为,个人的精神境界千差万别,但大体可以分为四种,即是自然境界、功利境界、道德境界和天地境界。自然境界是一种纯朴的境界,就社会而言相对于人类的原始社会;就个体而言,相对于儿童境界。这种境界的人生活是纯朴的,且是未意识到的,就如小孩子并不知道自己的天真一样,若是知道自己天真,则就丧失了他们的天真,当然他所做的事对于他来说就没有意义或是很少意义。功利境界和道德境界的人是自觉的,知道自己所做的是什么事,其中为私就是功利境界,为公则是道德境界,这两种境界人都是对事情有了觉解,但是意义不一样;天地境界说的是人和自然的关系,追寻的是人

---

① 傅佩荣:《哲学与人生》,东方出版社 2005 年版,第 18 页。

在自然中所处的地位，从中得到一个"安身立命之所"，他对所做的事情的意义则是赋予更高层次的意义。①

对于每一个人来说，若是认真地对待人生，都应该追求精神上的较高境界，不同的境界会对人生意义有不一样的理解。对于大学生来说，如同早晨八九点钟的太阳，人生道路需要自己开拓，意义需要自己书写。在生活中，人最无法忍受的就是无意义的存在，要使自己活得有意义，就需要形成一定的哲学修养。哲学的境界，可带给我们意义的启示，大学生处于最有理想和创造力的时期，因此应该更加喜欢哲学。在生活中，有很多人觉得自己不快乐，认为生活没有意义，实际上是因为他处在一个较低的精神境界里了。比如上中学的时候，会认为人生意义就是考上一个理想大学，上了大学之后认为人生的意义就是找到一份好的工作，有了工作之后，人生的意义就是挣更多钱，如此类推，人的欲望是无穷的，必然在特定阶段认为人生是没有意义的，导致生活不快乐。实际上，在人的生命过程中，很多时候意义是无法通过外在的东西来寻求的，这就需要我们进行思索，寻查内心的追求，以达到与外在的和谐，而这就是一种境界，需要人去静思和反省，而这必然要以一定的哲学作为基础。

哲学思想可以提高人们的精神境界，哲学家自身对待事物，对待人生的态度会给我们更加形象的认识。如希腊哲学家苏格拉底，他经常会因为思考某一个哲学问题，站在屋檐下一天一夜，直到明白了才会离开，被别人看做怪人。苏格拉底承认自己是一无所知的人，但是德尔菲神庙铭句认为，正是因为这一点，他才是所有人中最聪明的人。在对真理的探讨之中，苏格拉底冒犯了雅典城中的权势者，他们共同密谋反对他，控告他传播错误知识，腐化青年人。他们把他送上法庭，企图通过强迫他卑躬屈膝和恳求饶恕来蒙羞他。在审判他的法庭上，他毫不屈服，反而宣讲控告者的无知，激怒了陪审团，从而被判处死刑。雅典人对陪审团的行为感到羞耻，对他们要处决雅典最优秀的公民感到尴尬。最终正义的人们通过一定手段，准备帮助苏格拉底逃出监狱。然而，在最后时刻，人们祈求他逃走，苏格拉底却拒绝了，

---

① 冯友兰：《冯友兰自述》，中国人民大学出版社2004年版，第203页。

他不想通过逃跑来破坏法律,毅然喝下了毒酒,然后和朋友们讨论哲学直到死亡。死后,苏格拉底成为全世界为真理殉难的象征。

古希腊另一个哲学家狄奥根尼崇尚自然、简单的生活。有一次征服了欧亚大陆的亚历山大大帝决定来探访狄奥根尼,在他往狄奥根尼住处走的时候,神采奕奕的亚历山大大帝吸引了众人的目光,唯独狄奥根尼只是一肘支着坐起来,所有人都对亚历山大鞠躬敬礼或欢呼致意,他却一声不吭。亚历山大走近晒太阳的狄奥根尼,便问他:"我能帮助你做些什么?"他回答说:"能,请不要挡住我的阳光!"一阵惊愕之后,慢慢地,亚历山大转过身走了,人群中发出一阵阵笑声。

哲学家康德一生都是在位于原普鲁士东北部的原系汉萨同盟的哥尼斯堡(今天的俄罗斯的加里宁格勒)度过的,他的生活异常有规律,每天都会定时出来散步,以至于邻居们通常根据他下午散步时间来调对钟表。在他46岁的时候,获得了科尼斯堡大学逻辑学与形而上学教授一职,此后康德沉默了10年,一直到1781年,康德发表了《纯粹理性批判》。实际上,仅凭这一部著作,就可以奠定康德在哲学史上不朽的地位。

可以看出,哲学家爱思想胜于爱一切,包括自己的生命,他们把对真理的追求看得比任何外在的事物都更加高贵。他们不但在思想上对后世有很大的影响,而且践行了自己内心的追求。实际上,任何人,若想有所成就,则不能浮躁,需要静心去思索。否则就不可能会有很大成就的。总之哲学可以提高人生的精神境界,更多的是需要去感悟的。

第十二讲　插上科技翅膀　勇挑强国重担

谈到科学技术,人们都承认:科学技术是人类文明进程中不可或缺的动力。科学技术已渗透到我们生活的各个方面,成为影响人类社会发展的巨大力量。今天,当我们豪迈地遨游太空,当互联网将整个世界变成"地球村",当高清晰的数字彩电进入我们的家庭,当克隆羊多莉的诞生震动了整个世界,人们不得不对现代科学技术的神奇功能叹为观止。科学技术已改变了世界的面貌,包括社会结构、生活方式和思维方式等,以至于我们生活的世界无不打上科技的烙印。英国科学家弗兰西斯·培根曾说:"知识就是力量。"现在我们则说:"科技就是力量。"科学技术对人类社会发展的作用,对人类物质生活和精神生活的影响,从来没有像今天这样巨大过,所以邓小平指出:"科学技术是第一生产力。"

一、神奇科技,无限力量

(一)四大发明的影响

在中国古代辉煌的科技成就中,对世界科技发展和历史进程影响最大的莫过于四大发明。四大发明对人类文明发展影响深远。

我们还记得成语"学富五车"的故事吧。说的是战国时有个叫惠施的人,家中藏书丰富。他爱看书学习,外出讲学时也不忘随车装着爱看的书。一共装了五车,"学富五车"的成语就是这么来的。战国时代还没有发明纸张,人们把字写在竹简或木牍上。这些竹简、木牍长的达"三尺",短的也有

"四五寸"。"学富五车"中的五车书其实指的就是这样的一些书。这样的五车书,只不过相当于我们现在的一本普通书而已。中世纪的欧洲,据说抄一本《圣经》要用300多张羊皮。由于材料的限制,导致文化信息传播的范围极其狭小。我国东汉时期,蔡伦在前人经验的基础上发明了造纸术。纸从此成为传播文化、交流思想的重要工具,也对教育、政治、商业等方面的活动提供了极为便利的条件。公元6世纪后,我国的造纸技术不断外传,朝鲜、日本、阿拉伯、欧洲等地先后有了造纸技术。

同样,我国印刷术传到欧洲后,便利了文化的传播,改变了原来只有僧侣才能读书和接受较高教育的状况,为欧洲的科学从中世纪漫长黑夜之后突飞猛进的发展以及文艺复兴运动的出现提供了一个重要的物质条件。中国人发明的火药和火器帮助欧洲资产阶级推翻了封建贵族的统治。正如恩格斯指出的那样:"火器一开始就是城市和以城市为依靠的新兴君主政体反对封建贵族的武器;以前一直攻不破的贵族城堡的石墙抵不住市民的大炮,市民的枪弹射穿了骑士的盔甲,贵族的统治跟身披铠甲的贵族骑兵队同归于尽了。"指南针传到欧洲后在航海上应用,则为以后哥伦布发现美洲新大陆和麦哲伦的环球航行提供了必不可少的帮助。为资产阶级奠定了世界贸易和工场手工业发展的基础,大大加速了世界经济发展的进程,为资本主义的发展提供了必不可少的前提。

总之,我国古代的四大发明,在人类科学文化史上留下了灿烂的一页。这些伟大的发明曾经影响并造福于全世界,推动了人类历史的前进。

(二)科技革命的力量

历史上的三次技术革命对人类文明贡献巨大。

如果人们把整个人类社会的演进用12个小时来表示,那么现代工业时代只代表最后5分钟,而不是更多。英国是最先发生这个5分钟事件的地方,工业革命可能是最初的关键几秒钟。正是这个革命使现代文明降临人间,人类开始从农业文明向工业文明过渡。实际上,欧洲领先世界的并不是它的基督教信仰,也不是它的政治制度,而是它那辉煌灿烂的工业文明。[1]

---

[1] 马克垚:《世界文明史》(中),北京大学出版社2004年版,第186页。

这个被称之为"第二个创世纪"的工业文明(第一次工业革命)就是以纺织机械的改革和蒸汽机的发明和广泛使用为标志的第一次技术革命。工业革命在科学技术的武装下,使英国工业得到迅速的发展并一跃成为当时世界上最先进的资本主义大国。蒸汽机的广泛使用被认为是人类在制造和使用工具史上的一次划时代的变革、一次质的飞跃。蒸汽机把热能转化为机械能,使人类拥有了强大的、几乎是无限的自动机械力量。蒸汽机动力迅速应用扩展到其他部门,促进了相关的煤炭冶金工业、机器制造业以及交通运输业的发展。社会由此亦进入了"轮船时代"和"火车时代"。最为显著的是科学技术转化为巨大的生产力。如:"英国学者 S. D. 查普曼做过了一个计算:纺织 45 公斤棉花,使用印度纺纱车为代表的'旧式'纺车,需要 5 万小时,到 18 世纪最后 10 年,使用阿克莱特纺纱机和'骡机'需要 300 小时,而使用'自动骡机'则为 135 小时。"①由此可见,科学技术的巨大威力。正如学者们所说,以科学技术武装起来的工业革命,在很短的时间里创造了比过去一切时代所创造的还要多、还要大的生产力。自此,人类第一次凭少量的劳动时间和强度,获得了大量的食物、生活用品和高效的交通工具。

在现代社会,电的重要性不言而喻。我们还记得 2003 年 8 月北美大停电吧,由于事故而造成的大面积停电给社会造成了巨大损失,给民众生活带来了种种不便。根据事后统计,此次大停电,北美的纽约、底特律、克利夫兰、渥太华、多伦多等重要城市及周边地区近 5000 万人口受到影响,部分经济活动也出现停滞。停电当天,纽约市发生了 60 起严重火灾,电梯救援行动多达 800 次,紧急求救电话接近 8 万次,急诊医疗服务求助电话也创纪录地达到 5000 次。由此可见,无论是生产劳动还是日常生活,电都发挥着至关重要的作用。

19 世纪下半叶,在继第一次科技革命后,人类社会开始了以电能的开发和应用为标志的第二次科技革命。这次革命把人类从蒸汽时代带入了电气时代。以电力技术、内燃机技术、炼钢技术和有机化学为主要内容的第二次技术革命是一次广泛而深刻的社会变革,它创造了蒸汽机时代望尘莫及

---

① 马克垚:《世界文明史》(中),北京大学出版社 2004 年版,第 201 页。

的社会生产力。虽然它被称为第二次技术革命,但它却不是第一次技术革命的简单延续,而是有着新的含义。电力技术革命同蒸汽技术革命相比较,科学为技术创造提供理论依据,也就是说科学武装了技术,科学的发展大大提高了技术水平,技术发明成为科学成果的最终运用。电力技术革命就是以电磁理论的建立为突破口的。电力作为一种新能源的广泛应用,不仅为工业提供了方便而廉价的新动力,而且有力地推动了一系列新兴工业的诞生。如对现在社会影响深远的三大发明,汽车、飞机和无线电通讯相继出现。

总之,电力技术革命再次改变了我们的生活,使社会文明发展到新阶段。

20世纪40年代以来,在现代科学的基础上发生了以原子能技术、电子计算机技术和空间技术为主体的现代技术革命,被称为第三次技术革命。由于主导这次技术革命进程的是信息技术,所以也称之为信息技术革命。电子计算机的发明和广泛使用,使生产的自动化、办公的自动化和家庭生活的自动化有了实现的可能。预示着人类社会将从机械化、电气化的时代进入到另一个更高级的自动化时代。空间技术和海洋技术的发展标志着人类社会已从被束缚于地球表面的"地球居民"时代进入一个远为辽阔的陆海空立体新时期。基因重组技术、结构化学和分子工程学的进展使人类获得了主动创造新生物和新生命的能力,标志着人类正在由"必然王国"一步步走向"自由王国"。科技革命的发展扩大了人类改造自然的活动领域,提高了人类向自然作斗争的能力,从而把人类社会的物质文明和精神文明推进到一个前人所无法想象的新高度。第三次科技革命不仅带来了物的现代化,而且使人的观念、思维方式、行为方式、生活方式逐步走向现代化。

现如今的科学技术让你可以只需拥有一部小小的手机,除了打电话外,还能轻松上网,欣赏你喜欢的音乐,听广播节目,照相和录像等等。在社会生产力方面,"信息技术革命的各种新技术已成为发达国家社会生产力提高的主要动力,充分体现了'科学技术是第一生产力'。据估计,20世纪初,大工业劳动生产力的提高只有5%—20%是靠采用新技术取得的,70年代以来,这个比例上升到60%—80%,有一些知识、技术密集型行业甚至高达100%"。①

(三)科技革命的趋势

在过去近半个世纪里,信息技术和信息产业对其他产业的渗透和带动,超出了几乎所有人的预想。展望未来,有专家预言,科学技术将会在以下几个方面获得进展。

首先,是电子信息技术,它是高科技的前导。它以微电子技术为基础,将在计算机技术、无线联网技术、光电技术、微电子技术和人工智能等方面孕育着新的突破。其次,是生物技术,也叫生物工程,它是21世纪高科技的核心,直接关系到农业、医疗卫生事业的发展,而且对环保、能源技术都有很强的关联性。再次,是新能源技术,它是高科技的支柱。有学者指出,21世纪人类面临的各种科学问题大多与能源有关。其中核能技术和太阳能技术是新能源的主要标志。从长远来看,核能将是继石油、煤和天然气之后的主要能源,核聚变将是核能利用的一个重要方向。太阳能、风能与生物能源,它们被称为三大可再生洁净能源。人类在能源问题的研究上将更加注重保护环境问题。最后,就是新材料技术,它是高科技的基础。包括对超导材料、高温材料、陶瓷材料、纳米材料等的开发利用。其中,纳米材料的开发利用远景广大,可能会在信息、生物、能源领域带来一场深刻的技术革命。比如,在材料方面,纳米技术可能使材料性质发生根本转化,如硬的变软,导电的变成不导电,无磁性变成有磁性等;在微电子学与器件方面,纳米技术可以制造更节能、更便宜的微处理器,使计算机效率提高百万倍;在生物和农业方面,纳米技术可制造新的化学药品,可对动植物基因进行改良。可以预料,纳米科学具有巨大潜力和美好远景,将给人类文明和社会进步带来不可估量的影响。

二、非凡成就,艰辛探索

科学技术的进步大大促进了人类社会文明的发展,但科学探索的道路

---

① 邹海林、徐建培:《科学技术史概论》,科学出版社2004年版,第326页。

并不是平坦的。一代又一代的科学家在科学的征途中艰辛地探索着,为了寻求、坚持和宣扬真理,付出的甚至是生命的代价。

(一)与歪理谬说的战斗

近代天文学奠基人哥白尼,用了30多年的时间,不辞劳苦,克服困难,日复一日地坚持观测天象,终于取得了可靠的数据,提出了"日心说",并在临终前出版了他的不朽名著《天体运行论》。《天体运行论》的核心思想是:太阳是宇宙的中心,地球只是一颗普通行星,它一边绕太阳公转,一边绕轴昼夜由西向东自转;月亮则是地球的卫星,绕着地球旋转,地球又带着它绕太阳旋转,等等。哥白尼的"日心说"敲响了"地心说"的丧钟,宣告了神学宇宙观的破产,把自然科学从神学奴役下解放了出来。哥白尼的"日心说"把"地心说"颠倒了1000多年的日地关系重新颠倒过来,由此带动了一系列思想观念上的变革。这不仅是天文学发展中的重大突破,而且是近代自然科学史上具有划时代意义的发现。布鲁诺则不遗余力地大力宣传"日心说",使得哥白尼学说传遍了整个欧洲。天主教会深深知道这种科学对他们是莫大的威胁,于是将《天体运行论》列为禁书,不准宣传哥白尼的学说,并最后建议当局将坚定不移地宣传哥白尼日心说的布鲁诺判以火刑。布鲁诺在听完对他的宣判后,面不改色地对这伙凶残的刽子手轻蔑地说:"你们宣读判决时的恐惧心理,比我走向火堆还要大得多。"1600年2月17日,伟大的科学家布鲁诺被烧死在罗马的鲜花广场上。

罗马城台伯河的河水千百年来依旧流淌着,真理是颠扑不灭的。布鲁诺不畏火刑,坚定不屈地同教会、神学作斗争,为科学的发展做出了贡献。他的科学精神永放光芒! 1889年,人们在布鲁诺殉难的鲜花广场上竖起了他的铜像,永远纪念这位为科学献身的勇士。布鲁诺后来被人们称为"继哥白尼之后的伟大天文学家",世代受到人们的敬仰。

(二)站在巨人肩膀上的攀登

科学的发现,技术的发明,是与一代又一代的科学家孜孜不倦、忘我奋斗分不开的,正如伟大的科学家牛顿所说:"如果我比别人看得更远,是因为我站在了巨人的肩膀上。"就拿蒸汽机的发明来说吧,它并不像人们通常所说的那样,是瓦特幼小时从沸水将壶盖掀起中获得灵感,然后靠他这样一个技工的个人发明的。其实,从法国物理学家巴本在实验室发明最初的蒸汽泵的1680年开始,历经赛维利、纽可门等人的相继奋斗,直到瓦特,前后经过了一百余年的艰苦奋斗,才最终实现了把实验科学的成果转变为技术科学的成果,最终直接地变为社会生产力。我们只能说由于瓦特站在巨人的肩膀上,他才能取得比他同时代人更大的成就。在长达一个多世纪的漫长岁月里,包尔塔、伽利略、托里克利、维维安尼、巴斯噶、格里凯、惠更斯、巴本、波义耳、胡克、牛顿、莱布尼茨、赛维利、纽可门等人均为蒸汽机的发明做出了不同的贡献。蒸汽机凝结着英、法、意、德各国技术师和科学家等几代人的共同心血。在研制蒸汽机的道路上,瓦特就像一匹不知疲倦的奔马,在蒸汽机领域不停地奔跑着。如果从他最初接触纽可门蒸汽机的1761年算起,他经历了21年的漫长岁月。在21年的时间内,瓦特虽然多次受挫,屡遭失败,但仍以对科学的执著和百折不挠的精神和毅力,通过对纽可门蒸汽机的三次大革新,终于实现了对纽可门蒸汽机的彻底革命。把那种最初只能用于矿井抽水的蒸汽机,变成了翻转整个世界的"蒸汽机",使人类社会由手工劳动时代进入了蒸汽机时代。

从瓦特20多年研制蒸汽机的奋斗史中可以看出,瓦特并不是聪明过人,或极富创造力,但他却有着坚忍不拔的意志,在前人研究的基础上取得了蒸汽机发明的成功。

(三)科学家是有国界的

"科学是无国界的,但科学家是有祖国的"。许多科学家不仅具有献身科学的精神,而且还有着赤子般的爱国情怀。著名科学家玛丽·居里夫人发现了元素"Po"时,出于对祖国的热爱,她坚持将这种元素以祖国"波兰"的谐音来命名。同样,在中国,也有许多为了国家的富强,民族的振兴而献身祖国的科学家。钱学森和袁隆平就是他们中的杰出代表。

新中国刚成立不久的1950年,航空动力学家冯·卡门的学生、时任美国加利福尼亚理工学院教授的钱学森就开始争取回归祖国。当时美国海军次长金布尔则声称："钱学森无论走到哪里,都抵得上 5 个师的战斗力,我宁可把他枪毙,也不能让他回到中国。"钱学森由此受到美国政府迫害,遭到软禁,失去自由。直至 1955 年 10 月,钱学森终于冲破重重阻力回到了祖国。后来的几十年间,他为中国的国防科技的发展作出了特殊贡献。面对荣誉,他曾坦诚地说:"如果中国人民说我钱学森为国家,为民族做了点事,那就是最高的奖赏,我不稀罕那些外国荣誉头衔!"1991 年 10 月 16 日,钱学森被授予"国家杰出贡献科学家"称号和一级英模奖章。在颁奖仪式上,他答谢说:"我只是沧海一粟,渺小得很,真正伟大的是中国人民,是中国共产党和中华人民共和国。我只是恰逢其时,回到祖国,做了自己该做的事情。""人民满意是对我的最高奖赏!"

　　回顾 20 世纪五六十年代,新中国面临复杂严峻的国际形势,帝国主义以武力威胁新中国甚至对无核力量的新中国进行核讹诈,当时国家经济、技术基础薄弱,工作条件十分艰苦,以钱学森为代表的大批优秀的科技工作者,包括许多在国外已经有杰出成就的科学家,怀着对新中国的满腔热爱,响应党和国家的召唤,义无反顾地投身到"两弹一星"这一神圣而伟大的事业中来。自力更生,发愤图强,在艰难的环境下,完全依靠中国自己的力量,用较少的投入和较短的时间,突破了原子弹、导弹和人造地球卫星等尖端技术,取得了举世瞩目的辉煌成就。"两弹一星"不仅为我国建立战略导弹部队提供了装备技术保障,增强了我军在高技术条件下的防御能力和作战能力,而且带动了我国高技术及其产业的发展,促进了经济建设和科技进步。"两弹一星"事业所取得的巨大成就,是中国人民挺直腰杆站起来的重要标志,极大地鼓舞了全国人民的斗志,增强了中华民族的凝聚力,激发了振兴中华的爱国热情。正如邓小平同志曾经指出的那样:"如果六十年代以来中国没有原子弹、氢弹,没有发射卫星,中国就不能叫有重要影响的大国,就没有现在这样的国际地位。这些东西反映一个民族的能力,也是一个民族、一个国家兴旺发达的标志。"

　　袁隆平,被誉为"杂交水稻之父"。为了解决中国人民的吃饭问题,他长期扎根基层,呕心沥血,不辞辛苦,不计较个人得失,淡泊名利,潜心从事杂交水稻的研究。他时刻关心着人民。他曾回忆说:"三年困难时期,我亲眼见过有人饿死倒在路边、田坎上,很多人因饥饿得了浮肿病。当时我们农校的老师被下放到艰苦的地方锻炼,在集体食堂里,我们吃的菜就是一大锅红薯藤,加一小酒杯的油来煮,跟猪食差不多。饭是双蒸饭,用水蒸了两次,饭粒儿看起来大,吃下去一会儿就饿,整天想的就是能吃顿饱饭就好了。"青年时代的袁隆平下乡支农时,一位生产队的老队长对他说:"袁老师,听说你正在搞科学试验,如果能研究出亩产 800 斤、1000 斤的新稻种,那多好啊!我们就可以不怕饥荒了,苦日子也就可以结束了。"老队长的话唤醒袁隆平蕴藏在心底的童年之梦,从那一刻开始,他将"所有人不再挨饿"奉为终生的追求。从这里我们可以看到袁隆平那种济世情怀,那种对生命的真挚的呵护与关爱,让人感受到了一位伟大科学家内心的崇高与博大。

三、科教兴国,勇担重任

(一)科技强则中国强

英国科技史学家李约瑟通过多年研究得出:从公元 6 世纪到 17 世纪初,在世界重大科技成果中,中国所占的比例一直在 54% 以上,而到了 19 世纪,降到只占 0.4%。与西方拉开了巨大的差距。为什么从 17 世纪中叶之后,中国的科学技术如同江河日下,一下子跌入如此之窘境?李约瑟觉得不可思议,不得其解。这就是我们经常所说的"李约瑟难题"。近代中国,封建王朝从闭关自守中走向没落,落后就要挨打,西方殖民者凭借着坚船利炮肆无忌惮地打开中国的国门,在中国为所欲为。从近代开始,中国经历了100 多年的屈辱苦难的历史,而这与我们的科学技术落后不无关系。正是科学技术对社会文明发展以及国家民族命运的至关重要性,促使一代代的中国仁人志士寻求科技强国之路。从 19 世纪中叶自强运动中开始的"师夷之长技"和"求强求富",到 20 世纪初年的"科学救国"、"实业救国"思潮,从 20 世纪 50 年代的"向科学进军",到 20 世纪末的"科教兴国"战略,中国人对科学技术寄予了多少希望、梦想和憧憬!150 年来,中国科学技术的进步是显著的,特别在新中国成立后,中国科技工作者紧跟世界科学前沿,相继在多方面取得了重要成就。

　　1959年，地质学家李四光等人提出了"陆相生油"理论，打破了西方学者的"中国贫油"说，摘掉了"中国贫油"的帽子。他亲自主持石油普查勘探工作，在很短时间里，先后发现了大庆、胜利、大港、华北、江汉等油田，为中国石油工业建立了不朽的功勋。在国家建设急需能源的时候，中国自己的石油滚滚而出。

　　1964年，中国第一颗原子弹装置爆炸成功，粉碎了帝国主义对中国进行的核讹诈。

　　1965年，我国生物学家们在世界上首次人工合成牛胰岛素。这是世界上第一个人工合成的蛋白质，向人类认识生命、揭开生命奥秘迈进了一大步。

　　1970年，"东方红一号"人造地球卫星发射成功。被称为"华夏第一星"的"东方红一号"卫星发射成功，标志着我国空间技术取得了历史性突破，在我国航天发展史上具有划时代的意义，从此拉开了中国航天事业的序幕。

　　另外在多复变函数论、哥德巴赫猜想、反西格玛负超子等方面取得了一批重要成果。

　　改革开放以来，中国在高温超导、纳米材料、量子通讯、古生物考古、生命科学等领域取得了一批具有较大国际影响力的重要创新成果，超级杂交水稻、高性能计算机、第三代移动通信等一批前沿技术领域取得重要突破。超级杂交水稻的研究成功和大面积推广种植，不仅为中国人民，也为世界人民的粮食安全作出了重要贡献。载人航天和探月工程的成功实施，使中国成为世界上少数几个有能力为人类和平利用太空作出贡献的国家之一。

（二）核心技术缺失之痛

　　新中国成立以来，我国的科技实力有了较大提升，但总的来说，我们与发达国家相比，依然存在很大差距。在全人类共同创建的现代科学技术大厦中，中国人的贡献还相当有限，中国科学技术的现代化还没有完成。在转变经济发展方式、应对资源环境和气候变化的挑战和改善人民生活水平等方面，中国科技的发展仍然任重而道远。

我国科学技术的创新能力还不强,在许多领域落后于世界。核心技术的缺失,制约着我国社会经济的进一步发展。

世界上第一部VCD是20世纪80年代由我国的几个年轻科技工作者发明的。VCD的发明,最终将笨重的录像机和录像带送进了坟墓,而成就了一个无可限量的产业。然而,VCD的核心技术却不为我所掌握,尽管现在我国是世界上最大VCD、DVD生产国,但即使在利润极为微薄甚至亏损的情况下,我们还要为每台VCD、DVD向国外厂商支付几美元的专利使用费。

同样作为彩电生产大国的我国,由于长期以来在核心技术上受制于人,最终使我国彩电行业大而不强。据有关文章披露,一台平板电视的"面板",也就是显示屏,占到成本的70%;机芯,也就是"模组",占到成本的15%,这两个核心部件占整机成本85%。与日韩等外资企业相比,中国企业在这两类核心部件上的生产能力几乎为零。在平板电视的上下游整个产业链中,中国彩电企业只能从剩下的15%的低端环节寻找利润。从而导致我国彩电企业利润低、赚钱难。中国彩电企业的软肋就是"核心技术缺失"。缺少技术话语权,产业链不完整,中国平板彩电企业很难长大。

由于缺少核心技术,我国电子企业大多数从事的是技术门槛较低的行业,或者通过向跨国公司买专利技术做"代工"或做"准代工",所以,始终只占据着国际制造业盈利最少的生产环节,销售的巨大盈利空间都掌握在跨国电子巨头手中。对此,可以用一句话来概括就是,我国电子企业在国际上扮演的只是一个"打工者"的角色,"干的是最苦最累的活,挣的'工分'却最少"。比如,我国是世界最大的冰箱、空调、彩电出口国,但2004年我国排名前十位的冰箱、空调、彩电生产企业的净利润,还没有韩国三星电子一家的利润多。

核心技术是花钱买不来的,尤其是中国近年来在国际经济政治舞台上的迅速崛起,无形中给一些人造成了一定的压力,出于意识形态的偏见以及"中国威胁论"的臆断,西方主要发达国家凭借知识技术上的优势压制中国的做法,已经成为一道阻碍中国国力再上台阶的新铁幕。

曾不止一家西方媒体提出这样的观点:西方只有在创新方面继续领先

才能有效应对中国的崛起。在此基础上,对中国所谓的高科技禁运清单一个接着一个,甚至连 20 世纪 90 年代已经签约卖给中国的两颗卫星至今还卡在美国国务院的审批程序上。欧盟对华技术限制已长达半个多世纪,先有"巴黎统筹委员会"(对社会主义国家实行禁运和贸易限制的国际组织),在它对华禁运的特别清单上,曾经有 500 多种物资被纳入战略禁运的范围。随着苏联 1991 年解体,1994 年 4 月 1 日,"巴黎统筹委员会"正式宣告解散。在美国的操纵下又搞了一个《瓦森纳协定》,同样旨在强化主要针对中国的高科技的出口。如捷克曾拟向中国出口"无源雷达设备",但在美国的施压下,捷克便停止了这项对华技术贸易。

中国正在被迫面对一个新的不公平的、主要针对中国进行高技术封锁的铁幕。西方国家对中国技术出口,特别是对华输出高科技产品越来越"吝啬",更有甚者,就连中国自主研发取得的一些进步,往往也被他们冠上"剽窃"的标签。如:中国自行研制的"CM1 海豚"磁悬浮列车还没有试运行,就被德国一些媒体和企业指责为"抄袭了德国磁悬浮技术"。《德国金融时报》曾捕风捉影地描述说,中德磁悬浮列车的相似之处"令人惊讶"。其实,"CM1 海豚"与德国技术毫无关联,也没有使用德国的装配图纸,是中国人自己的技术。

有这样一个例子:西方曾经严禁向中国出口某电子元件,中国一所大学的研究所于是专攻这个项目,刚在实验室里研制成功,还远没有进入工业化生产,西方的公司马上就答应卖给中国这种元件了,价格还相当便宜。可见自主创新才是突破西方技术压制和决定着中国未来的一件利器。虽然西方习惯于夸大中国的科技实力,但实际上中国在技术创新方面远远落后于这些发达国家。最直观的表现是中国商品普遍附加值小,劳动力普遍价格低廉。用中国前商务部部长薄熙来的话说,就是"中国只有卖出八亿件衬衫才能进口一架空客 380"。

(三)科技创新责无旁贷

在 21 世纪的今天,人类迎来了一场全球性的科学技术革命。科技创新已成为各国抢占新世纪经济制高点的战略核心。中国应该如何发展科学技术,追赶国际先进水平,实现"科教兴国"的历史重任,那就是要进行科学技术的创新。

党的十五大报告曾指出:"当今国际经济的竞争,归根到底是科技的竞争。"1995年,江泽民同志在全国科学技术大会上指出:"创新是一个民族进步的灵魂,是国家兴旺发达的不竭动力。如果自主创新能力上不去,一味靠技术引进,就永远难以摆脱技术落后的局面。一个没有创新能力的民族,难以屹立于世界先进民族之林。"1998年11月,江泽民同志在俄罗斯新西伯利亚科学城的演讲中又全面阐述了科技创新论,指出:"要迎接科学技术突飞猛进和知识经济迅速兴起的挑战,最重要的是坚持创新。"当今世界,财富日益向拥有知识和科技优势的国家和地区聚集,谁在知识和技术创新上占优势,谁就在发展上占据主导地位。经济强国必然是科技强国。今天在一些发达国家,技术创新对经济发展的贡献率已达60%—80%。新中国成立以来,我们用60多年时间走完了发达国家需要用上百年所走过的历程,实现了工业化。这其中的重要原因是我们掌握了国家政治命运后,整个民族的科学文化水平得到空前提高。历史证明,技术跨越发展是后进国家追赶并超过先进国家的根本道路。自产业革命以来,世界经济和科技的中心从英国到德国、再到美国,以及后来日本、韩国的迅速崛起,无不是依靠科技进步、实现技术跨越的结果。我们能否顺应世界潮流,抓住科技革命带来的发展机遇,实现跨越式发展,缩小与发达国家的差距,关系着我国在新世纪的国际地位,关系着中华民族的兴衰荣辱,关系着社会主义的前途和命运。面对这样重大的问题,我们要深入了解世界科技发展之前沿,即信息技术、现代生物技术和生命科学、纳米科技、航空航天科技、环保科技等,抓住历史机遇,迎接挑战。

作为新时代的大学生,我们在了解科技发展促进人类文明历程中,在感受科学前辈高尚的科学情怀和精神中,在了解中华民族伟大复兴的道路上科技创新的意义时,激发起我们对科学的向往和热爱,进一步激发我们创造发明的欲望和灵感。物竞天择,适者生存。中华民族是一个有创新能力的伟大民族。中华民族必将能够为人类文明创造出新的辉煌。

第十三讲　冲浪信息大潮　跻身时代先锋

信息就在我们身边:春暖花开,是春天到来的信息;五谷丰登,是秋天的信息……"信息"一词有着很悠久的历史,早在两千多年前的西汉,即有"信"字的出现。"信"常可作消息来理解。作为日常用语,"信息"经常是指"音讯、消息"的意思,引申来说还有知识的意思。"信息"是当今人类不可或缺的关键,它和人类历史一样久远,有其发展的历史。

一、人类生存的三要素之———信息

物质、能源、信息自古以来就是人类生存、发展必需的三大要素。物质、能源从根本上来说,是一切动物甚至是生物皆要获取的。生物获取食物得到构建自身机体的物质及生长、发育、繁殖和一切活动的能量。人类自从脱离低等动物,成为万物之灵后,获取食物的手段也一天天高于他脱胎的灵长类:首先,他逐渐学会利用一类特殊的,其他生物很少会使用的物质——工具。其次,除了食物之外,他还逐渐学会了利用一类特殊的其他生物根本不会利用的能源——火。再次,除了本能之外,他逐渐学会了用各种方法传递获得工具、能源等等知识的信息。

作为制造工具和其他生活用的物质材料,随着人类的进步,一步步发展起来。人类社会的发展历程,是以材料为主要标志的。100万年以前,原始人以石头做成简单的打制工具,称"旧石器时代"。1万年以前,人类对石器进行打制和磨制加工,使之成为器皿和精致的工具,从而进入"新石器时代"。新石器时代后期,出现了利用黏土烧制的陶器。人类在寻找石器过程中认识了矿石,并在烧陶生产中发展了冶铜术,开创了冶金技术。公元前5000年,人类进入"青铜器时代"。公元前1200年,人类开始使用铸铁,从而进入了"铁器时代"。随着技术的进步,又发展了钢的制造技术。直到20世纪中叶,金属材料在材料工业中一直占有主导地位。20世纪中叶以后,科学技术迅猛发展,作为发明之母和产业粮食的新材料又出现了划时代的变化。人工合成高分子材料、陶瓷材料、半导体材料、纳米材料相继出现,使人类社会进入了"信息时代"。

再说能源,能源是人类生产、生活的物质基础。古代人类用"火"获取熟食、取暖并驱赶野兽,这就是最初的能源利用。这时的能源以树木、草料为主,以后逐渐使用畜力、风力、水力等作为生活和生产的能源。产业革命后的200年中,煤炭一直是世界范围内的主要能源。随着科技、经济的发展,石油在一次能源结构中的比例不断增加,并于20世纪60年代超过煤炭。此后,石油、煤炭所占比例缓慢下降,天然气比例上升,新能源、可再生能源逐步发展,形成了当前的以化石燃料为主和新能源、可再生能源并存的格局。新能源是相对于常规能源而言的,包括太阳能、风能、地热能、海洋能、生物能、氢能以及用于核能发电的核燃料等能源。

那么什么是信息呢?我们的生活中充满了信息,我们无时无刻地与信息发生联系,听课、读书、看报、看电视、听广播,我们接收信息;我们点头、摆手、跺脚、摸鼻子、说话、唱歌,一举一动都在发出或传递信息。信息反映了物质运动的客观规律。1948年,美国数学家、信息论的创始人仙农在题为《通讯的数学理论》的论文中指出:"信息是用来消除随机不定性的东西"。1948年,美国著名数学家、控制论的创始人维纳在《控制论》一书中指出:"信息就是信息,既非物质,也非能量。"至今在科学上信息还没有一个公认的定义,它的表现形式可以是消息、信号、数据、情报或知识,且种类十分繁多,如自然信息、生物信息、人类信息、原始信息、再生信息、社会信息、电子信息等。

过去,人们只是注意到物质和能量对经济发展的重要性,但随着生产力的发展和科学技术的进步,人类对信息的需求变得更加强烈,信息成为发展经济的重要因素。因此,如何才能延长和扩展人类接收信息和处理信息的能力的问题成为现代科学家的研究课题。

（一）信息的发展

信息的存在形态有很多种，从古至今在不断发展变化着。到目前为止，经历了 5 个阶段：

1. 语言的使用：从猿进化到人的重要标志。

2. 文字的创造：使信息的传播首次突破了时间和空间的限制。

3. 印刷术的发明：为知识的积累和传播提供了可靠的保证。

4. 电报、电话、广播、电视的发明和普及：进一步突破了时间和空间的限制。

5. 计算机技术及现代通信技术的普及与应用：将人类社会推进到数字化信息时代。

（二）信息的功能

信息极其重要，就像不能没有空气和水一样，人类也离不开信息。当今，信息资源作为一种战略资源，已经成为现代社会生产力的基本要素。

1. 经济功能

信息的经济功能表现在多个方面，在经济活动中发挥着不同的作用，其中最重要的是对社会生产力系统的作用功能。社会生产力的基本要素包括劳动者、劳动资料和劳动对象三个方面。其中，劳动资料包括生产工具和手段。信息资源一方面是一种有形的独立要素，与劳动者、劳动工具、劳动对象一起，共同构成现代生产力的基础；另一方面又是一种无形的、寓于其他要素之中的非独立要素，通过优化其他要素的结构和配置，改进生产关系及上层建筑的素质与协调性来施加其对生产力的影响。例如，信息要素的注入有助于提高生产力系统中劳动者的素质，缩短劳动主体对客体的认识及熟练过程，使各生产要素以较快较佳的状态进入生产运行体系，从生产过程的时效性上表现与发挥其生产力功能[1]。

---

[1]　孙建军主编：《信息资源管理概论》，东南大学出版社 2008 年版，第 5 页。

2. 决策和预测功能

信息是可持续发展的基础,也是决策者进行成功规划的基础。如果没有合理的数据与信息,决策比猜想好不到哪儿去,并且很容易出错。信息在人类的选择与决策活动中还发挥预见性功能。信息是人类认识未来环境的依据,是人类适应未来环境的手段,是通向未来的桥梁。人类的选择与决策活动实际上就是处在不断利用信息并对未来进行预测之中的。预测不是先知先觉,更不是胡思乱想,而是在深入调查、周密研究、系统占有信息的基础上,对客观事物发展规律的认识。信息反映了事物演变的历史和现状,隐含着事物的发展趋势。因此,充分利用信息,结合人们的经验,运用科学方法,经过推理和逻辑判断,可以把被研究对象的不确定性极小化,从而对其未来发展的必然趋势和可能性作出预计、推断和设想。

曾经看过一篇报道,由于芹菜大面积丰收,每公斤仅售 0.12 元,某乡镇农民面对不断下跌的市场价格束手无策,无奈只得请人毁掉长势良好的 5亩芹菜地。

自毁菜地是菜农的痛心之举。丰收本意味着增收,现在"丰收"却成了"自毁"的导火线。究其原因是农民的信息渠道不畅。许多农民并没有长远的目光和规划,他们大多是跟着感觉走,今年种什么丰收了,明年就跟着种什么。在缺乏足够的市场信息的情况下,农民自然缺乏市场分析的能力。

3. 其他功能

除上述显著的功能外,信息资源还具有其他许多功能,例如:人类可以借助信息资源来认识客观世界和人类自身,包括教育功能和支持科学研究的功能;还有政治功能,作为政治斗争和外交斗争的重要武器,通过控制信息来获得权力或巩固权力;娱乐功能,供人类在日常生活中休闲娱乐使用;自古以来作为军事斗争和战争不可或缺的重要武器的信息资源还具有军事功能①。

(三)信息的传播

"烽火"是我国古代用以传递边疆军事情报的一种通信方法,始于商

---

① 赖茂生主编:《信息资源管理教程》,清华大学出版社 2006 年版。

周,延至明清,相习几千年之久,其中尤以汉代的烽火组织规模为大。在边防军事要塞或交通要道的高处,每隔一定距离建筑一高台,俗称烽火台,高台上有驻军守候,发现敌人入侵,白天燃烧柴草以"燔烟"报警,夜间燃烧薪柴以"举烽"(火光)报警。一台燃起烽烟,邻台见之也相继举火,逐台传递,须臾千里,以达到报告敌情、调兵遣将、求得援兵、克敌制胜的目的。

驿站在我国古代运输中有着重要的地位和作用,在通信手段十分原始的情况下,驿站担负着各种政治、经济、文化、军事等方面的信息传递任务。封建君主是依靠这些驿站维持着信息采集、指令发布与反馈,以达到封建统治控制目标的实现。

我们今天娱乐用的风筝,在古时候曾作为一种应急的通信工具,它的主要用途是用作军事侦察,或是用来传递信息和军事情报。到了唐代以后,风筝才逐渐成为一种娱乐的玩具,并在民间流传开来。

船上使用信号旗通信至今已有400多年的历史。旗号通信的优点是十分简便,因此,即使当今现代通信技术相当发达,这种简易的通信方式仍被保留下来,成为近程通信的一种重要方式。在进行旗号通信时,可以把信号旗单独或组合起来使用,表示不同的意义。通常悬挂单面旗表示最紧急、最重要或最常用的内容。

在交通不便,通信手段极端落后的古代尚且如此,在科学技术突飞猛进,计算机技术、通信技术等新技术产业群兴起的今天,人们利用电话、电子邮件、传真机、多媒体等先进手段使信息的传播更加迅速,人类已经开始积极地利用信息、知识发展现代社会,信息时代逐渐来临。

二、人类信息器官功能的拓展——信息技术

(一)什么是信息技术

对于信息技术,人们从不同的角度会有不同的描述,一般认为信息技术指以计算机为基础的能采集、存储、处理、管理和传输信息的技术。是用来扩展人的信息器官功能、协助人们进行信息处理的一类技术。信息技术包括:

1. 感知与识别技术——扩展感觉器官功能,提高人们的感知范围、感知精度和灵敏度。(遥感,OCR,车载雷达)

2. 通信技术与存储技术——扩展神经网络功能,消除人们交流信息的空间和时间障碍。(蜂窝,分布式网络)

3. 计算处理技术——扩展思维器官功能,增强人们的信息加工处理能力(DSP,个人电脑,大型计算机)

4. 控制与显示技术——扩展效应器官功能,增强人们的信息控制能力(工业控制,现代媒体)

(二)信息技术的作用[①]

目前,信息技术已经应用到各领域,包括政治、经济、文化、教育、军事、管理、社会、工业、农业等。信息技术对相关领域产生了深远的影响,起到了积极的作用,下面分别以经济与社会发展领域为例介绍信息技术的影响。

1. 信息技术对经济发展的作用

(1)促进生产增长。信息技术的生产推动新的工业生产部门的出现和发展,信息技术的应用通过生产率的提高和生产成本的降低来促进社会生产的增长。信息技术是生产力的重要因素,能使供给增加,减少无需求的盲目供给,更好地适应和满足需求。根据当代西方经济观点,信息交流是国民经济发展的倍增因素,因此,推广信息技术,会直接推动生产的更快增长,经济的更大发展。

(2)导致市场扩大。信息技术突破了地区、国家市场的有限范围,使其不受地理位置的限制,把市场扩大到全球。信息技术提高了市场的效率,使产供销周期缩短,流动资金占有量相对增多,产品成本下降,提高了在全球经济中的竞争力。

(3)提高经济效益。信息技术的应用一方面提高了劳动生产率,使竞争力加强,出口创汇增加;另一方面更加充分地利用了物质和能源资源,节约了材料,降低了能耗,从而提高了经济效益。

---

① 孙建军主编:《信息资源管理概论》,东南大学出版社2008年版,第64—66页。

（4）引起经济组织的变革。信息技术的应用，使信息传递速度加快，信息处理效率提高，从而导致经济组织管理方式的变革。

（5）信息产业和信息经济的出现和发展。信息技术在使生产增长的同时还使产业结构发生巨变，一批为社会提供信息产品和信息服务的行业即信息产业迅速崛起，高能耗的产业逐步被低能耗的产业代替，劳动密集型产业的比重逐渐下降，技术和知识密集型产业比重迅速提高。信息技术的发展促进了国民经济的信息化，从而出现了信息经济。信息经济的发展，使国民生产总值中信息产业所占的比重和社会劳动就业中从事信息工作的劳动者所占的比重迅速提高，从而加速了物质经济向信息经济的转化。

2. 信息技术对社会发展的影响

（1）社会的结合将更加紧密。通过计算机网络，人们可以很方便地把自己的研究心得与对社会的看法向全世界传播，并存入人类知识的海洋中。人们又通过网络及时了解与吸取其他人的最新知识与成果。不论是全球的经济问题，还是环境生态问题，都涉及每个地区、每个民族、每个国家，甚至每个人。这种变化，使人类真正成为一个紧密联系的整体，而不仅仅是生物学意义上的整体，显然，这大大提高了人类认识自然、抵抗灾害、开拓资源、有效运作的能力，这个飞跃的意义无疑十分深远。

（2）增强了人类收集和处理信息的能力。由于信息技术的发展和普及，人们可以利用各种先进手段去收集信息，收集信息的能力大大增强。例如，通过卫星照相、遥感遥测，人们在短短30年的时间里获取的地理信息远远超出了以往积累的全部地理信息，通过自动化仪表收集的高能物理的实验数据，其数量比手工式收集不知要高出多少倍，各种社会普查和抽样调查也都因为信息技术的应用而变得频繁、容易和顺利。与此同时，人们可以使用信息技术对收集到的大量信息进行深入的加工和分析，得出更加有用的成果。这在天气预报中表现得尤为显著，如果没有电子计算机，单就加工计算收集到的信息时间而言，就无法进行有效的数值预报。收集和加工信息能力的大大增强，使人类有可能更有效地利用各种资源，更好地组织和管理社会，这方面的好处是人所共知的。

（3）加快了人类传递和交换信息的速度。不管你处在地球上的什么位置,你都可以通过计算机网络和通信技术与任何人进行信息交换,通过电视会议系统出席同一个会议,通过广播电视获得世界各地的信息。从这个意义上说,地球变小了,变成了地球村,地理的远近已不再成为阻碍人们交流的障碍。如果计算一下人们在外出开会、收集资料、采购推销等方面所花费的时间、精力、人力、物力,可以看出信息传递手段的加快会多么有效地提高人们的工作效率。人们常说的现代生活的快节奏,其根源正在于这种技术上的进步,这种快节奏,能使人们在同样的时间内做更多的事情,享用更多的物质和精神财富,人的生命在这种意义上得到了延长。

（4）教育的内容和形式在发生深刻变化。从教育内容上讲,人们今后要学习与掌握的知识范围比以前扩大了;从教育方式上讲,计算机辅助教学（CAI）的发展,使纯粹灌输式的、以讲台为主的教学方式得以突破,学生可以根据自己的情况掌握学习的过程,真正做到因材施教。特别是计算机网络的发展,提了均等教育机会。世界各地的学生,无论地理位置、语言肤色、健康残疾,都可同时享受到最好的教师、教材和最科学的讲解。人类的总体素质将会因此而有一个空前的提高,社会的进步将更加迅速。

（5）科学思想体系也在发生变化。从自然科学到社会科学,几十年来,涌现了大量的新学科、新思想、新技术。没有现代信息技术的迅速发展,这些新成果是不可能出现的,因为这些新成果来源于大量信息的分析和研究。这些新成果使人类对宇宙、社会、自身以及自身与大自然、与社会的关系,都有了深刻的认识与新的视角,从而也深刻地影响着科学思想体系。

（6）极大地改变着人们的文化生活和娱乐方式。现代信息技术使人们的文化生活和娱乐方式发生了翻天覆地的变化,给人们带来了生活质量的巨大提高,这方面的巨大变化是有目共睹、无法否认的。

（7）社会将变得更加脆弱。由于人们越来越多地依赖于技术特别是信息技术,社会系统失效的可能性会越来越大,一个人有意或无意的破坏行为可以影响整个地区、整个国家乃至全世界的经济生活。由于全球一体化,社会的全局和局部矛盾会日益突出,冲突和摩擦不可避免,从而加重了社会的脆弱性,人类大家庭的协调管理成为空前的难题。

（三）信息化

信息化（Informatization）是 20 世纪 60 年代末提出的,是近年来世界各国都非常关注的并具有深远影响的战略课题。1993 年 9 月美国政府率先提出了国家信息基础设施计划 NII（National Information Infrastructure）,通常称为信息高速公路,实质是高速信息网络。它是美国政府针对美国社会信息化发展而提出来的,具有 21 世纪的战略眼光,是重振美国经济、增强美国国际竞争力的重大举措。之后,全球掀起了建设"信息高速公路"的高潮,日、英、法、德、加等国也纷纷提出各自的类似计划,发展中国家如韩国、新加坡、巴西、乌拉圭,也都加紧制订本国的信息化计划。

什么是信息化? 目前还没有一个统一的定义,《2006—2020 年国家信息化发展战略》指出:信息化是充分利用信息技术,开发利用信息资源,促进信息交流和知识共享,提高经济增长质量,推动经济社会发展转型的历史进程。

我们可以把信息化分为三个层次来理解:

1. 信息化是一个过程,而不是一个固定的目标状态。它是社会产业结构发展的过程,是人类社会从工业经济向信息经济、从工业社会向信息社会逐渐演进的动态过程,它是人类社会发展历程中特有的一个阶段。在这一阶段中,信息资源日益成为重要生产要素、无形资产和社会财富。信息业逐渐产业化。信息产业的出现和发展壮大不仅改变了既有的经济结构,还为传统产业的改造提供了先进的信息技术装备,促进了其他产业的信息化。

2. 信息化的内涵至少应该包括信息资源、信息技术、信息设施、信息化人才、信息法规建设、信息意识和教育水平。

3. 从信息化涉及的社会层面来说,信息化包括企业信息化、产业信息化和社会信息化。

信息化是人类发展的趋势和方向。人们习惯上把因为科学技术革命导致的人类社会的全面突变或革命性变化称作"化",如农业化、工业化、信息化等,而对应的社会形态被称作农业社会、工业社会和信息社会(后工业社会)等。可以看出信息化是继农业化、工业化之后人类生存和发展必经的一个历史阶段,信息化是现代化建设的必然选择。

三、去伪存真,吐故纳新

(一)信息爆炸

随着计算机网络的迅速发展,网络已成为一个巨大的知识宝库和信息海洋,它是以电子数据的形式将文字、图像、声音、动画等多种形式的信息存放在光磁等非印刷质的载体中,并通过网络通信、计算机或终端等方式再现出来。因特网使得信息的采集、传播的速度和规模达到空前的水平,实现了全球的信息共享与交互,它已经成为信息社会必不可少的基础设施。现代通信和传播技术,大大提高了信息传播的速度和广度。由广播、电视、卫星通信、电子计算机通信等技术手段形成了微波、光纤通信网络,克服了传统的时间和空间障碍,将世界更进一步地联结为一体。但与之俱来的问题和"副作用"是:汹涌而来的信息有时使人无所适从,从浩如烟海的信息海洋中迅速而准确地获取自己最需要的信息,变得非常困难。这种现象被称为"信息爆炸"(Information Explosion)、"信息泛滥"。

英国学者詹姆斯·马丁统计,人类知识的倍增周期,在 19 世纪为 50 年,20 世纪前半叶为 10 年左右,到了 70 年代,缩短为 5 年,80 年代末几乎已到了每 3 年翻一番的程度。进入 90 年代,信息量继续以几何级别增长,到 90 年代末,随着互联网的出现,信息真的开始爆炸了。新理论、新材料、新工艺、新方法的不断出现,使知识老化的速度加快。面对极度膨胀的信息量,面对"混沌信息空间"和"数据过剩"的巨大压力,人们对于信息的苦苦追求和期待忽然间变得踌躇了。因为,即使每天 24 小时看这些信息,也阅读不完。更何况,其中存在着大量的无用,甚至不真实的信息。

要从浩瀚的信息海洋中迅速准确地获取所需的一点,就必须掌握信息存储与检索的规律。数据库就是信息有序存储的系统。它将大量无序的信息集中起来,根据信息源的外表和内容特征,经过整理、分类、浓缩、标引等处理,使其系统化、有序化,并按一定的技术要求建成一个具有检索功能的工具或检索系统,供人们检索和利用。搜索引擎是网络信息检索的主要工具。我们通常使用的搜索引擎有百度、谷歌、雅虎等。通过使用这些工具,我们可以快速、有效地获取所需信息。

(二)信息安全

1. 信息的鉴别与评价

在信息时代,信息给人们带来了巨大的物质和精神财富,极大地促进了社会的发展和进步。但各类信息纷繁,鱼龙混杂,真伪难辨,特别是随着信息产业、电子产业的迅速崛起,它使信息传播途径、速度、范围、数量发生了巨大的变化,各种信息目不暇接,扑朔迷离。那么,应当如何对获得的信息价值进行鉴别和评价呢?

(1)从信息的来源进行判断

从信息的来源对价值进行判断,可以考虑以下几种方法:

可以通过查看信息来源,判断信息要素是否齐全,运用逻辑推理和资料查阅的方法进行考证和进行深入地调查,来判断信息中涉及的事物是否客观存在、构成信息的各个要素是否真实。

可以通过把获取的信息与同类信息作相互比较,考察信息来源是否具有权威性,考察其研究方法是否科学,研究此信息是否具有代表性、普遍性。

另外,我们在使用各类信息时要学会分析和鉴别,去其糟粕,取其精华,千万不能"拿来主义";要善于动脑,善于学习,多掌握一些信息知识,谨防上当受骗。同时要及时揭露和制止这类信息"陷阱",以免造成更大的损失。当我们尽情享受信息所带来的方便和快乐时,应记住天上不会掉下馅饼,切莫忘记提防信息"陷阱"!

(2)从信息的价值取向进行判断

收看、收听天气预报是很多人每天的"必修课",李明同学的妈妈也不例外。就因为有妈妈对天气预报的关注和添衣的叮嘱,李明今天才不至于在气温大降 10 摄氏度的情况下受冻。

天气变化会给很多人、很多行业带来影响,于是人们希望能尽早地从天气预报所提供的信息做出一些预防措施、或采取一些适当的手段。如天气预报要降温,我们会多穿些衣服,社会福利院会为老人们送去保暖设备,医院会加强感冒门诊的工作人员,消防部门会提醒人们注意使用石油气、各种取暖设备的安全,御寒衣物和饮食商家会因生意兴旺而兴奋不已,农民会为田地里的庄稼做好保暖措施……

一个人不可能接受所有的信息,它只关心与自己相关的信息,因为这些信息对于他来说才是有价值的。信息对于每个人的价值各有不同。例如昆虫学家关心蚂蚁间的通信或信息交流,自然保护组织关心城市建设中树木被砍伐的情况。与天气预报一样,我们在日常学习、生活中所获得的信息对于我们来说,有的有用、有的无用,有的真实、有的虚假。因而,社会角色的不同也决定了信息的价值取向的多样性。

同时,人们为判别信息是否真实可用,还通过参考他人的观点,结合观察的事实和推理过程,归纳结果,做出判断。

(3)从信息的时效性进行判断

某些信息具有很强的时效性,如天气预报,我们在获取这类信息时,通过判定其时效来确定信息的价值。判断信息的时效性的方法可以归结为:对突发性或跃进性的事实,在第一时间里做的报道,具有很强的时效性;渐进式的事实,应在事实变动中找到一个最新、最近的时间点来判断时效性;过去发生的事实,新近才发现或披露出来,它可以通过说明自己得到信息的最新时间和来源的办法加以弥补。

2. 如何识别以下的手机/电话诈骗案例?

(1)对方告诉你,你抽中了 XX 奖,要缴多少所得税,要求你支付若干金额,以便领取奖金或奖品。或者趁机询问你的身份证资料、个人银行账户、信用卡号码,以便利用你的资料创造诈骗账户,将来继续诈骗他人之时,你就是替罪羊。

(2)你被 XX 法院或检察院调查,要求你在某年某月某日到法院或检察院接受调查,在打电话给你的时候,以向你核对个人资料为由,骗取个人信息。

(3)你在 XXXX 百货公司刷卡,金额为 XXXX 元,如有问题请打以下电话号码询问。

(4)你录取本公司 XX 职位,需要缴交 XXXX 元保证金,请汇入

XX 银行 XX 账号,就可以立即上班。

（5）你的家人出车祸,有生命危险,人现在在医院,请准备 XX 元的手术费或保证金。

（6）你去年多缴了税,国税局现在要退税给你,请到银行自动柜员机操作。

面对无所不在的信息诱惑,我们应该这样做:培养良好的信息意识。要学会甄别有用信息、无用信息和有害信息,在信息的海洋中及时地捕捉对自己有用的信息,同时提高对负面信息的鉴别能力和自我防护意识。

对信息进行分析和鉴别可以参照如下几个方面来进行:信息是否真实可靠、信息来源是否具有权威性、信息是否可用、信息是否具有时效性、信息包含哪种情感成分、信息是否具有实用性。

同时,作为信息社会的公民,我们应该努力培养高尚的信息道德,自觉遵守相关法律、法规,不制造、不散布无用、有害、虚假的信息,不剽窃他人作品,不使用盗版软件,自觉抵制损害信息安全的行为,为实现一个安全的信息社会而努力。

（三）网络信息安全

网络信息安全是指组成网络信息系统的硬件、软件和数据受到妥善保护,系统中的信息资源不因自然和人为因素而遭到破坏、更改或泄露,网络信息系统能连续正常运行。它的安全包括三部分:一是存载网络信息的硬件设备和环境的安全;二是对网络信息提供支撑的软件系统的安全;三是安全服务。

目前,在网络信息安全中,主要的、突出的危害来自黑客的攻击和计算机病毒。

1. 黑客

黑客最早源自英文 hacker,原指热心于计算机技术,水平高超的电脑专家,尤其是程序设计人员。但到了今天,黑客一词已被用于泛指那些专门利用电脑网络搞破坏或恶作剧的家伙。事实上,黑客可以分为 hacker 和

craker 两类,hacker 专注于研究技术,依靠自己掌握的知识帮助系统管理员找出系统中的漏洞并加以完善,而 craker 则是人们常说的黑客,专门以破坏计算机为目的的人。本文中所指的黑客,特指 craker,即用其计算机技术,进行网络破坏的人。

随着因特网的日益普及,网站被攻击的现象频繁发生,造成的危害也日益严重。黑客的危害主要是非法使用资源。包括对计算机资源、电话服务、网络连接服务等资源的滥用和盗用,这种攻击很少造成结构性的破坏,但会将高昂的费用转嫁到用户或服务商的头上。

恶意攻击。典型的恶意破坏包括毁坏数据、修改页面内容或链接等,这种破坏有时无需侵入网络,传送进入网络中的文件就可附带有破坏性的病毒,对网络设备的信息轰炸也可造成服务中断。

篡改、盗窃数据。电子商务的广泛开展为盗窃行为提供了可能性,从数据、服务、到整个数据库系统,从金融数据到私密信息,此外还有国防机密、商业秘密、科学探索等等,任何有价值的东西都有可能被盗窃。

勒索和敲诈。典型的勒索方法是在目标网络中安置特洛伊木马程序,如被勒索者不付款,破坏程序就会被启动①。

2. 计算机病毒

计算机病毒是一组计算机指令或者程序代码,具有破坏性、复制性和传染性。常见的病毒类型有木马病毒、蠕虫病毒、后门病毒、脚本病毒等。这些病毒往往会利用计算机操作系统的弱点进行传播,使计算机出现系统运行速度减慢、经常无故死机、丢失文件或文件损坏等情况,甚至计算机硬件遭到损害,无法复原。世界各国遭受计算机病毒感染和攻击的事件数以亿计,严重干扰了正常的人类社会生活,给计算机网络和系统带来了巨大的潜在威胁和破坏。

3. 如何防治黑客的攻击和计算机病毒的危害

(1)建立良好的安全习惯

对一些来历不明的邮件及附件不要打开,不要上一些不太了解的网站、

---

① 孙建军主编:《信息资源管理概论》,东南大学出版社 2008 年版,第 159—160 页。

不要执行从 Internet 下载后未经杀毒处理的软件等,这些必要的习惯会使您的计算机更安全。

(2)关闭或删除系统中不需要的服务

默认情况下,许多操作系统会安装一些辅助服务,如 FTP 客户端、Telnet 和 Web 服务器。这些服务为攻击者提供了方便,又对用户没有太大用处,如果删除它们,就能大大减少被攻击的可能性。

(3)经常升级安全补丁

据统计,有 80%的网络病毒是通过系统安全漏洞进行传播的,像蠕虫王、冲击波、震荡波等,所以我们应该定期到专门网站去下载最新的安全补丁,以防患未然。

(4)使用复杂的密码

有许多黑客就是通过猜测简单密码的方式攻击系统的,因此使用复杂的密码,将会大大提高计算机的安全系数。

(5)迅速隔离受感染的计算机

当您的计算机发现病毒或异常时应立刻断网,以防止计算机受到更多的感染,或者成为传播源,再次感染其他计算机。

(6)了解一些病毒知识

这样就可以及时发现新病毒并采取相应措施,在关键时刻使自己的计算机免受病毒破坏。如果能了解一些注册表知识,就可以定期看一看注册表的自启动项是否有可疑键值;如果了解一些内存知识,就可以经常看看内存中是否有可疑程序。

(7)最好安装专业的杀毒软件进行全面监控

在病毒日益增多的今天,使用杀毒软件进行防毒,是越来越经济的选择,不过用户在安装了反病毒软件之后,应该经常进行升级、将一些主要监控经常打开(如邮件监控)、内存监控等、遇到问题要上报,这样才能真正保障计算机的安全。

(8)用户还应该安装个人防火墙软件进行防黑

许多网络病毒都采用了黑客的方法来攻击用户电脑,因此,用户还应该安装个人防火墙软件,将安全级别设为中、高,这样才能有效地防止网络上的黑客攻击。

　　总之,我们从历史的发展进程中可以总结出:信息量小、传播效率低的情况下,社会发展速度缓慢,甚至可以千年不变;而信息量大、传播效率高的社会,发展速度就快,它可以一日千里,一年的发展超过以往的百年,所以"知讯者生存"绝不是夸大的说法,现代社会正在从后工业化社会向信息化社会过渡。过去的人们已经不能想象我们今天的社会是什么样子,而我们今天也无法想象明天的社会是什么样子。信息正在从渺茫的人类文明背景中凸现出来,成为一种最真实可感的东西。信息是文明的血液,因为它的涌动,人类才具有无限的活力。

第十四讲　展现青春风采　激扬生命活力

2008 年 8 月 8 日,承载着 13 亿中国人激情与梦想的北京奥运会在北京举行盛大的开幕式。据报道,在为期 16 天的奥运会赛事期间,来自世界各地的观众、旅游者超过 100 万人,通过电视观看奥运会比赛的观众人数超过 40 亿人次,通过网络了解奥运会的人数超过 30 亿人次。奥运会之所以百看不厌,其中一个原因就是奥运会汇集了世界各地优秀的运动员,他们充满朝气与活力,是力与美的化身。他们身上这种由内而外的和谐美不是与生俱来的,而是通过后天的学习和锻炼获得的。也只有这样的长期积累,才能给世人和世间留下许多永恒的美的瞬间。

一、强身健体,堪当重任

李嘉诚曾说,人的财富只是数字中的"0",而身体健康是"0"前面的那个"1",有再多的"0"而没有"1"都没有意义。俄罗斯总理普京无论何时出现在公众面前,总是显得容光焕发、精力充沛、阳刚之气十足,他保持旺盛精力的秘诀就在于坚持体育锻炼。

21 世纪是一个竞争激烈、人才辈出、群星灿烂的世纪,也是健康和生命受到空前关注的世纪。在当今经济飞速发展的社会,拥有健康的身体,等于拥有了强大的资本。

（一）强其体，做身体的主人

1. 树立健康观念

陶行知先生曾说过："忽略健康的人，就是等于在与自己的生命开玩笑。"近几年来，新闻界、文艺界和科学界噩耗不断，48岁的中央电视台新闻联播主持人罗京、46岁的小品演员高秀敏、38岁的网易首席执行官孙德棣、32岁的中国社科院边疆史地研究中心学者萧亮中等相继去世，这些优秀的白领、骨干和精英"透支健康，提前死亡"，令人扼腕痛惜。其实他们不是死于工作，而是死于对健康的漠视。

长期以来人们对健康的认识是以有病和无病为认识基础的，无病就是健康，有病治好了就是恢复健康。对现代人来说，健康问题首先是一个观念问题，每个人都应树立正确的健康观念。

健康靠自己。我们不能把健康全部都交给医生，自己的身体应该由自己做主。法国著名的思想家、教育家卢梭说过：身体必须要有精力，才能听从精神的支配。周恩来一天可以只睡4个小时，台湾首富郭台铭一天工作16个小时，这一切靠的是良好的身体素质。而良好的身体素质不仅仅是先天的因素，更主要是自己通过锻炼积极争取的。很多成功人士都喜欢竞技体育。毛泽东以搏击大海为乐，在70多岁高龄时，还坚持要下海游泳；邓小平在90岁高龄时，世界杯决赛阶段的52场比赛，一场都不落。如果实在不能看了，也让他的孩子录像后第二天再看，并关照不能先告诉他比赛结果，其痴迷程度可见一斑。

健康靠积极的心态。我们很多人有过这样的见闻：熟识的某位亲友，本来身体状况很好，突然有一天被医生诊断为某种不治之症，身体状况急转直下，甚至很快病故。出现这种现象的一个重要原因是病人一旦知道自己患了该种疾病，就想当然认为目前还没有很好的治疗方法，对自己的健康失去了信心，自暴自弃，加剧了生理状况的恶化。而拥有积极的心态，会觉得生活每天充满阳光，每天充满希望。多项研究表明，保持良好的心情，可以提高机体的免疫能力，而免疫力恰恰是许多不治之症康复的关键因素。

健康靠锻炼。锻炼能加快新陈代谢，现在越来越多的人参与各种锻炼，这对健康非常有利。世界卫生组织早在1953年就提出"健康是金子"的主题口号,希望人们要像对待金子一样珍爱生命。健康比金子还珍贵,一旦失去,再先进的高科技也无法使受损的机体恢复到原来的状态,就像一张白纸,揉过之后再也不可能恢复到原来的平整一样。因此,树立锻炼的观念,就等于拥有了健康的基础。

2. 锻炼的魅力

现在很多同学对美有一种错误的认识,认为年轻貌美能通过美容和化妆品做到。殊不知化妆美只能美一时并不能美一世,只有通过锻炼获得的力与美才可以持久。正确和有效的锻炼方法不仅可以养身保健,还可以保持健康的肌肤、健美的身段、潇洒的神态、愉悦的心情。

锻炼可以影响美容。在美容方面有句名言:"千副药方不如运动方。"经常锻炼可疗疾、健身,防止疾病对人形貌的损伤。因为任何疾病都或多或少会从神、形诸方面影响人的外形或内在美;锻炼可赋予人以矫健的身姿,使人静则呈美形,动则呈美态。锻炼给予人的动态的美,是涂脂抹粉无法达到的;锻炼可延寿驻颜。通过运动,延长了人的生命,并且老而不衰,使肌肤红润、光泽和富于弹性,保持充满生命活力的自然美。

锻炼可以塑造身型。从古至今人们都执著地追求人体美,在艺术家、人类学家和体育家的眼里,身型是人体美的重要因素。锻炼可以使我们拥有健美的身材,能支配自己的肢体做出优美的动作;锻炼可以使我们拥有健壮的体魄,能展现自己健康完善的机体、发达有力的肌肉、优美的人体外形和健康向上的精神气质。

锻炼可以激发思维。流动的水不会发臭,经常转动的门轴不会腐烂。我们人体同样如此,肌肉、关节、韧带、器官、神经只有坚持锻炼才能做得常练常新。运动学专家研究发现,体育锻炼能促进人神经系统的发育,使神经细胞网络更密集,大脑运转更快、更有效,同时促进兴奋与抑制的交替转换过程加强,从而改善大脑皮层神经系统的均衡性和准确性,使思维更加灵活、协调。

锻炼可以调节情绪。经常参加体育运动的人,大脑会分泌一种叫"内啡肽"的物质,也就是被科学家称作"快乐素"的物质,它能使人愉悦,增进快乐。

（二）炼其心，当意志的强者

"宝剑锋从磨砺出，梅花香自苦寒来"。人是一个有机的统一体，需要外在的形体，更需要具有无畏的精神，坚韧的意志，刚毅的性格和良好的品德。体育锻炼不仅能塑造人的身体，还能塑造人的思想素质。我们在进行体育锻炼的同时，其实也是加强思想作风、意志品质、精神气质等方面的修养。

1. 锻炼能激发上进心

体育锻炼能培养人们勇于迎接挑战、敢于做出决断的心理素质。如果经常参加体育比赛，就要时时品尝胜利喜悦和失败的痛苦，其实这也是对人生酸甜苦辣的一种体验。作为参赛者，要习惯甚至喜欢这种生活，他们不会因为一次的胜利而得意忘形，趾高气扬；也不会因为一时的失败而垂头丧气，一蹶不振。他们要做的是不断提高自己的能力，去争取下一次的胜利。年轻时曾是一位体育健将的钟南山，认为体育首先教人不服输、力争上游的精神，这对他从事其他领域工作具有重要意义，对他的一生产生了极大的影响。的确，由于年轻时经常参加竞技性的体育项目，"更快、更高、更强"的观念使他工作上也有股"你好，我比你更好"的劲头。正是凭借这种劲头，在"非典"猖獗的非常时期，他能够始终在医疗最前线救死扶伤，还积极奔赴各疫区指导开展医疗工作，倡导与国际卫生组织之间的密切合作，成为抗击"非典"的领军人物。

2. 锻炼能提高自信心

海伦·凯勒说过："信心是命运的主宰"。自信心是一个人能否成功的关键因素，一个自信心不足的人，干任何事情总是犹犹豫豫。只有培养自己良好的自信心，才能不断地超越自己，产生一种来源于内心深处的最强大力量，这种强大的自信心一旦建立，我们就会有一种无所畏惧的感觉、一种"战无不胜、攻无不克"的感觉。体育锻炼是获得良好自信心的有效手段之一。在丰富多彩的体育运动中，我们可能会失败，但不会气馁，这样逐渐培养出我们抗挫折的能力，从而在持之以恒的锻炼中自信心循序渐进地得到提高。

3. 锻炼能增强社会适应力

人的发展离不开社会,我们每个人在学习、生活、工作中都需要学会与他人交往,并在交往中正确处理人际关系,形成一定的社会适应能力。经常参加体育锻炼,对我们提高这方面的能力会起到很好的作用。

锻炼可以帮助我们培养社会需要的价值观。这些价值观包括相互尊重、团结协作、坚持不懈等。在体育运动中,我们只有尊重对手才能享受比赛的乐趣;在体育运动中,我们只有与同伴协同配合,才能组织流畅的进攻与防守;在体育运动中,我们只有坚持到比赛的最后一刻,不放弃,不抛弃,才能取得比赛的最终胜利。

锻炼可以帮助我们舒缓现代生活节奏的压力。随着经济的高速发展,现代化的生活模式把我们都笼罩在快速的节奏中。为了生存,我们除了正常的生活之外,想的是工作,干的是工作,很少有我们自己的业余之乐,长此以往,将严重影响我们的身心健康。这时越来越多的人渴望逃离城市的喧嚣,拥有一处安静之所。那么适当的体育运动,可以增强我们对身体语言的理解和使用能力,缓解、转移现代化生活方式所造成的疲劳感,提高人们对现代生活节奏的适应性。

锻炼可以帮助我们更快地适应社会。在参加体育活动时,我们常常要扮演不同的角色。但无论是什么样角色,都必须遵守运动的规则和运动道德规范,而这些规则或规范与现实生活中的法律、道德规范相似。因此,通过参加多种体育活动,能够使我们有机会体验和扮演不同的社会角色,从而更快地融入社会。

4. 锻炼能促进树立公平竞争的意识

公平竞争是一切社会活动中的基本准则,也是体育竞赛的内在要求和重要内涵,是一切体育竞赛都必须坚持的原则。学会公平竞争不仅是我们应该培养的精神,也是将来走向社会时应具有的一种良好心理素质。尽管体育比赛表现为激烈的对抗和竞争,它将比赛结果直接地以胜与负的方式呈现在人们面前,但公平与公正则是体育文化道德规范的核心和本质,它要求我们在面临胜与负、荣与辱的选择和考验时,不能施以不正当的手段,大家必须站在同一条起跑线上,在相同的规则约束下,凭素质与技术决定胜负。诚如现代奥运会创始人顾拜旦在 1912 年发表的著名散文诗《体育颂》中写的："啊,体育,你就是正义! 你体现了社会生活中追求不到的公平合理,任何人想要超过速度一分一秒,超过高度一分一厘。取得成功的关键,只能是体力与精神融为一体……啊,体育,你就是荣誉! 荣誉的赢得要公正无私,反之便毫无意义。……"

二、秀外慧中,优雅大方

2007 年 11 月 8 日下午,一名青春靓丽、身着时髦的白衣女孩手拉两位衣服寒碜、面容憔悴的盲人到郑州火车站买票,引起了很高的回头率。周围的乘客见此情景,纷纷称赞:这女孩外表美,心灵更美。随后当地媒体进行追踪报道,这位女孩就是中原工学院 2004 级服装与艺术学院形象设计专业的刘紫君同学。

一滴水可以折射太阳的光辉,一件小事可以看出一个人的素质。这难得的感人一幕让我们看到了刘紫君同学的美丽和善良。刘紫君同学的事迹也告诉我们,作为当代的大学生,应该注重加强道德修养,提高自身素质,慧于中而秀于外,方能展现自己最美的形象。

(一)秀于外,展现青春的形象

1."云想衣裳花想容"

据《新快报》报道,广东省 2007 届高校毕业生就业供需见面会举行时,许多学生为了找份工作,置办了新的应聘行头,有的甚至花了一千多元。不少大学生认为,这笔打扮费用尽管过高,但是有必要,这样他们才显得更成熟,更自信。

其实,不仅是大学毕业生,就是还在象牙塔内苦苦攻读的天之骄子们,出于爱美的心理,都希望自己的穿着打扮具有魅力,能展现自己高贵的气质、优雅的风度。要实现这个心愿,在衣着干净整洁的前提下,遵守以下几条,相信会带来实际的帮助:

符合自己的身份。我们的着装要与自己的身份、年龄相符。作为年轻的大学生,衣着既要与时尚节奏合拍,又要掌握一个度,不要太滞后,也不宜太超前。为了展现朝气蓬勃的青春之美,我们可以穿着鲜艳一点、活泼一点、随意一点、个性一点,但并不是说我们就要奇装异服。

适合自己的形体。着装应与自己的肤色、身材、年龄等因素相协调。例如:偏瘦者适宜穿腰袖略显宽松、配有饰边的衣服;偏胖者则适宜穿线条简洁、腰身合体的服装;矮小者适宜穿高腰、超短的外套和背心,而高挑者切忌穿这样的服装,否则会像鲁迅先生笔下的"豆腐西施",没有美感。①

区分不同的场合。从服饰礼仪的角度来讲,我们着装上有三大场合:第一,学习场合。如教室、图书馆等。学习场合基本要求是庄重保守。第二,社交场合。社交场合指的是学习之余的交往时间,如聚会、舞会、宴会等。基本要求是时尚个性。第三,休闲场合。健身运动,观光游览,逛街购物,基本要求是舒适自然。②

适宜四季的更替。夏季应以轻柔、凉爽、简洁为着装格调,要使人感觉轻快凉爽;冬季应以保暖、轻便为着装原则,避免着装过厚或太薄。春秋两季着装的自由度相对大一些,春季厚点无人见怪,秋季薄点也无人侧目,总体以轻巧灵便、厚薄适宜为原则。③

简单地说,作为大学生,健康合适的穿着,方能彰显我们的青春特质;大方得体的装饰,才能体现我们由内而外的美丽。

2."文质彬彬,然后君子"

美国前哈佛大学校长伊力特曾指出:"在造就一个有教养的人的教育中,有一种训练必不可少。那就是优美、高雅的谈吐。"对书本知识比较丰富、生活经验明显不足的大学生而言,与人交往时应该注意以下几点:

学会倾听。倾听,貌似简单,却不容易。它不是简单地要求我们一味保持沉默,有些时候需要我们作出一些恰当的反应,比如适时地鼓鼓掌,友好地点点头等。古希腊哲学家苏格拉底曾说过:"上天赐人以两耳两目,但只

---

①　朱燕:《现代礼仪学概论》,清华大学出版社2006年版,第120—121页。

②　刘南秋:《提升当代大学生的礼仪形象》,《中国科教创新导刊》2007年第20期。

③　朱燕:《现代礼仪学概论》,清华大学出版社2006年版,第118—119页。

有一口,欲使其多闻多见而少言。"就是说上帝"赐给"我们两只耳朵、一个嘴巴,为的是要我们善于倾听。

编织语言。有的同学在谈话前从不准备,等到讲话的时候,不知道自己该说什么,不该说什么。为了避免出现这样的情况,在谈话前应该将要谈的内容和使用的语言在脑海里预演一遍,这样不仅可以提高自己的交谈能力和口语水平,还能增强自己的吸引力。

避讳禁忌。在交谈时要注意交谈的话题有所忌讳。在交谈中,不要打听对方的年龄、收入、婚恋、健康等类涉及个人隐私的内容,这样容易引起别人的反感;不要评论同学的美丑、他人的好恶、女生的衣着等短长,议论这些常被人视为无聊之举。

注意举止。人的举止,是人的另一种语言,它可以展现人类所特有的形体之美。平日我们所推崇的风度,其实就是训练有素的、优雅的、具有魅力的举止。在人际交往中,尤其是正式场合,我们的举止要合乎约定俗成的规定,做到坐有坐相、站有站相、走有走相。具体地说,就是要求人的行为举止要文明、优雅、敬人。文明,是要求举止自然、大方,并且高雅脱俗,借以体现出自己良好的文化教养;优雅,是要求举止规范美观,得体适度,不卑不亢,赏心悦目,风度翩翩;敬人,是要求举止礼敬他人,可以体现出对对方的尊重、友好和善意。①

"言为心声,行为心表。"言行举止历来是表达自己思想和情感、塑造和展现自身形象的工具。在生活中,如果我们时刻注意自身的言行,呈现在别人面前的将是一个健康、阳光、美好的青春形象。

3."大道无处不在"

2005 年 8 月起,某论坛连续发表了 3 篇对河南省某实业总公司进行毫无根据污辱诽谤的文章,损害了该公司的声誉。结果,该公司将论坛的管理方深圳某信息科技公司告上法庭。法院一审判决:被告于判决生效后 3 日内将有关帖子予以删除,同时刊登致歉声明,声明保留 4 个月;并赔偿原告经济损失 6000 元。

---

① 丁立群主编:《高职学生文明礼仪》,中国农业大学出版社 2008 年版,第 28—29 页。

近年来,随着信息技术的发展和电脑的普及,互联网在我们的学习、工作和生活中扮演着越来越重要的角色。但由于一些人认为在网络里无人知道自己的真实身份,随意发表不负责任的言论,肆意上传"很黄很暴力"的图片,损害了自己的形象,甚至触犯了法律。其实,如同现实生活中,在网上聊天、发帖、"拍砖"的时候也应遵守相应的道德,遵循相应的规范。

尊重他人。网络给来自世界各地、素不相识的人们构建了一个相识相知的舞台,在这里,尽管面对的是屏幕,手握的是键盘,但实际上我们是在与真正的人交流。与人沟通时,不要粗鲁无礼,应当文明用语;当接受别人的咨询时,不要态度粗暴,应当谦虚诚恳;与人发生争论时,不要人身攻击,应当有理有节;当看到别人出现错误时,不要大肆宣扬,应当单独沟通。

实事求是。发帖要慎重,不能歪曲事实、虚构情节,不能随意编造"八卦"新闻。转帖要加强鉴别,未经证实的曝光、发表的报道和评论不要传播,不要使自己成为谣言的帮凶。

加强防范。上网时不要随便公开自己的真实姓名、家庭地址、身份证号码等重要个人信息。不要上不健康的网站、下载不确定的程序,防止感染病毒、植入木马。不要轻信网上的中奖信息,谨防上当受骗。

(二)慧于中,提高自身的素质

1."腹有诗书气自华"

《世说新语·容止》中有这样一则故事:

魏武将见匈奴使,自以形陋,不足雄远国,使崔季圭代,帝自捉刀立床头。既毕,令间谍问曰:"魏王何如?"匈奴使答曰:"魏王雅望非常;然床头捉刀人,此乃英雄也。"

由此可见,即使一个人的外表不是很出众,但只要有气质,他依然会魅力四射,引人注目。我们都希望自己有知识、有品位,能被他人所接纳、所喜欢。要做到这一点,作为大学生,我们可以从以下几个方面着手:

多学习。"立身百行,以学为基。"古人认为:"欲明德于天下者,先治其国,欲治其国者,先齐其家,欲齐其家者,先修其身,欲修其身者,先正其心,欲正其心者,先诚其意,欲诚其意者,先致其知。"由此可见知识对于人的重要性。而知识从何而来？主要通过不断地学习、不断地积累。只要我们勤于学习、敏于求知，不断积累新知识、增强新本领，就一定能奠定人生进步的根基，成为国家建设需要的有用人才。

多观察。明朝名医李时珍，从小就痴迷于观察各种药草发芽、抽条、开发、结果的每个生长过程。正是这种细微的观察，使他纠正了古代医书中的许多错误，写出了流芳百世的《本草纲目》。可见，观察是多么重要。通过观察，我们可以增长自己的见识；通过观察，我们可以了解自然的奥秘；通过观察，我们可以发现世界的美好。

多思考。孔子说："学而不思则罔，思而不学则殆。"书籍、资料和信息都是外在的，且这些信息来源不同，形色各异。在这种情况下，我们的大脑应该对所学的知识、所掌握的材料进行加工，唯有如此，方能作出正确的判断，取其精华，为我所用。"愚者千虑，必有一得"，我们的聪明和智慧就是经常思考的结果与表现。

多实践。"实践是检验真理的唯一标准"。我们既要"读万卷书"，又要"行万里路"。只有通过实践，读书、观察和思考才能达到知行合一。2009年五四青年节前夕，胡锦涛同志同中国农业大学师生代表座谈时，曾语重心长地告诉大学生，要在党的领导下，走与工农群众相结合、与中国革命实践相结合的道路。希望有更多的大学生自觉到基层一线去发挥才干，到艰苦的环境里去经受锻炼，到祖国和人民最需要的地方去建功立业。也只有如此，才能加深对社会的认识，增进同人民群众的感情，提高解决实际问题的能力。

2."地势坤，君子以厚德载物"

中国从古至今，都十分重视个人品德的修养。《四书》首篇《大学》就开宗明义："大学之道，在明明德，在亲民，在止于至善"。指出："古之欲明明德于天下者，先治其国；欲治其国者，先齐其家；欲齐其家者，先修其身。"党的十七大报告强调指出：要以增强诚信意识为重点，加强社会公德、职业道德、家庭美德、个人品德建设。

个人品德建设的内容有很多，作为当代的大学生，尤其要注重：

勤奋刻苦。就是要勤奋学习，刻苦钻研。人们常说："人生不如意事十有八九"，尽管这句话存在偏颇之处，但在学习生活中，我们也不可能总是一帆风顺。当遇到困难和挫折，感到沮丧与畏惧时，就需要用敢于吃苦的勇气、甘于吃苦的精神去战胜它。中国古时候有这样一副对联：上联是"有志者，事竟成。破釜沉舟，百二秦关终属楚"，下联为"苦心人，天不负。卧薪尝胆，三千越甲可吞吴"。直到今天，这副对联同样可以带给我们很深的启示。

正直无私。就是正直做人，公允做事。正直无私是中华民族的传统美德，是一个人应具备的优良品质。我国历朝历代，都有许许多多正人君子，他们不趋炎附势，不落井下石，虽身处乱世逆境，却"不以物喜，不以己悲"，如寒风暴雪中的苍松翠柏，始终傲然挺立在天地之间，向世人展现出从容淡定、正直宽厚的高风亮节。

宽容仁慈。就是对他人的过失或伤害表现出来的一种大度。宽容是一种美德，一种境界，是对人对事的包容与接纳。心胸宽广之人，心中可以包容整个世界。雨果说过："世界上最宽阔的是海洋，比海洋更宽阔的是天空，比天空更宽阔的是人的胸怀。"宽容并不是懦弱，宽容的人之所以宽容不是因为害怕而是因为仁慈。相反，宽容甚至是一种勇敢，它需要当事人付出比常人更多的勇气。有人认为，宽容是对邪恶的放纵，其实，宽容是一种强大的精神力量。如果能以宽容之心待人，我们也会得到别人的宽容，不仅可以让别人也可以让自己获得一份愉快的心情。①

团结互助。就是在学习生活中要团结同学，尊重他人，互相关心，相互帮助。人，作为社会群体中的一员，难免要和他人产生这样或那样的关系，理应相互支撑，相互扶持。授人玫瑰，手留余香。如果我们每个人都能以一种阳光的心态，以一种互助的情绪，去关注身边人的冷暖、关注集体的活动、关注社会的风气，那么我们的学校、我们的社会就会变得处处美好，处处和谐。

3."春蚕到死丝方尽，人至期颐亦不休"

当前，我们正处于人生发展的关键时期，要学会生活、学会学习、学会创造、学会奉献。而这些都需要我们牢固树立正确的价值观。只有这样的价

---

① 蒙雅森主编：《当代大学生人生修养与法律基础》，暨南大学出版社 2007 年版，第 81 页。

值观,当我们面对困境、无所适从的时候,它才可以帮助我们做出明智的抉择;当我们面临挫折、灰心丧气的时候,它才可以帮助我们迅速重新树立信心。

"我愿做一滴水/我知道我很微小/当爱的阳光照射到我身上的时候/愿意无保留地反射给别人。"这是摘自2004年"感动中国"年度人物徐本禹的日记的一句话。正是在这样的价值观指引下,他在以高分考取了硕士研究生后,却作出了一个让所有人都大吃一惊的决定:放弃攻读研究生,去贵州省贫困山区支教。在同行的志愿者都受不了恶劣的环境离开后,他在这里咬牙坚持了整整两年。诚如"感动中国"的颁奖词所言:"从繁华的城市,他走进大山深处,用一个刚刚毕业大学生稚嫩的肩膀,扛住了倾颓的教室,扛住了贫穷和孤独,扛起了本来不属于他的责任。"

当然,正确价值观的形成不是一蹴而就的事,它是一个不断地树立价值目标、确定和修正价值标准,形成综合的评价体系并从而做出正确行为选择的过程。在复杂多变的社会环境和鱼龙混杂的思想观念影响下,我们的价值观是多元分化的,同时还呈现良莠不齐的特点,这些价值观与我们社会主导价值观之间既存在相一致的表现,也存在着矛盾、相冲突甚至相对抗的一面。这就需要我们在社会主义核心价值体系引领下,在确立坚定正确的理想信念、弘扬民族精神和时代精神的基础上,以社会主义荣辱观为基本的价值取向和行为准则,使我们在相互冲突和对抗的价值观之间做出理性判断与合理取舍,走出价值观领域的迷惑困境。①

俗话道:"有心无相,相从心生。有相无心,相从心灭。"我们的个人形象并不是衣着、发型、化妆、形体的简单组合,而是与我们内在的道德、文化、艺术等修养密切相关,是它们的反映和折射。因此,大学生在加强体育锻炼、学习一些必要社交礼仪的同时,还要注重自己的内在品质,在勤奋求知中不断地充实自己,在社会实践中不断提高自己。只有这样,才能充分展现当代大学生最美的形象。

---

① 徐蓉:《以社会主义核心价值体系引领大学生价值观教育》,《思想理论教育》2008年第1期。

第十五讲　统一知情意行　提升心理素质

近年来,出现了像刘海洋硫酸泼熊、马晓明杀父、马加爵杀害寝室同学等震惊大学校园内外的案例。这些大学生,都无一例外地拥有健康的体魄,然而行为举止却严重违反常规,给家庭、学校和社会都带来了极大的危害。原来,衡量一个大学生是否健康,是否具备良好的身心素质,除了身体健康、身材健美之外,另一个重要的标准是其是否具备良好的心理素质。

在校园里,面对同一件事情,不同心理素质的学生行为举止大不相同。如考试失利,有的同学总结教训,从头再来;有的同学自怨自艾,一蹶不振。如失恋,有的同学化悲伤为动力,认真学习;有的同学郁郁寡欢,终日以泪洗面。如在同样的计划面前,有的同学迎难而上,善始善终;有的同学则知难而退、怯懦退缩。有人精神抖擞,有人萎靡不振;有人活泼开朗,有人沉默寡言;有人温柔,有人暴躁;有人灵活敏捷、有人缓慢呆滞;有人谦虚,有人骄傲;有人果断坚定,有人优柔寡断;有人理想、信念、世界观坚定、明确,有人则动摇、模糊等。

那么,什么是良好的心理素质呢? 这里主要从认知、情感、意志这三个方面进行讨论,它们是影响大学生行为的最重要因素,也是人们针对80、90后当代大学生常见心理问题所经常讨论的内容,大学生心理素质教育的最终目的就是要将知情意行这四者有机统一起来。

一、实事求是,理性认知

(一)理性认知的重要性

我国台湾地区作家张德芬在《遇见未知的自己》一书中写道:"亲爱的,外面没有别人,只有自己。"我们生活在这个世界上,每天看到、听到、触摸到的信息量是非常大的,平均每秒钟我们的大脑要处理四千亿位(bit)的信息,可是我们只能意识到其中两千位的信息。受到我们个人从小被灌输的各种约定俗成的观念、信念、标准、价值观等的影响,我们选择性地看待我们周围的人、事、物,其余的东西都会被大脑自动删除,因此,我们对这个世界的体验是不同的①。

而摄取到的同样的信息,不同的人大脑所翻译出来的信息也是不同的。这就是对信息的运用、调动和把控,这也是新近人们所说的知商。我们在生活中经常遇到的心理上的困扰,多半是由于我们对事物的认知发生了偏差。因此,理性认知在整个知情意行的过程中是十分基础和重要的。

(二)非理性信念及其特征

案例:"必须!"和"应该!"or"必须?"和"应该?"

小王是一所高职院校大二的学生,他渴望成为一个所有老师同学眼中优秀的学生。其实,当初他也是高分考入这所学校的,可是,入校以后,他参加了班委、学生会的竞选,家境贫寒的他,又利用课余时间勤工俭学,因此,几乎没有休息的时间,致使白天上课时根本没法集中精力。小王疲惫不堪。"我必须努力地工作,因为我需要钱。而且我也必须每门功课都考到优异,因为我入校时的成绩非常好。我还应该处理好班委、学生会的各项工作,因为我寝室的一位室友也同时参加了两个社团,我必须向我的家人和老师同学证明我是十分优秀的。"

---

① 张德芬:《遇见未知的自己》,华夏出版社 2008 年版,第 61 页。

　　谁都说服不了小王改变他的计划。结果到了期末,他的多门成绩只能勉强及格。与其他班委、学生会成员的关系也因为短、平、快的交往方式而屡遭误解,身体状况也一度亮起了红灯。

　　这是大学生活中的一个片段,导致小王精神压力和失败的主要原因,其实就是一种不正确的认知方式,即非理性信念。

　　美国的心理学家韦勒斯对非理性信念的三个特征有这样的论述:

　　一是绝对化的要求,就是指人们以自己的意愿为出发点对某一事物怀有其必定会发生或不会发生这样的信念;

　　二是过分概括化,就是一种以偏概全、以一概十的不合理的思维方式;

　　三是糟糕至极,就是认为如果一件不好的事情若是发生在自己身上,那将是非常可怕、非常糟糕、自己难以接受,甚至是灭顶之灾的想法。[①]

　　美国临床心理学家艾利斯把常见的非理性信念归纳如下:

　　1. 每个人都应该得到在自己学习生活环境中对自己重要的人的喜爱和赞许。

　　2. 一个人必须能力十足,在各方面有成就,这样的人才是有价值的。

　　3. 有些人是坏的、卑劣的、恶性的;为了他们的恶行,他们应该受到严厉的责备和惩罚。

　　4. 假如发生的事情不是自己喜欢或期待的,那么它是很糟糕、很可怕的。事情应该是自己期待和喜欢的那样。

　　5. 人的快乐是外在因素引起的,一个人很少有或根本没有能力控制自己的忧伤和烦闷。

　　6. 一个人对于危险或可怕的事物应非常挂心,而且应该随时考虑到它可能发生。

　　7. 逃避困难、挑战与责任要比面对他们更容易。

　　8. 一个人应该依靠别人,而且要有一个比自己强的人做依靠。

　　9. 一个人过去的历史对他目前的行为是极其重要的决定因素,因为某

---

　　① 钱铭怡:《心理咨询与心理治疗》,北京大学出版社1994年版,第233—238页。

事曾影响一个人,它会继续,甚至永远具有同样的影响效果。

10. 一个人碰到种种问题,应该有一个正确、妥当及完善的解决途径。如果无法得到解决,那将是糟糕的事情。

非理性信念往往是自我挫败的,它会引发我们很多不良的情绪和行为。

(三)大学生几种常见的错误认知及矫治策略

1. 我是谁?——对"自我认知"的认知偏差

据一份调查报告显示,一所高校新生入学之后,当被问到是否对自己有清楚的认识时,有80%的同学回答不怎么了解,或者根本没有想过这些问题。有些同学表现出迷茫,不知道该如何去了解自己。

认知矫治:认识自己。

作为大学生而言,应对自己的性格、能力、兴趣等,以及各个方面的优缺点做出恰当的、客观的评价;对自己的期望和要求适中;对自己无法通过努力的缺陷能够欣然接受;并且能够充分发挥自己的潜能。

认识自己的最好方法,就是要学会回顾历史。如果回头看,发现自己做其他事都做不成,只一件事总是会很轻松地成功,不管那件事有多小,就是自己的潜能所在了。每个人都是独特的,每个人的存在都是有价值的。要肯定自己的价值,因为任何一种性格都有好坏两个方面,每个人身上的特质也是自己独有的,没有好坏之分。要学会发现自身的优势,并通过努力得到提高,产生兴奋点,把自己的潜力发挥到最大。有所不成,才能有所大成。

2. 自负与自卑——对自我的认知偏差

进入大学以后,很多学生突然发现四周高手如云,竞争激烈。有的同学处处要求自己比别人高,什么都要争第一,什么都要最好,希望自己全面,结果理想和现实的巨大差距,导致心烦、焦虑甚至头痛、失眠。有的甚至因此开始怀疑自己的能力。大学生中还常常有这样一类人,他们总是叹息自己不够好,别人各方面都比自己好;很多事情很想去做,但总是害怕自己做不好;做任何事情总是谨小慎微,生怕别人说自己不够好;也不敢公开发表自己的意见,害怕被别人嘲笑。这其实就是一种自卑的心理。自卑,并不是客观上看来自己不如别人,而是指由于不适当的自我评价和自我认识所引起的自我否定、自我拒绝的心理状态。大学生产生自卑心理的原因有很多,主要有家庭原因、社会原因和学校原因。

认知矫治:接纳不完美的自己、展示最优秀的自己。

上帝给每个人的都是一样的。上帝给我们一样,就不给另一样。在某件事上失败,并非完全是由于我们不够努力,而可能刚好是我们拿自己的弱势去和别人的优势比。一个人的能力再强,不如别人的地方也会有95%。想什么都比别人强,累死也没有用。俗话说,舍得舍得,有舍才有得,舍不得那95%,就很难发现自己真正擅长的5%,要允许自己在某些方面比别人差,理性地让出一部分。应正确地自我认知,找准自己的定位,寻找属于自己的那5%。

永远和自己做比较,而不是和他人比较。当自己进步的时候,要及时地鼓励自己,可以采取自己喜欢的方式奖励自己一下,然后分析自己成功的原因,再接再厉;失败了,也不要坐在那里叹息,而是应当及时分析失败的原因,以后改进和完善,避免同样的失败发生。

心理学家阿德勒则认为每个人都有"自卑"情结,这是因为每个人都有先天的生理或心理缺陷,担心自己做得不够好,担心别人是不是能接纳自己等。既然每个人都有自卑感,那么自卑也并非一文不值,总是给我们带来消极和不好的结果。适当的"自卑"可以促使我们不断努力,不断进步。但是如果过度自卑,则会阻碍我们的生活、学习和工作,导致我们不敢迈步,停滞不前。

因此,积极的心理暗示是必要和有效的。当在做一件事时,心中默念,或者大声地喊出来:我可以,我能行!

3. 适应比逃避更难——对新环境、新变化的认知偏差

跨入高校大门的那一刻起,我们的面前是一个全新的世界,我们远离了家乡,来到陌生的环境,遇到了许多不同地方的人,无论从自然环境还是学习环境,都发生了巨大的变化。因此,当新鲜感逐渐散去,"无聊"、"郁闷"开始成为一些同学经常挂在嘴边的词汇。生活、学习环境的巨大变化,激烈的竞争,复杂的人际关系,一次次失败带来的挫折感……很多同学面对如此多的变化,措手不及,仿佛雾里看花,不知该如何应对;很想改变这种现状,

又不知从何入手,因此产生一种迷茫情绪。一些同学开始变得消沉,选择逃避,整日萎靡不振,迟到、旷课、违反纪律,甚至有些同学还有一定程度的心理问题。

认知矫治:适应,而不是逃避。

大学生活是丰富多彩的,是我们第一次离开家人自由地安排自己的生活。是否适应大学的独立生活,对大学生来说也是新的挑战。我们的心理也随着环境的变化发生着变化,只有尽快转变个人角色,调整自己的身心,充分适应周围的一切,才能积极健康地完成大学学业。

4. 贫穷不是一种罪——对家庭背景的认知偏差

看过马加爵遗书的人,总会不由得唏嘘感慨,"这是我穿过的最好的衣服"他的这句话让在场看押他的警察都落泪。贫穷仿佛是缠绕他的一种痼疾,使他在痛苦中挣扎,而忽略了世间万物的美好。但这些都不足以构成他残忍夺取其他四名室友生命的理由。

贫穷给大学生自由的天空带来了一丝阴影,它所带来的压抑,不仅仅是最简单的饭菜、最简朴的衣服、永远被兼职占满的课余生活。更有文化上的不适应:无法加入同学们的时尚话题,很多时髦的东西见都没见过;不敢轻易谈朋友,因为没有钱;因为害怕应酬,而放弃加入社团的机会;孤独时无处诉说……压力也同时来自生活的巨大变化与反差,当乡土的朴素文化被大学浮夸的文化所取代,犹如面对陌生的危险情景,需要有一个适应的过程。许多同学因此而产生强烈的不自信。一部分贫困生不愿正视自己的家庭,不愿意告诉同学们自己家庭的真实现状,而盲目地攀比;还有一些学生则干脆躺倒在各类助学金、贫困补助上,认为是理所应当,不愿意通过自己的努力去赢得自己的未来。

认知矫治:贫穷,其实更是一种财富。

同样是家庭贫困且屡遭变故的洪战辉(2005年感动中国人物之一)却十二年如一日,抚养一个被遗弃的小女孩,视其为亲妹妹,用打工所得供其读书,带着妹妹一起上学,谱写了一首爱的赞歌。他说:"我的心中,只有感恩和爱。"同样是贫穷的外部环境,心境却有如此巨大的差别。

贫穷是一种难以复制的人生经历,更是一种财富。"天将降大任于斯人也,必先苦其心志,劳其筋骨,饿其体肤,空乏其身……"人生没有绝对的平等,但人生在某种意义上来说又是平等的,比如富贵的孩子得到的是金钱,而贫困的大学生得到的则是比金钱更要重要的东西,那就是磨砺,它会使我们更早地学会独立,可以让我们更早地学会用自己的双手换来我们的每一点收获,凭我们自己的努力来获得财富,解决生活的困难,从而证明我们自身的价值。

划分贫富的那条界限并非不可逾越,迫切要做的,是要在两种文化中取得一个平衡:既吸收大学里好的一些因素,比如开放和接纳;同时也要保持自己原来所拥有的良好因素,比如朴素和真诚。当我们抛开自卑,打开心灵,让自己的美好品质渐渐表现出来时,就会发现与那些有钱的孩子之间也能彼此接纳,互相学习,互相帮助。当大学时代结束的时候,才会破茧而出,成为一只美丽的蝴蝶,到那个时候,才是真正比较谁更有价值的时候。

对于每个人来说,越感觉到不足的地方,就越容易敏感。对于家庭贫困的学生来说,虽然这种不足并非出于他们自身因素,但较之其他学生来说,他们更需要一个宽容和友善的外部环境。每个人都有着平等的人格尊严,对于这些同学来说,贫困已经造成了一些伤害和压力,外部的环境只应当帮助他们来化解这些伤害,而不是加重他们受到的伤害。走进他们的生活,就会发现他们平凡的外表下,有着非常美好的品质,接纳他们,不仅有益于他们,更重要的是,对于我们自己来说也会是一个重要的学习资源宝库。

5. 学习简直是一种煎熬——对学习的认知偏差

古人云,十年寒窗苦。掐指一算,中国人从小学,到进入大学,大都已经做了12年以上的学生。而调查显示,这种"学习之苦"并没有结束,许多大学生都表示大学学习压力很大,一部分学生表示有厌学心态,一部分学生表示对考试有不同程度的焦虑,特别是学习基础较差、学习方法没有及时更新、性格较内向的学生最容易产生考试焦虑的症状,有些大学生甚至出现失眠或神经衰弱等症状。一些学生表示,大学学习生活并没有像他们的中学老师所描述的那样,只要考上大学,就可以充分放松了。

从1999年全国高校扩招以来,大学生找工作难已经不再是什么新鲜的话题,以往的"天之骄子",面临着"毕业即失业"的尴尬境地。校园外一场场竞争激烈的招聘,时刻提醒着大学生们,自己简历的薄厚和质量将决定他们不久的未来。因此,大学生在学业上更具有进取心,学习成绩已成为影响大学生情绪波动的第一因素。

认知矫治:人生就是一种经验的学习。

行为主义的领袖斯金纳(B. F. Skinner)曾经说过:如果我们将学过的东西忘得一干二净时,最后剩下来的东西就是教育的本质。深刻理解这一点,会使我们明白,原来充分享受学习的过程,以及掌握独特而有效的学习方法,要比得到一定的分数要有用得多。我们很久以后,可能不再会记得自己曾经获得过多么出色的成绩以及令人羡慕的奖学金,可是却有可能会记得自己专注而坚持的一个个场景,而这种学习的能力将是伴随我们一生的财富。

当然,优良的学习习惯,并不是与生俱来的。除了掌握记忆曲线等学习理论以外,更重要的是要学会在经验中学习,考试是检验我们学习方法的一个重要手段,因此,临阵磨枪和考试作弊一样,都是因小失大的做法了吧。解决问题的办法,则是多请教,多总结。和那些学业优秀的同学多交流,认真观察他们的具体做法,也可以向老师和学长们请教。了解自己的学习特点和类型,比如,自己是听觉型、视觉型还是触觉型? 更喜欢从单纯的学习中学习,还是在实践中学习的效果更好? 善于总结成功与失败的教训,寻找适合自己的学习方法。

6. 大学茫、忙、盲——对自我管理的认知偏差

新生入校后,刚刚从高中的紧张中松绑,一下子被表面的轻松所迷惑,有的同学高呼:大学的时间真多! 于是,一个个学生干部的头衔与光环,一个个看似有用的证书,互联网上纷繁芜杂的快速致富和一夜成名的信息,分散了他们的注意力,图书馆的专业书籍往往落上了厚厚的一层灰,更多的学生不知道该如何去学习,而是"平时不努力,临时抱佛脚"的考试一族。其实,如果时间长了仍不能体味到潜在的竞争的话,这些同学很快就会在许多方面落伍。

还有许多学生看上去十分"聪明",甚至可以说是惜时如金,比如:老师在上面上课,他在下面抱着另外一本不相关的书看,准备即将到来的考试;

上自习的时候,整个桌面丰富而凌乱,有时尚的手机,一本刚从图书馆借来的书,甚至还有零食,耳朵上还带着耳塞。很难想象,这样的学习环境如何能够高效率地学习。

认知矫治:自我管理,提高效率。

大学学习的自主性、灵活性、创造性都大大增强,自习和课外阅读与实践更多,各个专业的学习方法与技巧的要求又各有不同。要适应以往以教师为主导的教学模式,向以学生自学为主导的自学模式的迅速转变,增强自己的自主性和独立性。课堂讲授后,不仅要积极消化理解课堂上的内容,而且还要大量阅读相关的书籍和文献资料,培养自己的自学能力。

有这么一个小故事,看能不能带来一些启发:

有一位表演大师上场前,他的弟子告诉他鞋带松了。大师点头致谢,蹲下来仔细系好。等到弟子转身后,又蹲下来将鞋带解松。有个旁观者看到了这一切,不解地问:“大师,您为什么又要将鞋带解松呢?”大师回答道:“因为我饰演的是一位劳累的旅者,长途跋涉让他的鞋带松开,可以通过这个细节表现他的劳累憔悴。”“那你为什么不直接告诉你的弟子呢?”“他能细心地发现我的鞋带松了,并且热心地告诉我,我一定要保护他这种热情的积极性,及时地给他鼓励,至于为什么要将鞋带解开,将来会有更多的机会教他表演,可以下一次再说啊。”人一个时间只能做一件事,懂得抓住重点,才是真正的人才。

7. 一切都自力更生——人际关系认知偏差

进入高校,时常会发现一些学生,一年 365 天,他们几乎所有的业余时间都在教室里度过,“两耳不闻窗外事,一心只读圣贤书”,几年大学生活下来,除了寝室里那几个同学以外,几乎都没有和班里其他的同学说过几句话。有些同学第一眼看上去不舒服就不想再去搭理了,寝室里的同学发生了小矛盾也随它而去,反正天下没有不散的宴席,大家都靠自己能力吃饭。

还有一些同学虽然也认识到人际交往的重要性,但往往感觉心累。由于大学生自我意识迅速增强,对人际交往的需要强烈,但社会阅历有限,具有自我中心性,人际关系的挫折感较强,并且带有较多理想化色彩,因此在各种心理障碍中,也以人际交往的障碍表现得最为突出。

认知矫治:成功不是一个人的成功。

据统计,大学生每天大约有70%的时间用于人际交往。因此,大学生人际关系的好坏,也是直接影响其心境的重要因素。应当接受他人,乐于和善于与他人相处。应当学会换位思考,在接纳自己的同时,也要学会接纳他人,悦纳他人,认可别人的存在和重要性。

一些交往危机的产生,往往是由于我们自身的一些不良个性心理特征所引起。如:自我封闭、孤芳自赏、盛气凌人等。一些社会知觉中的偏差,如:第一印象、光环效应、刻板印象、以己度人等,也会影响我们的人际关系。

8. 为什么受伤的总是我? ——挫折的认知偏差

"我是一名来自浙江的学生。以前在我老家的中学,我是当地人的骄傲,门门功课成绩名列前茅,心里总有一种'我是第一'的优越感。可是,一到大学,我发觉什么都变了。在我们这所全国重点大学,每个人原本都是优等生。我拼命学习,可是成绩总是落在最后几位。我的自信心在崩溃,我感到十分茫然……"这是一封还没有完成的征文稿,作者是某大学一位不愿透露姓名的大一学生。

认知矫治:把失败当做新的起点。

如何正确地看待挫折呢? 要学会积极地思考问题。应认识到任何事物的发展进程都是在曲折中螺旋上升的,挫折是客观存在的,普遍存在于生活之中的。因此对挫折应有充分的心理准备。遇到挫折时,应看到它的两面性,看到它的价值,应把它当做成长的机遇,前进的阶梯,敢于挑战困难。还应该充分总结经验教训,尽量避免不必要的挫折,真正让失败成为成功之母。比如说,一次考试没有考好,是不是说明自己不如别人呢? 当然不是,考试的功能更在于检验自己的学习方法是否有效,学习的内容是否有盲点。如果能及时总结,则考试失败也没什么可怕的了。成功正是由一个个失败积累而成的,正是失败教会我们如何成功。

9. 这下子全完了! ——心理危机的认知偏差

生活中,时常突然发生一些不如意的事情,令人猝不及防。比如:突然失去亲人或朋友;重要考试的失败;重要财物的丢失;恋人转身离去等等。面临类似从天而降的重大灾难,一个人如果没有充分的心理准备,就会出现个体既不能回避,又无法通过其他办法解决问题的心理失衡状态,这就是心理危机。

大学生心理危机反应主要表现在生理上、情绪上、认知上和行为上。通常表现为:自卑、悲观、绝望;逃学、离校出走;极度的抑郁、孤僻和焦虑,怕与人交往;对社会、对他人、对一切冷漠、消极、逆反或攻击;严重者会采取自杀等逃避手段。[①]

认知矫治:别怕,没有过不去的坎。

心理危机是一种正常的生活经历,并非疾病或病理过程。每个人在人生的不同阶段都会经历危机。一般危机反应会维持68周,人们对危机的心理反应通常会经历冲击期、防御期、解决期、成长期四个阶段。处理危机的方法不同,结果也不同。一般有四种结局:一是顺利度过危机,并学会了处理危机的方法和策略,提高了心理健康的水平;二是度过了危机但留下心理创伤,影响了今后的社会适应;三是经不住强烈的刺激而自伤自毁;四是未能度过危机而出现严重的心理障碍。

对于大部分人而言,心理危机并不会带来生活上永久或是极端的影响,需要的是足够的时间去恢复对现状和生活的信心。如果有老师和亲朋的体谅和支持,恢复得会更快。但是如果心理危机过强,持续时间过长,会降低人体的免疫力,出现非理性的行为。轻则危害个人健康,甚至出现攻击和精神损害;重则引发大范围的社会秩序骚乱,冲击和妨碍正常的社会生活,无形之中给自己和别人制造新的恐慌源。

心理危机对每个人来说都在所难免,当我们一旦遇到此类情况时,一定要积极配合学校实施的心理危机干预措施,甚至主动向心理专家求得帮助,以尽快度过心理危机。

---

① 楼仁功、潘娟华:《大学生心理危机预防与干预机制探究》,《中国高教研究》2006年第6期。

（四）根除非理性信念，树立理性认知

无论是理性还是非理性的认知都根植于童年经历。由于多年来不断地重复，因而根深蒂固，并且持续地对人们的情绪和行为起作用，除非采取实际的行动力图改变。因此，当我们觉察并且识别出自身的非理性信念时，我们所要做的就是适时的驳斥、挑战和根除它们，要使自己相信：使我们产生烦恼的这些认知并不是以事实为基础的，它们是缺乏逻辑的，正是这些认知导致了我们困扰的发生，必须借助合理的心理手段做一改变，直到不再坚持那种认知，从而树立理性的认知。

二、做情绪的主人

（一）有效的情绪调控与身心健康

小故事：

从前有个小男孩，脾气十分暴躁，每天总是大发脾气，无法控制自己的情绪。

他的父亲有一天把他带到家门口一根很粗的木桩边，递给他一把小锤子和一大把铁钉，说：杰克，以后每当你想发脾气的时候，你就对着这根木桩，砸一颗钉子进去吧。

小男孩很兴奋好奇地答应了。于是，每天当他想发脾气的时候，他都会按照爸爸的要求钉一颗钉子进去，最多的一天他甚至钉了100多颗。慢慢的，小男孩自己都感到不好意思了。他开始学着控制自己的情绪，渐渐的，每天钉在木桩上的钉子没有以前多了，最后，终于有一天他一颗钉子都没有往木桩上钉。

他高兴地跑到父亲面前，父亲也很高兴，对他说：亲爱的杰克，现在，每当你感到心情不错的时候，你就从木桩上取下一颗钉子吧。小男孩听完了父亲的话，立刻走到木桩边取下一颗钉子，他发现，取出钉子其实要比钉钉子难得多了。于是，从那天起，他每天几乎不再往木桩上钉钉子了，而取出的钉子却越来越多了，时间一长，木桩上留下一颗颗

钉眼。终于有一天,木桩上一颗钉子都没有了。

小男孩把父亲领到木桩边上,父亲很高兴地表扬了他,然后慢悠悠地说:孩子,看看这些钉眼吧,虽然你把所有的钉子都取了出来,可是留下的伤痕却永远都去不掉了。

这个小故事告诉我们,不良的情绪会影响我们和周围人的关系,导致恶性循环,难以复原,也不利于身心健康。比如,长期压抑或悲伤容易引起呼吸系统的疾病,对愤怒的压抑会引起心血管疾病、高血压等。而情绪是可以有效调控的,良好的调节可以减少负性情绪对人们的不良影响,有利于身心健康。

情绪调控,是在理性认知的基础之上,又一个影响行为的重要环节。

大学生是年轻的群体,心理发育程度决定了其情绪波动较大。但大学生应当学会协调与控制自己的情绪。"不以物喜,不以己悲"。既不妄自尊大,也不妄自菲薄。拥有一颗感恩的心,不贪求得不到的东西。永远保持愉快、乐观、开朗、满意的积极情绪。即使有悲、忧、愁、怒等消极的情绪体验,也不会持续太久。

因为情绪是相对情感而言短暂性的表现,所以,一般通过当时的一些改变是可以变换情绪的。而如果一个人总体来看的情感态度属于消极性和负面性的,那么还是要从根本上、长期性来改变。这就如同治标治本一样,仅仅懂得改变情绪是不会改变人生的,如果能够从根本上改变情感态度,那么,情绪也就会得到很大的影响和改善。

(二)常用情绪调控术

1. ABC 理论

我们前面说到,非理性的信念是产生负面情绪的重要来源。针对信息处理的方法,常用的方法是美国临床心理学家艾利斯所创立的理性疗法,即ABC 理论。

通常认为情绪和行为后果的反应直接由激发事件所引起,即 A 引起 C,而 ABC 理论则认为 A 只是 C 的间接原因,B 即个体对 A 的认知和评价而产生的信念才是直接的原因。比如：两个人遭遇到同样的激发事件——学习方法不良导致学习成绩不佳，产生了很大的情绪波动，在总结教训时，甲认为吃一堑长一智，以后一定要改变学习方法，努力学习，争取迎头赶上。而乙则认为成绩不好，实在丢尽脸面，表明自己能力太差，不好意思再见老师同学。

因此，错误的或非理性信念，容易导致不适当的甚至是异常的情绪和行为反应。而及时调整认知，产生合乎理性的信念，才不会导致不适当的情绪和行为后果。

2. 灵活幽默法

我们注意观察周围的人，发现总能看到一些不快乐的人，他们成绩不好，长相不佳，没有女朋友，和周围的同学也相处不好……而实际上，生活中每个人都会或多或少地存在这些问题，为什么单单只有他们快乐不起来呢？其实生活中，并不缺少美，而是缺少发现美的眼睛。同一件事情，不同的视角，看到的东西不同，处理的方式自然也不同。正所谓对"危机"一词的解释，有人看到的更多是"危"，而有的人看到的则是"机"。这种良好视角，恰恰要以完美的人格为基础，而幽默则是其中重要的组成部分。

幽默，是人生的一大艺术。心理学家弗洛伊德曾经说过："幽默，可以使我们的敌人变小、变弱，变得可鄙和可笑，我们将可以一种迂回的方式获得愉快，并且战胜它。"幽默靠的是人格的魅力，当生活中遇到了无法解决的问题，老天爷给了我们另一条通道，只要我们动用一下自己的幽默感，那么解决策略没准儿就会蹦出来。它就好像一个船帆，顺风的时候一帆风顺，逆风的时候也会调整自己的角度，向着自己的方向前进。或许有过迂回，但最终会避开风浪，到达目的地。弗洛伊德又说："不友善的幽默能够把我们的敌意以社会所接受的、轻松的方式表达出来，使我们的紧张得以宣泄。"

3. 放松术

（1）身体的融化

身体与心灵是紧密相关的，我们感到不安时身体也会产生相应的反应，长此下去，我们的肢体会烙上印记，变得僵硬不适。

下面的练习可以放松我们的肌肉，按摩我们的心灵。

找一个舒适、安静的地方躺下,闭上双眼,不要动,让身体和精神平静下来。

闭上眼,将注意力集中到一只脚的脚趾上。先将脚趾蜷紧5秒钟,然后放松,连做两次,交替进行。在蜷紧和放松的过程中,想象脚趾变成了液体,并且在你周围缓缓流动。

按照同样的方法逐渐由上至下,先是脚,然后是小腿、大腿、臀部、腹部、胸部、背部、手、前臂、上臂、肩膀、颈部、下颌、两颊、眼部和眉毛。

现在你的整个身体开始自由流动。你在脑中想象这种景象,把注意力集中在前额。

试着让你的精神紧张起来,然后放松,使你的思想浮到表面,看着它们融化、流走。

（2）感受美妙的外界

放松的时候,我们常用"清流般宁静、流畅"来描述心情,这样的比喻并非偶然,我们的身体、精神状态和水之间是存在共鸣的,水对我们放松有特殊的意义。

古老的瑜伽就建议人们到瀑布前、小河旁或是湖边静坐沉思。我们从沐浴、桑拿、游泳、看海景中所得到的快乐证明了我们对水的亲切感。

在安静的房间轻轻躺下,抬臂,摆动,然后轻轻放回身体两侧,闭上眼睛,想象置身于海边的沙滩上。

潮水涌来,轻轻拍打脚部、脚踝,海水慢慢升上来,然后整个身子沐浴在浅水之中,感觉自己被充满韵律的海水淹没,并逐渐漂向大海深处。

感觉浩大起伏的海浪开始在你身体下方汹涌流动,一浪高过一浪。

起身前倾,想象骑在浪尖上的感觉,随着波浪跌宕起伏。

潮水把你冲到岸边,静静地躺在松软、温暖的沙滩上,尽情享受激情过后的舒畅感觉。

（3）芳香安慰法

有人认为感官之中,嗅觉对我们的影响是最微妙、最潜移默化的。特定的气味对我们的情绪有着特殊的影响,如柑橘类植物、胡椒和新鲜的咖啡可以使我们精力充沛、精神振奋,而刚出炉的热烘烘的面包、烧木材发出的烟、茶香则可以使我们的情绪安定。

当我们闻到一种令人愉快的气息时，就会不由自主地深呼吸，并感到深深地满足。下面介绍一种"芳香安慰法"，你的心灵将在迷人的气息中得到放松。

在生活中有意识地感受周围的各种气息，然后体会它们给你带来什么感受，让你产生什么联想。

找出几种让你感到宁静的气味。这里没有一定之规，你也许觉得燃烧的木头闻起来舒服，对茉莉花香却很讨厌。最让你感到舒服的气息，可能只对你如此。

在大自然或香料中找到一种最适合自己的气味。静静地坐下或躺下，把精力集中在它上面。

现在注意你的呼吸。采用腹式呼吸，吸气时腹部（而非胸部）鼓起，呼气时腹部收缩。这种方法可以使你的呼吸更深、更宁静、更完全地享受香气。把它想象成一种放松剂，每次吸气深入到你的体内，而随着每次呼气排出你的压力。①

（4）沉思

用一些沉思的方法战胜压力，身体的各种不适也会得到缓解。具体包括：静心休息、放声大笑、倾听音乐、多想美事、走路散步、放慢呼吸、起床时先在床上坐 5 分钟放松运动等。每天抽出 10 分钟，掌握其中的一项或几项，心情就能够开朗愉悦许多。

3. 活动充实法

有时候，无论我们怎么样乐观，总还是逃不开那些坏心情时而的骚扰。当心情郁闷时，总会觉得到了世界末日一般，什么都做不下去，完全丧失了行动力似的。如果是这样，不妨运动一下吧。哈佛的毕业生每年离校前，都会脱去厚重的冬衣，到解冻不久的刺骨的河水里冬泳，用以疏解他们就业的压力，缓解离别的伤感。

还有悦纳自我法、主动交往法、挫折历练法、理智控制法、注意转移法、

---

① ［英］迈克·乔治：《松弛课》，高峰译，光明日报出版社 2002 年版，第 53、65、143 页。

合理宣泄法、自我升华法、巧妙安慰法等。

三、坚忍不拔之志

(一)意志力是确定和完成目标的保证

小故事：马拉松运动员的故事

有一个马拉松运动员两次在运动会上取得了冠军,媒体采访他:"你夺冠靠的是什么?"他说:"靠的是智慧。"原来,每次参赛前,这个运动员都会实地考察比赛路线,然后把沿途的一些标志性建筑记下来。比赛的时候,根据这些建筑物,他把整个路线分成一个个小的距离,然后以顽强的意志完成每个短暂的冲刺,最终以最快的速度完成了整段马拉松比赛。

原来,意志是一个人自觉地确定目的,并根据目的来支配、调节自己的行动,克服各种困难,从而实现目的的心理过程。在学习和生活中,拥有顽强的意志力,是大学生克服困难,应对挫折,完成目标,取得成功的重要保证。

良好的意志力,也是影响大学生行为的关键因素。

(二)意志力实施的阶段

看看下面的情况我们是否曾经有过:是否经常踌躇满志地订下宏伟计划,但是不到两天,就把计划抛到了九霄云外? 是否过几天意识到了自己的放纵,又重新开始订计划,重新坚持了两天,就又一次地把计划抛到脑后呢? 是否准备上网查资料,却总是徘徊在游戏、聊天、BBS 之间而忘了应该做的事情呢? 我们都认为自己是个有远大目标的人,但很多时候,我们也总是发觉自己是一个总让计划夭折的人。那么,自己是否正在暗暗担心,制定的专生本、自考等计划很快又要夭折了呢?

李敖在《大学札记》中曾经把"壮志新来与昔殊"的蜕变过程总结为四

阶段:第一步是发大宏愿;第二步是勉强去做;第三步是养成习惯;第四步是兴味盎然。可惜,很多人熬不过"勉强去做"这个阶段。因为,人往往是趋乐避苦、软弱无力、摇摆不定的。而问题的关键是增强自己的意志力,并有效实施在"勉强去做"阶段。

意志品质具有独立性、果断性、坚定性、自制力四大特性。

(三)大学生意志训练实用方法

1. 宏伟目标的制定

自觉地制定一个远期目标是意志力训练的基础,也是实现意志力的动机所在。古有"燕雀焉知鸿鹄之志哉?"今有周恩来"为中华之崛起而读书",当代大学生身处和平年代,没有经历过大的风雨,但应拥有正确的人生观和价值观以及在此基础上的远大理想。只有这样,才能够激发顽强的意志力,为实现远大理想而努力奋斗。

2. 近期目标和计划的制定

高尔基曾经说过:哪怕对自己一点小小的克制,也会使人变得强而有力。持之以恒地做简单的事。不要嫌自己的优点微不足道,不要嫌所做的事情不足挂齿。不要嫌简单,任何的成功都是不断地重复与积累。要做行动的巨人,因为行动是自信的必要条件。

制定目标和计划的时候应符合自己的实际情况,不要妄想一蹴而就,要一步步地来。目标越细致、越好操作越好。比如:要减肥,可规定自己每晚做 10 个仰卧起坐开始;要学英语,可规定每天早晨背会 20 个单词。等自己达到目标后,再一点点往上加。这样,目标通过自己的努力能够达到,就容易坚持下去,也就能够体会成功的感觉。

3. 合理的动机水平

有的同学学习没有目标,对自己也没有很好的规划,不知道自己为什么要学习,该学些什么,因此缺乏学习动力,这固然是不可取的。但还有一些学生对自己的期望很高,给自己定了很多目标,希望自己样样都能做到最好,这虽然无可厚非,但如果精神长期处在高度的紧张之下,就极有可能导致抑郁、强迫、焦虑等心理疾病。

其实,超过所有的人,也未必就保证在未来的工作中能够出类拔萃,更何况大学里优秀的人才那么多。因此,应当正确地估计自己的能力和精力,量力而行,不要给自己定过高的目标,也不要事事都争第一,学会发现自己的优势与特点,在自己感兴趣和最擅长的部分尽可能地发挥最大的潜能。另外,也要学会欣赏别人的长处,学会和优秀的人分享自己学习成长的喜悦。

4. 寻找榜样,体验紧迫感

"近墨者黑,近朱者赤"。在校园内外,尽快发现所欣赏的老师或同学,以他们为榜样,鞭策自己不断进步。

5. 寻找合作伙伴,相互监督

我们发现校园里时常会有扎堆现象,比如,一个寝室同学成绩都非常优秀,都拿奖学金;毕业后,专升本、考研也都往往集中在一个班级或一个寝室。良好的学习氛围和监督机制也是增强意志力的有效手段。

6. 剥夺有利于使自己放弃目标的条件

毛泽东主席当年为了锻炼自己的意志力,专门选择在闹市区看书。但如果我们的意志力还不够坚强,如果要看书,就选择安静的教室、整洁的桌面吧。在喧闹的寝室,有床可以困了睡睡,有零食摆了一堆,有同学不时来找聊天玩闹,很难想象能够顺利地完成阅读的任务。

7. 兴趣的强化

大学是人生的特殊阶段,经历着许多个第一次和最后一次,应利用业余时间扩大自己的视野,明白和了解学习其实就是人生经验的积累,要带着一颗轻松愉悦的心去感受学习、生活的每一个细节。

8. 意志力针对训练

美国海军学院有一个"爬黄油雕像"的传统,就是让学员们爬一个浑身涂满了黄油的雕像,这并不是一件易事,每次刚爬上去一点,就会滑下来,弄得满身黄油,十分狼狈。但是,通过这项训练,这些未来的军人磨炼了承受挫折的能力和毅力。再有毛泽东主席,年轻时为了锻炼自己的意志力,冬日用冰水洗澡,早起爬山,苦其心志,才有了"不管风吹浪打,胜似闲庭信步"的豪迈。

刚才,我们探讨了心理素质的三个方面"知"、"情"、"意"。其中,"知"即认知,是对行为目的和办法的认识,即知道为什么做和怎么做;"情"即情感,是对行为及行为环境的态度体验;"意"即意志,是行为的意向和遇到困难时的态度,即愿意做与有决心做。这三者紧密联系,互相作用,共同影响着我们的行为。如积极的情感能够激发巨大的意志力量,认知与情感结合能够产生行为动机等。而知情意行的和谐统一,是大学生健康人格的重要内涵。

当今社会,由于社会竞争日益激烈,学习和就业压力逐年递增,家庭与社会环境日趋复杂等,越来越多的大学生存在着一定程度的心理问题和障碍。由于这些心理问题和障碍不容易被发现,因而引发的事件与一些校园意外事故相比,具有较强的隐蔽性,并且容易导致校园暴力、自伤等严重后果,给校园安全稳定埋下了隐患,成为影响校园和谐的重要因素。因此,大学生心理素质是高校大学生素质教育的关键。

作为祖国的未来与希望,只有拥有了良好的心理素质,当代大学生们才能还象牙塔本来的纯净,在知识的海洋中尽情畅游,为未来人生的道路打下良好的基础;才能诱惑面前不迷失,紧要关头沉得住气,在困难和挫折面前不低头;才能充分发掘自身的潜力、发展自己的特长、做出正确的选择、施展自己的才华,为国家的和谐、繁荣奉献自己的青春。

第十六讲　发扬团队精神　促进和谐发展

　　阿姆斯特朗的那句"我个人的一小步,是全人类的一大步"已成为家喻户晓的名言,但大家对于他的同伴奥尔德林却非常陌生。在庆祝登陆月球成功的记者会上,一个记者问奥尔德林:"阿姆斯特朗成为登陆月球的第一个人,你会不会觉得有点遗憾?"在全场尴尬的注视下,奥尔德林很有风度地回答:"各位,千万别忘了,回到地球时,我可是最先出太空舱的,所以我是由别的星球来到地球的第一个人。"大家在笑声中给予他最热烈的掌声。

　　成功不必在我。你是否意识到团队的成功就是个人的成功,合作才能共赢。

　　一盘散沙,尽管它金黄发亮,却没有多大的作用,但如果与水泥混合,就能成为建造万丈高楼的水泥板和梁柱。单个人就如同沙粒,只有与他人合作,才能实现自我价值,充分施展个人能力,成为社会的有用之材。

一、合作的力量——从我到我们

　　当你拿起一张你也在内的集体照片,你最先看的是谁? 是照片中的"我",还是"我们"?

(一)大学人际环境的变化——"三缘"熟人社会向生人社会转变

　　大学生活,超越了血缘(父母、亲戚)、地缘(同学彼此地域同一)、人缘(父母、同学的社会关系网络)关系的旧模式,进入了全新的交往环境。

大学班集体由来自全省乃至全国各个地方，有着不同方言和生活习惯的个体组成，同学间的交往情况发生了重要的变化。一方面，入学初期，同学们社会阅历浅，思想单纯，相互之间能够自然地产生纯朴的同窗情谊，形成友好的同学关系。另一方面，随着相互交往和了解的深入，不同的地域、家庭背景、个性特点、生活习惯，甚至不同的方言，都有可能成为继续交往的障碍，而大学生在学习、课余活动等方面的激烈竞争中，往往夹杂着利益冲突，例如，奖学金、优秀团干部的评定、推优、学生干部工作竞选等，容易对相互间的正常交往造成伤害，有些人因此开始逃避与周围同学的交往。

但是，大学生远离了家人的呵护，独立生活，人际交往不再是可有可无的，而是必须学习和掌握的生活技能。特别是同宿舍的同学，大家朝夕相处，必须遵守共同的规则，学会彼此尊重和宽容，与性格、生活习惯不同的人和谐共处，团结共进，感受与他人合作的乐趣，了解团队精神的可贵。只有这样，大学生才能建立起新型的人际关系，重建自己的归属感和友谊范围，强化参与意识，增强社会适应能力，培养社会责任感。

(二)良好人际关系的必要性和重要性

1. 人际交往的必要性

"人"字的结构是一撇一捺，这就意味着人生于世，需要彼此依靠，相互温暖，共同生存。没有人能在与外界隔绝的环境中独自生存。

心理学上存在一个有趣的实验——"剥夺感觉实验"。实验志愿者被蒙上眼睛，戴上手套，送进隔音实验室，志愿者无法与外界进行任何沟通。开始，志愿者觉得十分惬意，可随着时间的增长，难受感取代了惬意感，最后产生痛苦，甚至无法忍受。他们不仅觉得时间过得很慢，甚至产生幻觉，几乎没有一个人能忍受一周以上。实验结束后经过测试，志愿者的各种心理功能都受到不同程度的损伤。有的注意力无法集中，有的短期内记忆力部分丧失。

实验表明，与现实社会生活相沟通的渠道不能堵塞，与人交往的闸门不能关闭。人具有的社会性和归属感,客观上要求我们保持人与人之间的交往,我们只有在与彼此的交往中,才能真实地感受到自我的存在和价值,了解生命的含义。

2. 人际交往的重要性

卡耐基曾这样形容人际关系的重要性:个人成功＝15%的专业技能＋85%的人际关系。

良好的人际关系是我们完善个人情感的重要途径。

通过填写"安徽医专大学生思想政治调查问卷"的形式,对2069名在校生进行的调查统计显示,当学生出现情绪障碍,心理问题难以自我调节时,其中61%的学生会选择向同学和朋友倾诉,19%的学生选择与老师、父母等进行沟通。可见,绝大部分的人都认识到,与人交往、进行情感互动,是身心调节的重要途径。

良好的人际关系是丰富自我情感与智慧的重要平台。

"说不上为什么我变得很主动,若爱上一个人什么都会值得去做……"(歌曲《简单爱》)这是一首帮助徐若萱转型为创作型歌手的歌。毕业于台北商业技术学院,没有接受过专业训练和学习的她,是如何创作出一首首脍炙人口的歌词? 记者在采访时,她令人讶异地说,我创作的灵感完全来自与朋友的交流,她们向我倾诉各自的故事,各自的经历,让我有创作的源泉与冲动,想把一个个的故事以歌词的方式表达出来。

人类充实自我的方式多种多样,除了学习、阅读、观察,与人交流也是重要的途径。一个人如果从他人那里吸收的东西种类越多、质量越好,那么这个人的能力也就越强;反之,他就会成为情感和知识的弱者。

良好的人际关系是我们实现更高理想的阶梯。

卡耐基每季度都会在费城工程师协会举办社交课程,已有1500位以上的工程师参加过讲习班。经过卡耐基多年的观察发现,其中获得最高酬劳的人,往往不是懂得工程学专业知识最多的人,而是既具备一定的专业知识,又有良好的人际关系、团队意识的人,这类人也许专业技能不是最出色的,但他能担任领袖,激发他人的能力。

"应付人的能力,也是一种可以购买的商品,我愿意为这种能力支付高昂的酬劳,它的代价要比世界上任何东西都高。"——约翰·洛克菲勒。

班级里,班长的学习成绩未必是最好的,但他的组织协调能力一定是优秀的;医院里,院长的医术未必是最高明的,但他的领导管理能力一定是出色的。具备处理人际关系的出色能力,能很好地团结他人,会帮助你在专业领域有所成就。

(三)合作产生力量

比尔·盖茨在读中学时,与艾伦成为了好友。他们俩疯狂地热爱计算机,并且都是高手。他们的友谊因共同的兴趣而越加深厚。

早在 14 岁的时候,盖茨就和艾伦一起通过编写和测试计算机程序来赚钱。1972 年,两人创建了他们的第一家公司"Traf-O-Data"。1974年,艾伦从华盛顿大学退学,1975 年,盖茨离开哈佛。他们决定在计算机领域共同奋斗,开始创业。盖茨不善言辞,专攻科研开发,艾伦则能言善辩,负责业务联系,二人形成绝佳搭档,创造了微软的神话。

学会与人合作,是成功的开始。微软的成功,就在于两个伙伴的合作,各取所长,若只有其中一人,无论是谁,都不可能推动微软创业的车轮。

21 世纪是一个合作的时代,人们必须通过合作才能生存。科学知识的纵深发展,社会分工的细化,使得每个人都必须借助他人的智慧来共同完成一项工作,没有一个人或组织能拥有自己所需要的全部资源。毫无疑问,与人合作共进是打开成功之门的金钥匙。

一个人能否成功,很大程度上取决于他的合作能力。我们经常会说"我能行",而这句话的真正含义,并不是说"只有自己行,别人都不行",恰恰相反,是"取人之长,补己之短",像盖茨和艾伦一样,通力合作,共同成就一番事业。正如北京光明小学刘校长总结的:"你在这点行,我在那点行,合作大家行。"如果你事必躬亲,那么你能做的事情就相当有限。所有伟大的成就都来自于很多人的共同努力,即团队合作。

二、合作的对象——选择与被选择

(一)你主动"选择"了嘛?

1. 扩大人际交往范围

红顶商人胡雪岩幼年时期,在金华火腿行做学徒。他兴趣广泛,为人热情又充满好奇心,做学徒时,他与和火腿行有业务往来的钱庄的伙计们建立了良好的人际关系。每当钱庄的伙计来收账,他总会热情相待,问长问短:你们钱庄有没有学徒? 他们都学些什么? 都做些什么? 通过与这些人的交往和了解,他不但多了很多朋友,也充分了解了钱庄的运作,并通过对自我能力的培养,很快使得钱庄老板对自己刮目相看,如愿成为了钱庄的伙计,迈出了他人生重要的一步。

胡雪岩没有局限在小小的火腿行,而是积极发展潜在的朋友群,并为自己的事业创造了契机。你是否也能尝试,主动走近你周围的同学。给别人了解你的机会,就是给你自己成长的机会。人们只有在与他人相处的过程中,才能不断发现自我,认识自我,充实自我。对于刚刚步入大学的新朋友,我们需要怎样扩大自己的交际范围,锻炼自己的人际交往能力呢?

首先,积极参与集体活动。进入大学后,班级、系部以及学校都会组织各种形式的集体活动,这是同学们融入集体,构建良好人际关系,建立彼此信任感的重要途径。所以,大家一定要好好把握,让自己成为受欢迎的人。

其次,广泛参加各种社团。有别于单纯强调学习氛围的中学,大学更鼓励学生培养个人兴趣爱好。各高校都有各类社团组织,同学们可以根据自己的兴趣爱好选择参加,这样既可以锻炼我们的能力,又能创造交际机会,结识更多的朋友,在与他人的合作中共同进步、取长补短。

最后,培养自己的好奇心。人的兴趣爱好越广泛,越易于同各种人交朋友。试着培养你的好奇心,集体活动时,快乐地接受别人的邀请,或者主动邀请别人。只有这样才能让人感受到你的魅力,也能让你感受到集体快乐的氛围。

2. 结交对自己有益的朋友

窦开宏2002年考上了安徽警官职业学院,家境非常贫困的他一连欠下了学校三年学费,一天只能吃一两顿饭。打工是窦开宏学生时代的一种生存状态。2003年,他到一家小公司做业务员。他的诚信、热情和敦厚的性格,不但为他赢得了工作业绩,也使他和公司老板成了忘年之交。老板有心提携,在2004年离开合肥时,将这个店面交给了窦开宏经营,并说:"你要是赚钱了,就还我租金,要是亏了,就当是我对你这个小兄弟创业的支持吧。"有了这样的经济支持,窦开宏开始了他的创业之路。2009年,年仅27岁的窦开宏已经拥有了属于自己的三家公司,600多名员工,合作单位包括了世界500强企业。

很难想象若是没有这位忘年之交为窦开宏提供施展才华的舞台,家境异常贫困的他将很难有机会开始自己的创业之路。

卡耐基在《人性的弱点》一书中这样写道,"错过与一个胜过我们自己的人相交往的机会,实在是一个很大的不幸,因为我们常能从这个人身上得到许多益处。"可见,我们需要与比自己优秀的人交往。

那么该如何理解"优秀的人"这个概念?

一方面,是指那些在人品、道德、学问等方面优秀的人,你能在与这样的人的交往中,潜移默化地受到对方的影响,吸收对你生命有益的东西,以此来激励自己追求崇高的理想,努力提高自身的素质。

另一方面,取他人之长、补己之短。每个人都有所长,孔子曾说:"三人行,必有我师。"对方可能不如你,在很多方面也很普通,但有一点非常突出,也正是你欣赏的,可以和你很好地互补,这就足够使你们成为朋友。

只有在这样的"交往"中,我们才能将生命中粗糙的部分去除,从而使我们的精神得到升华。

（二）你值得"被选择"嘛？

当我们在选择什么样的人成为朋友时，别人同样也在比较和选择我们。

　　战国时候的孟子是一个很伟大的思想家。他小的时候非常调皮，他的妈妈为了让他受到良好的教育，花了很多的心血。最开始，他们住在墓地旁边。孟子就和邻居的小孩一起玩办理丧事的游戏。孟子的妈妈看到后，觉得这里的环境不适合孩子的成长。于是，她就带着孟子搬到市集旁边住。聪明的孟子又和邻居的小孩玩起了经商的游戏，学着商人的样子做生意。孟子的妈妈知道了，又皱皱眉头：这个地方也不适合我的孩子居住！于是，他们又搬家了。这一次，他们搬到了学校附近。孟子开始变得守秩序、懂礼貌、喜欢读书。这个时候，孟子的妈妈很满意地点着头说：这才是我儿子应该住的地方呀！

"孟母三迁"的故事大家都很熟悉，用来表示环境对于人的影响，人只有要接近好的人、事、物，才能学习到好的习惯。

一个人成长过程中朋友的作用就体现在这里，我们经常说"人以群分、物以类聚"，朋友对于我们的成长有着非常重要的作用，我们经常说要结交好的朋友，那么什么是"好"的朋友呢？我们该怎么样做，才能成为别人眼中值得交往的"好"的朋友呢？

孔子曰："益者三友，友直、友谅、友多闻。"

于丹在《〈论语〉心得》中写道，"友直"，直，指的是正直。这种朋友为人真诚、坦荡，刚直不阿，有一种朗朗人格，没有一丝谄媚之色。他的人格可以影响你的人格，可以在你怯懦的时候给你勇气，在你犹豫的时候给你果决。

"友谅"，谅，指的是诚信。这种朋友为人诚恳，不虚伪。与这样的朋友交往，我们内心是妥帖安稳的，我们的精神和灵魂可以得到净化和升华。

　　记者采访李嘉诚，问他做人成功的要诀是什么？李嘉诚回答，我认为做人成功的重要条件是，让你的敌人都相信你。要做到这样，第一是诚信。只要是我答应的事，明知吃亏都会去做，这样一来，人家说，在商业交往上,我答应的事,比签合约还有用。有一次,我们要和一家拥有大量土地的公司进行合作,当有人问这个公司的董事长为什么要跟长江集团(李嘉诚为董事长)合作,而不考虑别的公司时,他说:"跟李嘉诚合作,合约签好后你就高枕无忧,不会再有任何麻烦;而跟别人合作,合约签好后,麻烦才开始。"

诚信地面对别人,既是对他人的责任,也是对自己的承诺。

于丹认为,"友多闻"是指这种朋友见闻广博,思想丰富,当你在一些问题上犹豫困惑时,他丰富的知识和广博的见闻可以帮你做出正确的判断,给你中肯的建议。结交一个多闻的朋友,就像拥有了一本厚厚的百科辞典,可以得到对自己有益的借鉴。

看到这里,请对照一下吧,你是那个正直、诚信、多闻,值得别人结交的友人吗?培养自己良好的道德情操,多多阅读,广泛涉猎社会的各方面知识,做一个别人眼中值得结交的朋友。

三、合作的艺术——学会与他人和谐相处

与人合作共赢是门精深的学问,需要真诚的心灵和一定的技巧。在发达的多元社会里,必然存在着多样性,存在着差异、冲突和矛盾。处在这么一个纷繁复杂的社会环境中,和睦的人际关系,对人的生存和发展至关重要。和谐的人际关系是与人合作的前提和基础。卡耐基曾说过:"和谐的人际关系是一笔宝贵的财富。"

和谐的人际关系,是文明进步的必然。如果一个人离开了同学间的友好亲善、互帮互助;离开了朋友之间的光明磊落、以诚相待,就不可能形成心情舒畅、工作高效的良好氛围,就不可能创造更多的价值。

怎样在我们的学习生活中,学会与他人和谐相处、合作共赢呢?

(一)今天你微笑了吗?

有一种东西,它在家人中产生快乐,在友人中产生好感,它是疲倦者的

休息,失望者的日光,又是解除困惑的良剂,①它叫微笑。

　　"第12夜"是安徽卫视的一档真人秀节目,在第二季中,来自全国各地的13名农村选手为了能走进城市,留在城市,共同竞争在合肥五星级酒店希尔顿工作的机会。经过层层筛选和激烈的比赛,王少静和李红霞成了最后的竞争者,面对希尔顿总裁的最后面试,她们都充分展示了自己的才华,特别是李红霞,学商务专科出身的她没有通过翻译,自己用流利的英文直接和总裁先生交流,充满了自信。但最后被录用的却是王少静,当总裁要求每个人说出一个录用自己的理由时,王少静的回答是"Because of my smile."伴随着这个回答的是她一如既往甜美而自信的微笑。相对于李红霞咄咄逼人的语调,王少静则带着她招牌式的笑容,得到了希尔顿中层管理人员的职位,并且还获得了到新加坡学习酒店管理的机会。她的能力和笑容为她赢得了最后的胜利。

　　很多时候,打动我们的不是华丽的语言,而是一个简单的微笑。对人微笑就是向他人表明:"我喜欢你,你使我快乐,我喜欢见到你。"

　　那么是否要我们张嘴就笑呢,哪怕是一种不真诚的微笑? 不是的,微笑也是不能欺骗他人的。如果我们知道那是一种机械的、假意的微笑,我们就会厌恶和反对。因此,我们这里所说的微笑是一种真诚的微笑、热心的微笑,由内心而发的微笑。

　　微笑是我们积极进行人际交往的敲门砖,它会帮助你迅速拉近人与人的距离,帮助你获得别人的好感,所以,请经常使用它。

(二)请学会分享

　　学会分享,是人与人之间建立信任的基础,是构建良好人际关系的桥梁。

---

　　① 　[美]戴尔·卡耐基:《人性的弱点》,柳青译,内蒙古文化出版社2001年版,第53页。

　　新东方董事长俞敏洪在宁夏大学的一次演讲中，说了这样一个故事："我的一个大学同学，周末回家带回了6个苹果，在80年代，新鲜水果还是很稀少的，寝室同学都很兴奋，以为是分给我们每人一个，结果，那个同学是自己一天一个，正好一周吃完。每次我们都是看着他吃，从来没有分给我们……大学毕业后，我们都不曾帮助过这个同学，因为他不懂得分享。"

俞敏洪的这个同学当时似乎没有吃亏，一个人能够独得6个苹果，但他忽视了一条很重要的人际交往原则——分享。假使他与别人分享了苹果，那么别人也会愉快地与他分享香蕉、橘子等等，即便水果的总量不发生变化，水果的多样性也会丰富起来。令人遗憾的并不是这个同学失去了可能得到的香蕉、橘子，而是失去了建立良好人际关系的机会，失去了潜在的朋友群，失去了这些朋友可能为他提供的各种机会。

　　经济学家茅于轼也曾举过类似的例子，我有100个香蕉，你有100个苹果，我们都想吃对方的东西，于是想到了分享。大家达成协议，我随时可以吃到苹果，你也可以随时吃到香蕉。这样等于每个人都拥有了100个香蕉和100个苹果。如果此时，拥有苹果的人认为，自己的一个苹果的价值远远大于一个香蕉，财富交换就中止了，这就叫做一个苹果毁了自己可能拥有的100个香蕉。

分享是生命的活水，它能创造双倍甚至许多倍高于自己目前所拥有财富的价值。

对于刚刚离开家庭，开始尝试集体生活的你来说，请从学会分享开始，构建你与他人之间友谊的桥梁。

（三）关注别人就是关注自己

让别人接受自己，首先需要让对方认识到自己对他的关注。一个人只要对别人真心感兴趣，在两个月之内，他所得到的朋友，就能比一个要别人对他感兴趣的人,在两年内所交的朋友还要多。

一家国外的电话公司,曾对电话中的谈话内容做了一项调查研究,以找出最常在电话中被提到的词。经过统计得出这个词就是第一人称的"我"。

如果我们只是想在别人面前表现自己,使别人对我们感兴趣的话,我们将永远不会有许多诚挚的朋友。我们需要关注别人,了解别人,给别人展示自己的空间,这样才能使对方感受到我们的真诚,从而成为朋友。

一把坚实的大锁挂在铁门上,一根铁杆费了九牛二虎之力,还是无法将它撬开。钥匙来了,它瘦小的身子钻进锁孔,只轻轻一转,那大锁就"啪"地一声打开了。铁杆奇怪地问:"为什么我费了那么大力气也打不开,而你却轻而易举地就把它打开了呢?"钥匙说:"因为我最了解他的心。"

在人际交往中,我们往往将自己摆在核心的位置,而很少去换位思考。如果你想建立良好的人际关系,就要学着站在别人的角度审视问题,尝试着走进别人的心灵。

四川汶川抗震救灾中,由杨澜、蒋雯丽等多位明星组成的妈妈团亲赴灾区慰问孤儿,如何和那些受了惊吓的孩子沟通成了问题,心理学家金韵蓉告诉所有的明星妈妈们,和孩子们沟通的正确方式,不是询问,而是阐述,要站在他(她)的立场来关怀他们。所以,这个明星妈妈团所有的成员见到孩子们的第一句话不是"你叫什么?几岁了?",而是"我叫……我来自……"

关注他人,进入心灵的频道,这是人际沟通的金钥匙。

(四)距离是对人格的一种尊重

豪猪周身长满如箭头一样的刺。在寒冬,豪猪必须群居彼此取暖才能安然过冬,当他们靠的过近时,就会被身上的刺扎疼,于是不得不分开,而寒冷又迫使他们聚在一起,它们开始小心翼翼地接近,最终找到一个合适的距离——既能感受彼此的温暖,又不伤害对方。

人与人之间的相处就如同豪猪取暖一样。每个人都在寻找适合自己的朋友来温暖自己,然而,许多人常常有这样的困惑:

亲密无间的好友,却常常做出彼此伤害的事情。

为什么会这样? 怎样的关系才是真正的"和谐"? 这就是我们常说的一个词——"度"。

人际交往应该有一定的度,"过"和"不及"都是要尽力避免的。我们学会了微笑,学会了分享,学会了以心交心,但不代表你可以无限制地侵入别人的生活。

于丹在《〈论语〉心得》中提到,现代人的交往中,有一种行为叫做"非爱行为",就是以爱的名义对最亲近的人进行的非爱性掠夺。这种行为往往发生在世界上最亲近的人之间。

那么在我们同学的交往中是不是也存在这样的问题呢?

两个人成了好友,于是其中一人开始从作息时间到业余爱好一一过问,将自己的喜好强加于他人,总是认为自己是在关心对方,而事实是一种以爱的名义进行的一种强制性的控制,让他人按照自己的意愿去做。

如果你想关心一个人,那么请先思量一下,你的关心是否是他人真正需要的? 你关心的方式又是否是他人乐于接受的?

距离和独立是一种对人格的尊重,这种尊重即使在最亲近的人中间,也是应该保有的。

亲密并非无间,美好需要距离。

(五)助人也是助己

"事不关己高高挂起"、"自私自利"、"以自我为中心",这曾是很多人对于 80 后、90 后独生子女的评价,然而,四川汶川的大地震中一幕幕的感人场面,让人们重新审视起有责任有担当的这一代人,当记者采访他们时,一位刚刚救出同学的中学生这样说道:"我在这里救别人的亲人,也会有人在救我的亲人。"

　　在一场激烈的战斗中,上尉忽然发现一架敌机向阵地俯冲下来。照常理,发现敌机俯冲时要毫不犹豫地卧倒。可上尉并没有立刻卧倒,他发现离他四五米远处有一个小战士还站在那儿。他顾不上多想,一个鱼跃飞身将小战士紧紧地压在了身下。此时一声巨响,飞溅起来的泥土纷纷落在他们的身上。上尉拍拍身上的尘土,回头一看,顿时惊呆了:刚才自己所处的那个位置被炸成了一个大坑。

尝试着在别人需要的时候,伸出我们的双手,给予别人真诚的帮助,很多时候也是在帮助我们自己。

　　古时候,有两个兄弟各自带着一只行李箱出远门。一路上,重重的行李箱将兄弟俩都压得喘不过气来。他们只好左手累了换右手,右手累了又换左手。忽然,大哥停了下来,在路边买了一根扁担,将两个行李箱一左一右挂在扁担上。他挑起两个箱子上路,反倒觉得轻松了很多。

把这两个故事联系在一起,会发现它们有着惊人的相似之处:故事中的小战士和弟弟是幸运的,但更加幸运的是故事中的上尉和大哥,因为他们在帮助别人的同时也帮助了自己。

　　在我们人生的大道上,肯定会遇到许许多多的困难。但我们是不是都知道,在前进的道路上,搬开别人脚下的绊脚石,有时恰恰是为自己铺路?

　　正所谓"予人玫瑰,手有余香",给予比获得更能使我们心中充满幸福感。

(六)宽以待人、以直报怨

同学来自五湖四海,不同的性格、不同的喜好,在生活中必定有不太和谐的地方,我们该如何处理这些分歧,拥有良好的人际关系?

《〈论语〉心得》中描写了这样一段对话,子贡问孔子道:"有一言而可以终身行之者乎?"您能告诉我一个字,使我可以终身实践,并且永久受益吗?老师以商量的口气对他说:"其恕乎!"如果有这么个字,那大概就是"恕"字吧。

"恕"是说你不要强人所难,不要给别人造成伤害。假如别人无心给你造成了伤害,你也应该尽量宽容。

真正做到宽容并不容易。在我们的生活中,总会发生一些并不愉快的事情,一件事可能已经过去了,但我们还是会不断地去回忆,"这么可恶的事,我怎么能原谅呢?"于是,在不断的回忆咀嚼中,一次次地再伤害自己。①

小和尚跟着老和尚下山化缘,走到河边,见一位姑娘正发愁没法过河。老和尚对姑娘说,我背你过去吧,于是就把姑娘背过了河。小和尚惊得瞠目结舌,又不敢问。又走了二十里路,实在忍不住了,就问老和尚:"师父,我们是出家人,你怎么能背一个姑娘呢?"老和尚淡淡地告诉他:"你看我把她背过河就放下了,你怎么背了二十里还没有放下?"

生活中伤害在所难免,但很多时候,更多的痛苦是我们自己附加的,该放下时且放下,你宽容别人,就是为自己留下了一片天空。我们提倡宽以待人,"恕"别人之过,但并不应当丧失原则地去以仁爱之心宽恕所有人的过失。我们经常听到一个词"以德报怨",这样做正确吗?这样做很善意,但并不够智慧,孔子告诉我们,应当"以直报怨,以德报德"。以怨报怨同以德报怨一样是不值得提倡的。以怨报怨,永远以一种恶意、一种怨恨面对另外的不道德,那么这个世界将是恶性循环,我们失去的将不仅是自己的幸福,还有子孙的幸福。以德报怨看似可行,实际上,你献出太多的恩德和仁爱,用来面对有负于你的人,也是一种人生的浪费。②

---

① 于丹:《〈论语〉心得》,中华书局 2006 年版,第 14—15 页。
② 于丹:《〈论语〉心得》,中华书局 2006 年版,第 37—38 页。

著名专栏作家哈理斯(Sydney J. Harries)和朋友在报摊上买报纸,那朋友礼貌地对报贩说了声"谢谢",但报贩却冷口冷脸,没发一言。

"这家伙态度很差,是不是?"他们继续前行时,哈理斯问道。

"他每天晚上都是这样的。"朋友说。

"那么你为什么还是对他那么客气?"哈理斯问他。

朋友答道:"为什么我要让他决定我的行为?"

坚持做我们自己,而不做别人行为的影子,以自己的行为告诉别人,什么才是正确的,这就是"以直报怨"。

从现在开始,请用你的正直、耿介、磊落、公正,用你高尚的人格来坦然面对这一切。

(七)面对批评,请说"谢谢"

与人交往,你不会总得到肯定和支持,你该如何面对他人的否定与批评呢?

全美超模大赛是一个美国真人秀节目,由知名模特儿泰雅·宾丝任主持及监制选出新一代超模。每一次比赛,泰雅都会和其他评委对选手所拍的照片进行点评,这种点评具有很强的针对性,会非常直接地指出选手的缺点和不足,以帮助选手不断进步。第八季中,泰雅和她的团队淘汰了一名资质非常好,夺冠呼声非常高的选手,泰雅阐述此人被淘汰的理由,既不是身体资质差,也不是照片不美,而只是因为,当别的选手面对点评都说"谢谢"时,她是唯一从来不会道谢的人。

一个人有勇气承担自己的过失和错误,不只能够清除令人不愉快的过于浓重的自我保护气氛,而且有助于解决这个错误所造成的问题。

年轻人往往对于自己的行为有过强的认知感,喜欢强调对于自己有利的各种原因。例如,上课迟到是很多学生都出现过的问题,当老师批评的时候,看病、去火车站买车票、闹钟没有响……都成为了自以为能够对自我进行保护的理由。但事实是,这些都只是借口,而非理由。如果,你也遇到了类似的问题,那么能否请你真诚地对出于善意批评你的人说一句"我错了,谢谢你的指正。"

(八)合作第一、竞争第二

进入大学,同班同学、同寝室同学之间存在竞争的关系,学同样的专业,接受同样的教育,而毕业后又要竞争同类的工作岗位,但这并不妨碍我们彼此之间建立合作共赢的关系。

> 从前,有两个饥饿的人得到了一位长者的恩赐:一根鱼竿和一篓鲜活硕大的鱼。其中,一个人要了一篓鱼,另一个人要了一根鱼竿,于是他们分道扬镳了。得到鱼的人原地就用干柴搭起篝火煮起了鱼,他狼吞虎咽,还没有品出鲜鱼的肉香,转瞬间,连鱼带汤就吃了个精光,不久,他便饿死在空空的鱼篓旁。另一个人则提着鱼竿继续忍饥挨饿,一步步艰难地向海边走去,可当他已经看到不远处那片蔚蓝色的海洋时,他浑身的最后一点力气也使完了,他也只能眼巴巴地带着无尽的遗憾撒手人间。又有两个饥饿的人,他们同样得到了长者恩赐的一根鱼竿和一篓鱼。只是他们并没有各奔东西,而是商定共同去找寻大海,他俩每次只煮一条鱼,他们经过遥远的跋涉,来到了海边,从此,两人开始了捕鱼为生的日子,几年后,他们盖起了房子,有了各自的家庭、子女,有了自己建造的渔船,过上了幸福安康的生活。

一个人的力量是有限的,要学会在彼此的合作中寻求机会,将利益最大化,只有这样才能有利于自身的发展和进步。很多时候,我们需要有人和我们一起奋斗,才能游到成功的彼岸。

在大学阶段,同学之间应当形成积极健康的合作和竞争的关系,认识到,彼此首先是合作者,然后才是竞争者。一起制定明确的学习目标,共同学习,互促互进。

于丹在《〈论语〉心得》中提到,你与其跟他人斗,不如跟自己斗,想办法提高自己的素质和修养。当你在和别人的竞争中落后,应当怀有的心态是"羡慕"而不是"嫉妒",应当积极正确地面对差距,形成良性的竞争环境。

> 一名农妇死了,她生前没有做过一件善事,鬼把她抓去,扔在火海里。上帝授意天使跑到农妇那里,把一根葱伸给她,对她说:"喂,女人,你抓住了,等我拉你上来。"他开始小心地拉她,差一点就拉上来了。火海里别的罪人也想上来,女人用脚踢他们,说:"人家在拉我,不是拉你们。那是我的葱,不是你们的。"她刚说完这句话,葱就断了,女人再度落进火海。农妇后来才知道,这葱其实是可以拉许多人的,上帝想借此考验一下她,但农妇没有经受住这种考验。

> 还有一则竞争的故事是关于石油大王哈默的。有一年世界原油价格大涨,哈默的对手对东欧国家的石油输出量都略有增加,唯独哈默石油输出量明显减少,这让许多人非常不解。当记者就这个问题请教他时,哈默说了一段让人终生难忘的话:"关照别人就是关照自己。那些总想在竞争中出人头地的人如果知道,关照别人需要的只是一点点的理解和大度,却能赢来意想不到的收获,那他一定会后悔不迭。关照是一种最有力量的方式,也是一条最好的路。"

有竞争并不意味着摒弃合作,在竞争中合作,在合作中竞争,才能为竞争的各方营造一个良好的竞争环境,农妇固守个人之私而失去了生的希望,哈默关照别人而赢得了市场,合作共赢已经成为竞争各方普遍的认识。"一个人像一块砖砌在大礼堂的墙里,是谁也动不得的;但是丢在路上,挡人走路是要被人一脚踢开的"。(艾思奇)

"大家分组讨论一下吧,四个人一小组……"老师经常在上课的时候提出合作的建议。也许对于一些问题,我们自己早已有了答案,但又不会或者不敢表达。这时就需要同学与同学之间的合作,你听我讲,我听你讲,给对方提出意见。

小到班里,四人小组之间的讨论,大到国际间,在友好往来基础上建立的国家之间,都是离不开合作的。我们在学习生活中的合作,不仅能促进学习的积极性，提高学习成绩，更能教会我们如何走上社会，融入集体。

　　有三个人要被关进监狱三年，监狱长允许他们三个一人每人提一个要求。

　　美国人爱抽雪茄，要了三箱雪茄。

　　法国人最浪漫，要一个美丽的女子相伴。

　　而犹太人说，他要一部与外界沟通的电话。

　　三年过后，第一个冲出来的是美国人，嘴里鼻孔里塞满了雪茄，大喊道："给我火，给我火！"原来他忘了要火了。

　　接着出来的是法国人。只见他手里抱着一个小孩子，美丽女子手里牵着一个小孩子，肚子里还怀着第三个。

　　最后出来的是犹太人，他紧紧握住监狱长的手说："这三年来我每天与外界联系，我的生意不但没有停顿，反而增长了200%，为了表示感谢，我送你一辆劳施莱斯！"

　　心灵是我们的起点，合作是我们的追求，一个班级好不好？一个校园好不好？一段岁月好不好？一切权利都在我们的手中！

　　你的选择决定你的生活。请做出你最正确的选择，并将所有的道理付之于行动，你会收获美好的明天。

第十七讲　培养创新能力　点燃创新激情

　　一千多年前,埃塞俄比亚的"凯夫"镇,有个聪明的牧童,他对自己的羊群非常了解,羊也很听他的话。有一天,他把羊群赶到了周围有灌木的草地上吃草。到了晚上,发生了怪事,这回羊不听话了。他费了好大的劲儿,才把羊赶进了羊圈,羊进圈以后,仍然乱蹦乱跳,兴奋地挤来挤去。牧童特别奇怪:今天羊怎么会这样? 是不是吃了灌木叶子,引起了变化? 为了弄明白怎么回事,第二天,他又把羊赶到了昨天的那个地方。他看到羊除了吃青草外,还吃灌木上的小白花、小浆果和叶子。到了晚上,羊群又和昨天一样地不听话。为了证明羊是不是吃了灌木上的果实出现的异常反应,第三天,他把羊赶到了另外一块地里,只让羊吃草。这天,羊群没有出现前些天那种情况。他知道问题就出在灌木上,于是牧童就拔了几棵回家。他尝了灌木的叶子有点苦,又尝了果子,又苦又涩。他把果子在火里烤一烤,散发出了浓浓的香味。又把烧过的果子放在水里泡着喝,味道好极了。那天晚上,牧童也兴奋得彻夜未眠。牧童试验了好几次都是这样。于是,他把这香喷喷的东西当成饮料,招待镇上的人。从此一种新饮料就诞生了。它就是我们现在喝的咖啡。

　　由此可见,其实我们每个人本身都有创新能力,只是有待我们自己去发现和拓展。

一、创新能力的开发培养

创新能力的培养与开发需要积累一定的知识,通过仔细的观察,以一定的手段和方法,综合运用创新能力的各构成要素。

(一)智能要素的培养

1. 记忆力的培养

人的记忆力虽然与先天有关,但重要的还是后天的锻炼和培养。要增强记忆力就要加强训练,讲究记忆策略和记忆技巧。

记忆能力需锻炼。注意力要集中,大脑细胞兴奋,印象就深刻,容易记住。记忆目标要明确,越具体越好。要多渠道刺激感觉器官,视觉、听觉、味觉、嗅觉和触觉能用上的都用上。要积极思考力求理解。在记忆中要多思、多想、多琢磨。记忆就要多重复,复习是巩固记忆的基本途径。

记忆要讲究策略。要勤动脑、善用脑。大脑处理储存的信息越多,对脑细胞的分化和发育越有利。合理使用大脑,使大脑皮层的不同部位轮流兴奋与抑制,有助于记忆效果的提高,长时间钻一门功课,不如交替学习效果好,如文理课程交替学习和复习,效果更好,这叫兼容并蓄。要劳逸结合,保证适当的睡眠时间,这样有利于对大脑的保护,学习一段时间,适当地参加体育活动,可以使大脑得到适当的休息。记忆的最佳时间,一般是在早晨和睡前一段时间效果最好。每人可根据自己的习惯来选择。愉快的情绪、适当的营养、新鲜的空气对记忆都是有帮助的。

记忆要掌握技巧。好的记忆方法能使记忆达到事半功倍的效果。如协同记忆法、分段记忆法、重点记忆法、规律记忆法、练习记忆法、及时复习记忆法、笔记记忆法等。下面重点讲趣味记忆法和联想记忆法。

趣味记忆法。人们对有兴趣的东西容易记住,因此,可以把有些内容编成有趣味的故事或诗歌来记。如,化学元素的化合价:一价氯氢钾钠银,二价钡钙镁氧锌。34个省级行政区口诀:两湖两广两河山,四市四江福吉安,云贵川内青藏新,陕甘两宁和海南,港澳是我好河山,台归之日盼团圆。中华人民共和国一级区划简称歌诀:京津沪渝直辖市,蒙宁新藏桂自治,一国两制台港澳,东北三省黑吉辽,冀晋鲁归华北,苏浙皖赣在华东,湘鄂豫归华中,华南还有粤闽琼,川滇黔归西南,西北还有陕甘青。这样就好记多了。

联想记忆法。它是利用人们熟悉的知识信息为激活因子,通过联想去调取我们不易记忆的信息。如圆周率3.14159,谐音联想:山巅一寺一壶酒。卡尔·马克思生于1818年5月5日,可谐音记:马克思出生后一巴掌一巴掌(1818年)把资本主义打得呜呜(5月5日)哭。我国的四大盆地:柴达木盆地、塔里木盆地、准噶尔盆地、四川盆地。选择首字,柴、塔、准、四。谐音记:用柴棒打(塔)你准死(四)。还有党的"四项基本原则",记住四个字"社党人毛","社"就是坚持社会主义道路,"党"就是坚持中国共产党的领导,"人"就是坚持人民民主专政,"毛"就是坚持马列主义毛泽东思想。

2. 注意力的培养

注意力就是注意主体对注意对象的集中关注程度的能力。注意力分为无意注意、有意注意和有意后注意。无意注意就是指预先没有目的、也不需要意志努力的注意,即外界事物引起的不由自主的注意。从主观方面来说,情绪、兴趣、需要、精神状态、知识经验等与无意注意有密切联系。头顶上过了一架飞机我们会不由自主地去看。从客观方面来说,外界事物的特征,如刺激强度、新异性、活动性、对比差异性及其变化等与无意注意有关。例如,在行走的路上,汽车灯光的闪耀和喇叭声,肯定会引起我们的注意。[①] 有意注意就是指有目的,需要意志努力的注意。它受人意识的调节支配。有意注意是一种主动地服从于一定目的任务的注意,它受人的意识自觉调节和支配。比如,学生要做老师布置的作业,需要有意注意。有意后注意就是有目的,但无须意志努力的注意。这是有意注意之后出现的一种注意。这种注意服从于一定任务,开始时需要意志努力,比如学开车,开始的时候,在车上特别注意,这是有意注意,慢慢学会了,驾驶熟练了,就不需要意志努力去注意它了,只需要在人多交通复杂的情况下注意就行了。

在学习生活工作中,为了提高自己的注意力,首先要培养注意的自觉

---

① 王江红主编:《医学心理学》,安徽科学技术出版社2009年版,第36页。

性。要加深对自己工作意义的认识,增强对该项工作的有意注意;其次要磨练自己毅力。创新的道路并不是一帆风顺,在受挫折时或困难面前,要能静下心来,不为名利,在实践中磨练自己坚强的意志和顽强的毅力,献身自己热爱的事业;再次要学会对注意力的分配和转移。创新无定式,创新无定法,研究的成果有时是多种因素形成的。因此,我们不但要把注意力集中在主要的研究对象上,还要用部分注意力去关注相关的事物;还有是工作态度要严肃认真。工作时,要专心致志,一丝不苟,保持良好的注意力。

3. 想象能力的培养

想象是一种思维活动,是对头脑中已有的表象进行加工改造形成新形象的过程。这个新形象可以是未曾见过的。根据想象有无目的性,想象可分为无意想象和有意想象。

无意想象就是没有预定的目的、不自觉的想象。当我们看到天上的云彩,不由自主地把它想象成山脉、马匹、大树、人等多种形象,就是无意想象。有意想象就是根据一定的目的、自觉地进行的想象。它主要包括再造想象、创造想象和幻想。再造想象就是根据语言文字的描述或图样、模型、符号的示意,在头脑中形成相应新形象的过程。例如,当读马致远的《秋思》"枯藤老树昏鸦,小桥流水人家,古道西风瘦马,断肠人在天涯"文字后,我们头脑中就会呈现出那种悲凉凄惨的情景。由于每个人的知识经验、兴趣爱好、欣赏能力、切身感受不同,再创造的形象也各不相同。所谓"一千个人读哈姆雷特就有一千个哈姆雷特"就是这个道理。创造想象就是不依据现成的语言文字的描述,根据一定的目的和任务,在头脑里独立地创造出新形象的过程。如文学作品的新创作,科学上的新发现,技术上的新发明等都离不开创造想象。幻想是一种与人的生活愿望相联系并指向未来的想象。它是人们的希望和寄托,是创造性想象的准备阶段,是未来有可能实现的理想。古人的幻想"嫦娥奔月"、"千里眼"、"顺风耳",通过人们的努力,现在都变成了现实。但脱离现实的幻想是空想,如发明永动机,生产长生不老药等。

培养想象力,第一,要有丰富的知识和经验。想象力的提高依赖于我们平时的工作和学习,大量地吸收各种有用的知识和信息,有意识地经常运用形象材料作为思维的载体和参与形象思维活动,如文学作品、戏曲、电影、雕塑等。一个文盲,没有读过"空山新雨后,天气晚来秋。明月松间照,清泉石上流"这首诗,很难想象他的思维感情能与作者王维产生共鸣。第二,要有对事物的好奇心。我们要保持积极的思维状态,发展自己的好奇心,遇事多问为什么,使大脑不停地运转。这样时间长了,就会自觉地、主动地、积极地思考问题,想象思维的翅膀不停地飞,就会飞到理想的王国。第三,要有捕捉灵感的本领。创新性想象中的灵感,就像火花一样,稍纵即逝。我们在研究问题和解决问题的过程中,对突如其来的新思想、新观念、对一些创新性的思想灵感火花,要及时捕捉、及时记录、及时进行思维加工,这样我们在研究的过程中就能获得意想不到的效果。

4. 自学能力的培养

自学能力是人依靠自身努力去获取知识,提高创造能力的一种基本素质。随着科学技术的飞速发展,知识经济时代的到来,要紧跟时代步伐,掌握新鲜知识,我们应当在学校里以至步入社会后养成自学的习惯,具备自学的能力。可以这样说自学是成才的必由之路。马克思大学期间学习的是法律,在创立科学社会主义时涉及到政治经济学等各种知识,他在大英博物馆废寝忘食地自学了12年,他坐的桌子下面都磨成了两个脚印;恩格斯中学都没有毕业,他的成才全靠自学,他掌握了哲学、政治学、经济学、文学和军事学,对自然科学、自然辩证法、科学史也很精通,他还懂二十几种外语,马克思称他为"百科全书"。

作为大学生培养自学能力,第一,要有正确的自学动机。自学动机是推动学习的心理因素,是推动自学的内部力量,对自学能力的培养有很大影响,目标的远大可以激励人们发奋学习,克服任何困难,进而提高自学能力。第二,要树立自学的信心。自学能力人人都有,只是水平不同。要树立自学的信心,结合自己所从事的工作和自己的特长、爱好去学习,自我肯定、自我激励,增强自信心,勇往直前。第三,要制定自学的计划。计划可以鞭策自己,目标可以激励自己。要总结适合自己的学习方法,制定自己的自学计划,并认真执行。第四,要磨练自学的意志。在自学的过程中,肯定会遇到这样或那样的问题,甚至还会受到人们的冷嘲热讽。这些都是对意志的考验。我们要克服不利因素,充满信心,意志坚定。

5. 操作能力的培养

操作能力就是指动手能力,是指对头脑中被激活的信息进行实验操作的加工能力。如实际操作能力、动作行为探索能力等。这种能力借助一定的外在实物和行为进行的,比如,灯光师、调酒师、品酒师、验光师、音响师等,都需要较高的操作能力。

操作能力在创新活动中的作用主要是:可以发展我们的思维。操作就是动手的过程,它使大脑不停地运转,可以使人的情感和意志力得到培养、锻炼和提高,好奇心、兴趣和观察力也可以在操作实践中得到巩固;可以使创新活动更加活跃。在干中学,在干中提高,通过不断总结经验,使技术不断提高,操作方法不断改进和革新;可以把想象中的东西转化成创新成果。我们通过操作可以把想象东西转化为实际需求的物质成果。要想把"蓝图"变成现实,不通过实际操作是实现不了的。许多科学家都是从小就注意操作能力的培养,为后来的发明创造打下了良好的基础。创造成果的正确与否,必须通过实践来检验、来证明,人们通过操作可以实现创新成果,来进行完善它。

6. 创新思维能力的培养

创新思维是指人们以新颖独特的方法解决问题的思维方式。

培养创新性思维能力,第一要有创新意识,树立创新观念。思想是行动的先导,没有创新意识,就不会有创新的行动。创新意识要求我们要有追求新颖性,打破陈规、不依赖现成的定规,善于冒险,勇于探索,能够面对困难,不迷信权威,不信邪。这就要求我们要有事业心、责任感;要有为中华崛起而读书的远大志向;要有必胜的信念;要有持久的创新意志;要有良好的创新态度,对创新活动要热爱、有热情、有热心,对解决问题充满信心,对艰难险阻不低头,有良好的心理素质。第二要刻苦勤奋学习,掌握知识,不断提高创新性思维的能力。人的知识和能力是相互贯通、相互促进、相互影响的;人的知识和经验丰富,视野就开阔,思路也宽广,找出解决问题的创新性办法就越多,就能产生出更多的创新性成果。但知识和创新性思维能力并不成正比例关系,我们前面已经讲过,创新性思维还受到定势等因素的影响。第三要养成独立思考的好习惯。要敢质疑,多思考,突破思维羁绊。要善于思考,要多层次、多角度、全方位地思考问题,思路要灵活,不要一头撞到南墙不知道拐弯;要善于捕捉偶然因素,认真考虑,从中找出发生的原因,有时偶然的意外,就可能成为成功的"机遇"。第四要全面提高各方面的思维素质。要培养思维的自主性、求异性、联动性、多样性、跨越性、顿悟性、综合性。最后要不断地进行思维训练,要勇于进行创新实践。创新性思维能力只有在创新实践中才能得到锻炼和提高,通过创新实践活动,可以提高创新素质、创新能力、创新精神、创新观念和创新意识。

(二)非智力因素的培养

要成为创新性人才,除了需要有一定的智力因素外,还必须具备创新意识、创新精神等非智力因素,主要包括要有理想,有好奇心、探究兴趣、求知欲,对新事物的敏感,要有信念,有对真知的执著追求,勇于发现、发明、革新,有开拓进取、百折不挠的精神。①

1. 培养独立的个性

要有科学的怀疑精神。思想是行动的先导,没有创新精神,就不会有创新的行动。这就需要我们有勇于挑战权威,敢于提出问题,克服盲信盲从的心理,开辟新的天地;要培养创新意识。创新意识能使我们根据已有的知识经验进行再组合、再创造,从而获得有价值的新观念、新知识、新方法、新产品等创造性成果。不局限于现成的理论和具体事物的细节,完整地把握事物间的相互关联,从整体性、综合性和高度方面进行抽象和概括。

2. 培养强烈的求知欲

创新的动机来自于强烈的求知欲,来自于兴趣。兴趣是最好的老师。兴趣也不能停留在低级层次,要把它上升到理性的高度,要长期保持着这种兴趣。在创新活动中,一个人的创新态度也非常重要。要有紧迫感,责任感,说干就干,不拖泥带水。

3. 培养坚强的意志

意志具有自觉性、果断性、坚韧性、自制性等品质,这对创新能力水平的

---

① 杨乃定:《创造学教程》,西北工业大学出版社 2004 年版,第46—47 页。

发挥有密切的联系。要树立正确的世界观和价值观,确立崇高的理想和追求,豪情满怀,奋发向上,不畏艰险,不辞劳苦,勇于探索,自强不息,逆境顺境都能适应,朝着既定的目标不断前进;脚踏实地,从点滴做起,日常的工作、学习、劳动,乃至于病痛、走路,这一点一滴的小事也能培养人的意志。如按时起床、按时交作业这样一些小事,也能锻炼人的意志;在克服困难中表现、锻炼和培养意志。严格要求自己,胜不骄,败不馁,诚恳地进行自我批评,努力改正自己的缺点。

二、创新能力的拓展方法

创新对我们大学生来说,看起来似乎是很难的,很高深,但是创新有规律、方法可循。

(一)联想系列技法

联想就是由当前感知的事物想起有关的另一事物,或由一事物想起另一事物的心理过程。有接近联想、相似联想和关系联想。接近联想,是由于时间或空间上相接近的事物而引起的联想。比如由安徽想到黄山,由北京想到长城。相似联想,是由事物间的特点较相似而引起的联想。看到牡丹想到芍药,想到人的容貌;看到排球想到篮球,想到姚明等。对比联想,是由事物的对立面、相反的特点引起的联想。如,黑——白、冷——暖、高——低。关系联想,是由事物的他种联系形成的联想。如,由文房四宝想到笔墨纸砚,由千里冰封想到天寒地冻。

据说,锯子的发明就是通过联想实现的。有一次,鲁班上山砍柴,不小心被茅草划破了手指头,他想这茅草怎么会这么厉害,他看了看茅草边上有一排小刺,他又用这茅草在树叶上划了划,能够把树叶割烂。他就联想到如果用铁片边上带上刺,不就更厉害了吗?于是,他就发明了锯子。还有,1981 年英国查尔斯王子和黛安娜在伦敦举行耗资 10 亿英镑的盛大婚礼。消息传开,各家厂商都认为这是个发财的商机。糖果厂在包装盒上印王子和王妃的照片;纺织印染行业对产品进行重新设计,标上具有纪念意义的图案。然而,赚钱最多的却是一家经营潜望镜的公司。在盛典开始后,从白金汉宫到圣保罗教堂,沿途挤满了近百万的观众。当后排的人们在无法看到街道场景而焦急万分的时候,突然有人叫卖:"请用观礼潜望镜,一英镑一个!"长长的街道两旁,许多堆满潜望镜的销售车推了过来。人们蜂拥而上,片刻之间,一大批潜望镜销售一空。潜望镜公司发了一大笔财。他的创意是这样的:王子的盛大婚典——百万的观众——先睹为快——销售潜望镜。①

头脑风暴法就是联想系列法中重要的一个。它的核心是高度自由的联想,通过一种特殊的小型会议,让参加会议人员毫无顾忌地提出各种想法,相互激励,相互诱发引导,从而使创造新型设想产生连锁反应,进而产生许多创新性的想法。它是由创造学家奥斯本提出,20 世纪 50 年代,在美国得到推广应用。它是以小组讨论的形式激励思维进行发散联想,从而形成创新性设想的方法。他认为开好头脑风暴会的原则是:自由联想;禁止批评;多多益善;探索、研究、组合和改进设想。在头脑风暴会上,会议的主持人,开始时简要说明会议目的、解决的问题或目标,宣布遵守的原则和注意事项,鼓励人人发言并要创新。当一个人提出一种设想时,他会自然地将其想象引向另一个设想,他的设想又引起其他成员的设想。第二个人提出的设想同样也会引起其他人的联想。这样如此循环下去,新的想法就一个一个地提出来了。每个人的想法,人们之间的联想就形成震荡,就好像人们被卷入头脑风暴的洪流。记录员要记下所有的提出方案、设想,不遗漏,包括荒唐、古怪的想法。会后协助主持人分类整理这些想法。由于头脑风暴法的科学性及其所取得的社会效果,在美国产生了很大的影响,并促进了全球创造学热的形成。并成为创新技法中的重要技法之一。

(二)组合系列技法

在创新活动中,组合就是把若干已有的独立技术进行重新排列组合,从而获得具有统一整体和功能协调的新产品、新材料、新工艺等,使原有产品

---

① 刘仲林:《中国创造学概论》,天津人民出版社 2001 年版,第 61 页。

的功能更全面、工艺更先进等。但它也不是简单地罗列和机械地叠加。我们使用的铅笔,有的还在铅笔的另一头带着橡皮擦,这就是最简单的组合。我们使用的手机,最初只有通话功能,现在的手机可以当照相机、MP3、MP4、MP5、收音机、电视机使用,就是组合发明的成果。

瑞士军刀——最精彩的组合发明。100多年前,瑞士军方迫切需要一种便于行军携带的多用途的刀子,于是就向制造刀具的埃森娜家族订购。经过精心设计,选择优质材料,此刀小巧玲珑,方便实用,不易磨损,功能齐全,做工精良,款式难得。它由大刀、小刀、木塞拔、开罐器、螺丝刀、开瓶器、电线剥皮器、钻孔锥、剪刀、钩子、木锯、鱼鳞刮、凿子、钳子、放大镜、圆珠笔等31种工具组合而成。带一把刀等于带了一个工具箱,整体长只有9厘米,重185克,完美得令人难以置信。它的造型深受旅游观光者的青睐,以至于到瑞士旅游的人宁可不买瑞士表,也要买几把军刀,送给亲朋好友。在纪念品商店里,瑞士军刀的销售量雄居榜首。[1]

从实用来看有同类组合,把相同或相近的事物组合起来。如情侣表、双缸洗衣机、多媒体教学设备等。材料组合,用各种物理、化学原理,将不同的材料组合起来,获得新材料的方法,新材料在强度、轻度、成本上有优异性。如钢材里加入铬可以防锈,铜导电性能好,耐拉性不好,钢导电性能弱,但耐拉性强,电缆中间用钢线,外层用铜线包,因为交流电主要沿导体表面流动,这样两者的优点都用上了。元件组合,把具有相互独立功能的两种以上的东西以适当的方式组成一体,组合后东西具有多种功能。如多功能电子表、组合家具等。方法组合,在生产工艺和加工处理,以及组织管理中,把两种以上的方法组合起来使用,产生新的效果。再如田忌赛马、海尔管理模式等。技术原理和技术手段组合,把已有的技术原理和某些技术手段组合起来,创造出新产品。如弗兰克·怀特把喷气推进理论与燃气轮机组合起来,发明了喷气式发动机。分解组合,在不同层次上,分解原来的组合,然后再根据新的目的进行重新组合。如变形金刚、组合家具等。现象组合,把某些自然现象或物理、化学现象进行组合,创造出新产品、新方法、发现新原理。

---

① 杨乃定:《创造学教程》,西北工业大学出版社2004年版,第105页。

如 SONY 公司研究人员把霍尔效应与磁阻效应结合后研究开发出了磁半导体。综合,把不同领域、不同方面、不同类型的事物以某一个目的为中心,通过一定的方法手段有机地组合在一起,它是更高层次的组合。如中西医结合就是综合。

组合系列技法中,经典的方法还有信息交合法。信息交合法为我国创造学者许国泰所创。1983 年 7 月,全国首届创造学学术会议在广西南宁召开,会上邀请了日本专家村上幸雄为参会的作家、艺术家、编辑、记者、发明家、厂长、经理、教育专家等讲课。日本专家连续讲了三天半,讲得很精彩。他提出了"曲别针的用途"让大家讨论,大家七嘴八舌地讲了 20 多种用途。有人问村上幸雄能讲出多少用途? 他用幻灯放出了 300 种用途。台下的许国泰心里阵阵不安,他递上条子:曲别针的用途我能说出 3000 种。第二天上午,他说:"曲别针的用途不只是村上先生讲的 300 种用途,要启发思路,要借助简单的思维工具:信息标和信息反应场"。许国泰把曲别针分解为重量、体积、长度、截面、弹性、可弯曲、亮度等 10 多个要素,用一根线连接起来,用信息 X 轴标。另外有关信息用 Y 轴标,上面标有数字、文字、物理、化学、磁、电、音乐、美术等,两轴相交并垂直延伸而形成"信息反应场"。两轴点上的信息依次"相交",就是"信息交合"。比如,X 轴上的曲别针的长度,与 Y 轴上的数字点交合,曲别针可以变成 1234567890, $+-\times\div$ ( ) 等数字符号,数字题计算题它都能代替;可弯曲成英德法等国文字,这些字母可以组成字词句篇等;可弯成音乐符号,标出乐谱;与磁交合可作指南针;与电交合可作导线;材质与美术交合可制作铁画;与化学交合可作为化学反应的材料,与按不同比例与几十种金属、非金属化合可生成成千上万种物质;曲别针的用途可接近于无穷。[①]

由此而产生的我们日常生活中的许多创新产品。如,火腿肠,根据不同的动物肉,如鸡肉、牛肉、猪肉等,再添加不同的东西,如玉米、花生、香菇等,就有玉米、花生、香菇等与鸡肉、牛肉、猪肉等组合的火腿肠。

---

① 杨乃定:《创造学教程》,西北工业大学出版社 2004 年版,第 117 页。

（三）类比推理系列创新技法

类比就是把两个具有相似性的事物进行比较、对比，找出相同点、相似点。例如，形容人柳叶眉、樱桃小口、瓜子脸，就是类比。据说，原子模型，原子是由原子核和核外电子组成的，就是受太阳系的原形启发，进行类比得出来的。类比有直接类比、因果类比、对称类比等。

直接类比就是从自然界或已有的成果中寻找与创新对象相类似的东西。二硫化钼润滑剂的发明就是这样的。人踩了香蕉皮容易滑倒。有人想，香蕉皮为什么能滑倒人呢？经研究发现，香蕉皮是由几百个薄层构成的，层与层之间可相对滑动。同时人们也发现二硫化钼的结构与香蕉皮相似，仅 0.1 微米的薄层集会体，它的层数相当于香蕉皮的 200 万倍。并作出类比推理：二硫化钼是否能作润滑剂呢？经过试验，它果然是一种很好的润滑剂，现在已经在滑动轴承中大量使用，效果比黄油好得多。

因果类比就是根据两个事物各自的属性之间可能存在的相同的因果关系，由这一事物的因果关系推出另一种事物可能存在的因果关系，来进行创新性活动。例如，牛黄就是长在牛胆里的胆结石，是中药材。只能偶然得到，价格昂贵，3000 多元一斤。有人看到价格这么高，想人工培育。从资料显示，胆结石的形成与胆囊受刺激引起的胆汁分泌异常有关，但如何刺激不知道。一个偶然的机会，他们知道了人工培育珍珠的方法，将少量的异物塞入河蚌内，就可育成珍珠。由此因果类比，同样在牛的胆囊中埋入异物，也许能形成牛胆结石——牛黄。经试验，最后获得了成功。①

对称类比就是根据一些事物存在对称性进行的类比推理，从而进行创新性活动的思维方法。比如，我们都知道，万物生长靠太阳。但世界上农艺学家在对"阳光农业"的对称类别中悟出了"月光农业"的创意。经研究，万物生长也得益于月光。如向日葵、玉米等一类植物，它们在发芽几厘米时，如果得到月光的照射就生长得很快。月圆前两天种下的玉米，比月圆后两天种的长得更快。新月时种的豌豆比平时种的更容易凋谢。如果在满月时摘核桃不仅油脂丰富，还易于消化。在下玄月摘果子，收获庄稼，好像是经

---

① 彭耀荣、李孟仁：《创造学教程》，中南大学出版社 2001 年版，第 118 页。

过"净化、消毒"处理一样，易于保管。农学家们建议，在播种收获农作物时，除了季节、节气外，最好还要考虑月亮圆缺。

类比的基本技法最常用的有移植法、仿生法。

移植法就是吸收、借鉴其他领域的原理、方法、结构、材料、功能及成果，引用到自己要研究的领域，来进行创新的方法。拉链是我们日常生活中常见的东西，但是有人却把它用到外科缝合技术上。据报道，免缝拉链外科手术技术，1999 年在武汉市应用。拉链缝合技术使患者在手术后不出现疤痕。拉链的长度根据病情不同而有不同的长度，形同普通拉链，在手术后完成皮下内缝合，将消毒过的拉链贴在刀口两侧的皮肤上，轻轻拉上即可。把拉链用于外科手术是医学领域的外科缝合技术史上的一次革命。

仿生法就是人们受生物的结构或功能原理的启发而采用的创新的方法。有信息仿生、控制仿生、力学仿生、化学仿生、技术和原理仿生等。悉尼大剧院就是模拟贝壳的坚固性而建造的，空心砖就是受到蜂房的启发而研制的。根据蝙蝠在黑夜里能够飞行自如，是能够发出和听到超声波的原理，人们发明了雷达。根据鱼在水中自由自在的游动，人们发明了潜水艇，外形设计仍然仿照鱼的外观流线型设计，汽车的外形也采用这种流线型以设计减小阻力。仿生学就是这样产生的。

（四）列举创新系列技法

列举法就是通过思考联想、打破思维和心理定势，利用发散性思维和聚合性思维，运用分析的方法，分解所研究的对象的创新活动。常见的有缺点列举法、希望点列举法。

缺点列举法是有意识地列举所研究的事物的特点，有哪些缺点，提出改进的办法，并进行创新的活动。比如，一种新型洗衣机投放市场后，在对市场进行调查中发现这种洗衣机的缺点：衣服容易缠在一块，还不易弄开；衣领袖口等处不易洗干净；混洗衣服时会造成病毒感染；不同颜色的衣服放在一起洗涤时容易相互染色；排水速度太慢，洗衣粉泡沫更难排；洗衣机没有烘干功能等等。有人就根据普通洗衣机不能分类洗涤衣服的缺点，设计出了三缸洗衣机。根据混合洗涤衣服容易造成病毒交叉感染的缺点，开发了具有消毒功能的洗衣粉、纳米洗衣机的创意。

希望点列举法是从社会的需要或个人的需要和愿望出发,通过列举希望所要研究的目标,如新点子、新方案、新需求、新创意,就是在原来的基础上要有所创新。例如,匈牙利的比罗是报社的记者。工作中常遇到自来水笔出毛病的问题,他想发明一种方便好用的笔。他知道印刷报纸的油墨很快干燥,但油墨不能在普通钢笔中使用。一次,他在布达佩斯的一个公园里看到一群孩子在泥地上玩滚球的游戏,这激发了他的灵感。他看到沾上泥的球在滚动时后面留下一条泥印,他联想到在圆筒上装一个钢珠,并在管中装上油墨。比罗的兄弟是个化学家,他帮助比罗研制出了圆珠笔用的墨,黏稠,但能够保持流动性,既不会从笔尖中漏出,又能从钢珠的间隙中流出,并且同纸接触后很快就变干。就是他发明了现代的圆珠笔,还在1938年申请了专利。

(五)逆向思维创新技法

逆向思维创新技法就是用反向的思维方式来进行创新的方法。有逆向反转思维法、缺点逆向思维法、违背常规思维法和逆反心理利用法。

逆向反转思维法是对所研究的对象在功能、结构、因果等方面进行反转思考,以获得创新问题的解决的方法。有功能性反转、结构性反转、因果关系反转。如功能性反转,节能型电冰箱。日常用的电冰箱都有一个散热器,就是将压缩机释放的热量散发掉,来保持电冰箱的正常工作。这样,热量白白地浪费掉了。人们通过加热器给水加热的原理,把散热器放在水箱里,使电冰箱还有热水供应,真是两全其美。

缺点逆向思维法是把缺点当做优点来对待,化腐朽为神奇,来进行创新活动的方法。例如,我们买镜子是越平越好,能够反映人的本来面貌。但是,有一次,在生产过程中不小心,镜面不平整,照出来的人像有的变瘦、有的变胖了,看到之后人们哈哈大笑,嘴有的变长,有的变扁,使人大笑不止。后来,人们根据这个缺点,就制成了哈哈镜。

违背常规思维法是突破人们的思维和心理定势,反其道而行之的创新活动的方法。比如,茅台酒是中国的名酒,在1915年被送到巴拿马万国博览会上参展。由于装潢不好,展品又多,因而无人问津,眼看就要名落孙山,空手而归。这时有位中国酒商灵机一动,干脆把手里的茅台酒摔在地上,顿时展厅内酒香扑鼻,醇香四溢,参观者无不为之倾倒,评委们也不得不对茅台酒另眼相看,正是这一违背常理的做法,才使我国的茅台酒名声大振,享誉全球。[1]

逆反心理利用法是利用人们逆反的心理特征,从而获得对已经对象形成新的看法。一些生产厂家,都是争"金奖"、"银奖",但是有一电扇生产厂家,为了电扇的销售市场,打出这样的广告:本厂生产一批最差产品特在百货大楼展销,您可先取一台试用,不满意随时退换,满意后还可以分期付款。人们在逆反心理的驱使下,偏偏要试一下"最差产品"到底怎么样!"试用"一夏天之后,并没有人退换电扇。后来又登报,感谢消费者的大力支持,从此这家电扇厂名声大起,并占领了该地区的市场。

---

[1]　彭耀荣、李孟仁:《创造学教程》,中南大学出版社 2001 年版,第 182 页。

第十八讲　目标引领人生　规划成就未来

　　大学新生用英文表达是 freshman,蕴含着新鲜的意思,步入大学,新的体验、新的希望、新的追求随之开始。如果说高中里的目标单一、简明,那么大学里的目标就应该深刻、长远,求学、立业,做人、做事,大学的目标包含复杂的社会因素,作为一名 freshman,需要认识到:我适合干什么,社会需要什么,我能干什么。大学生活丰富多彩,在色彩斑斓的大学生活中,如果没有明确的人生目标,就容易让自己迷失方向,大学阶段对于每一位 freshman 来说都是如此的重要,对此,只有明确的人生目标以及不懈的努力才不会让我们因虚度年华而悔恨、因碌碌无为而羞耻。

一、开展规划,抢占先机

(一)新生活从选定方向开始——为什么要开展职业规划

　　一个人无论多大年龄,他真正的人生之旅,是从选定方向、设定目标的那一天开始的。

　　"你毕业了想干什么? 医生、护士、教师、导游、律师、服装设计师……"古人云:"凡事预则立,不预则废。"在人的漫长而短暂的一生中,职业生涯占用了人生最为宝贵的黄金时段。对一个有为的职业人士来说,进行有效的职业规划是至关重要的。

1. 尽早开展职业规划

职业规划成就人生①

黄先生出生在一个贫困山区,小时候个子比较矮,在同龄人中很不起眼。父亲是乡村小学教师,母亲在家务农,家里还有一个患有精神疾病的弟弟,日子过得十分艰难。经过努力,他以全县文科第一名的成绩考上了一所大学的外语系,成为20世纪80年代第一批大学生。

进入大学,他制定的第一个职业生涯目标就是毕业留校。为了这个目标,他刻苦学习,苦练英语口语。刚开始他找班上英语最好的同学互相对话练习口语,一个月以后,那位同学已经跟不上他了,他就自己对着墙练习。经过四年的刻苦学习,黄先生终于以全年级第一名的成绩留校任教,从事大学公共英语课程教学工作,实现了他的第一个职业目标。工作了一段时间以后,他又给自己制定了第二个目标,自学一门新专业,考取硕士研究生。他认真分析了国家宏观环境和发展趋势,并进行了自我分析,决定自学法律专业。两年以后,他考取了中国政法大学民商法专业硕士研究生。毕业后又回到原单位工作。同年,他参加了全省组织的专业组英语竞赛,获得了第一名,并被当地一劳务输出公司看中,聘请为随队翻译并派往非洲。第一次签订合同时,只签了一年,到非洲后,公司发现他不仅懂英语,还懂法律,特别是由于他懂得劳务合同的有关条款,为公司挽回了重大损失,公司又和他续约三年。在非洲工作期间,他结识了很多酋长的子女,这些人大多都在英美国家接受过法律方面的良好教育,熟悉英美国家的法律理论和制度,黄先生逐渐与他们成了朋友,得到了很多他们赠送的英文原版的法律书籍,并经常与他们讨论有关的法律问题,渐渐地,黄先生发现自己很有处理涉外经济方面法律问题的分析能力和解决问题能力,负责办理的几个案子都胜诉了。于是,他又制定了第三个职业目标,从事涉外法律工作,成为一名职业律师。三年后,他作出了大胆决定,从高校辞职,到沿海城

---

① 关冬梅:《创业技能》,清华大学出版社2008年版,第2页。

市做了一名专职律师。又过了五年,他被一家猎头公司看中,去了一家
外资企业做法律顾问,收入颇丰。随后不久,他又开办了一家自己的企
业,在接近 40 岁时,达到了个人职业的巅峰。他摆脱了贫困,并把父母
接来一起同住,实现了个人和家庭的和谐发展。

职业是每个人生活的核心和重要保障,对人的一生有重大的影响。如
果将职业比作轮子的轮轴,那么生活中其他重要的方面都在围绕着这个轴
运转。

首先,对大多数人来说,一生中花费在职业中的时间要多于其他任何
事情。假如某人活了 70 年,那么他的生命时光是 $70×365×24=613200$ 小
时,是 600000 多个小时,又假定他从业时间从 20 岁到 65 岁,则其从业
$(65—20)×365×24=394200$ 个小时,是 400000 多个小时,将近生命的
2/3。职业不仅意味着时间上的长期投资,更意味着体力、智力及情感的
投入。

其次,职业决定着你一生中的几乎全部的收入来源,进而决定着你的业
余生活和你的自我认同感。你将一生中最好的年华用在你所从事的职业
上,职业让你赖以维生,它界定了你是一个怎样的人,并决定了你的生活风
格和身心健康。

再次,从人格的尊严方面来讲,职业无高低贵贱之分,人人平等,但从个
人的价值实现、社会承认以及个人的发展机会和生活境遇而言,职业却起着
决定性的作用。

职业对于我们来说极端重要,我们要积极寻找到能够帮助我们实现经
济方面、政治方面需要的职业。所以,职业的选择不论是对于我们自己还是
对于我们背后的家庭,都是一件极其重要的事情。

对于如此重要的事情又怎么能随波逐流,或是仅凭一时的冲动草率从
事呢?

每个人要想使自己的一生过得有意义,都应该有自己的职业规划,人生
不能没有梦想,梦想不能没有翅膀! 职业规划就是使梦想腾飞的翅膀。

2. 什么是职业规划？

什么是职业规划？职业规划就是个人根据自己的实际情况，结合现实环境，为自己确定职业目标，选择职业道路，并为实现职业目标做出行之有效安排的行为与活动。简言之，就是知己知彼，择优选择职业目标和路径，并用高效行动实现职业目标。

按照规划时间来分，职业规划可以分为短期规划、中期规划、长期规划和人生规划四种类型：

①短期规划。一般指 2 年以内的规划，主要是确定近期目标，规划近期应完成的任务。

②中期规划。一般指 2—5 年内的规划，是最常用的一种职业规划。

③长期规划。指 5—10 年的规划，主要是设定较长远的职业目标和任务。

④人生规划。是整个职业生涯的规划，时间长达 40 年左右，设定整个人生的发展目标和阶梯。

在实际操作中，跨时间太长的规划由于环境、个人的变化而难以把握，而时间跨度太短的规划缺乏持续发展的意义，所以，一般我们提倡个人的职业规划掌握在 2—5 年内比较好。这样既便于根据实际情况设定可行目标，又便于随时根据现实的反馈进行修正和调整。

（二）方法决定速度，行动成就事业——开展职业规划的方法与步骤

1. 找对方法轻松上路

为自己设计职业规划，可使用一些简便易行的方法，"5W"法便是一种被许多人士成功应用的方法。

5 个"W"是

Who am I? （我是谁？）

What will I do? （我想做什么？）

What can I do? （我会做什么？）

What does the situation allow me to do? （环境支持或允许我做什么？）

What is the plan of my career and life? （我的职业与生活规划是什么？）

某生的职业规划

Who am I? 某高校女生,护理专业,校级优秀学生干部,并多次荣获校级优秀学生奖学金,英语通过国家六级,多次参加演讲、朗诵比赛;家庭经济状况一般;身体健康;性格不属于内向,但也不是特别活跃,喜欢安静。

What will I do? 很想成为一名老师,这不仅是儿时的梦想,而且比较喜欢这种职业;其次可以成为医疗单位的一名护理人员。

What can I do? 做过家教,虽然不是自己的专业,但与孩子交流有天生的优势,做家教时当学生成绩进步时很有成就感;暑期曾在三级医院实习,虽然对护理工作不是特别的热爱,但感觉还行。

What does the situation allow me to do? 近几年都有学校来系里招聘护理专业教师,但随着护理专业硕士研究生的培养,招聘本科护理专业毕业生从事教师工作的学校越来越少;现今护理行业需求量较大,根据自身情况及所取得的成绩在医疗单位就业不成问题。

What is the plan of my career and life? (1)到学校当老师,自己有这方面的兴趣和理想,在知识和能力方面并不欠缺,并且自己有信心成为学生心中理想的好老师;(2)到医院从事护理工作,但兴趣不大。

一个人回答了这五个问题,找到它们的最高共同点,就有了自己的职业规划。

回答要点与步骤如下:

先取出五张白纸,一支铅笔,一块橡皮。在每张白纸的最上边分别写上上述五个问题。

然后静下心来排除干扰,按照顺序,独立地仔细思考每一个问题。

第一个问题"我是谁"。

对自己进行一次深刻的反思,优点、缺点一一列出。

第二个问题"我想干什么"。

可将思绪回溯到孩童时代,从人生初次萌生第一个想干什么的念头开始,然后随年龄的增长,回忆自己真心向往过想干的事,并一一地记录下来。

当然,每个人在不同阶段的兴趣和目标并不完全一致,有时甚至完全对立,但随着年龄的增长和阅历的增多而逐渐固定,并最终锁定自己的终生理想。

第三个问题"我能干什么"。

把自己确实已证明的能力和自认为还可以开发出来的潜能都一一列出来,认为没有遗漏了,就认真地进行排序。

第四个问题"环境支持或允许我干什么"。

环境支持包括大环境和小环境两方面,大环境如国家的经济发展、国家的就业政策、所学专业的就业状况等,小环境如家庭状况、亲戚关系等。

第五个问题"我的职业与生活规划是什么"。

回答了前面四个问题,就会从各个问题中找到对实现有关职业目标有利的和不利的条件,列出不利条件最少的、自己想做而且又能够做的职业目标,那么第五个问题就有答案了。

2. 行则常常至

小胡的规划

1998 年小胡从安徽的一个县城考入安徽师范大学,对于未来,小胡有两个选择:一是毕业后即从事教师职业;二是另寻出路,留在城市。教师职业几十年如一日,似乎不是小胡想要的生活,小胡选择了后者。小胡愿意从事富有挑战性的职业,同时对教育行业的看好和对教育的热爱使得小胡对自己的未来有着不同的规划。在校期间,小胡积极参加社会实践,通过家教小胡了解到每个家庭在孩子学习上的投入可以说是不惜代价,为提高孩子的学习成绩很多家长伤透脑筋,通过实习小胡发现很多中学教师利用寒暑假开设辅导班,来参加辅导的学生很多,通过深思熟虑小胡将自己的职业目标定位为成立一家特色的教育辅导机构。毕业后小胡来到北京,到一家知名的教育辅导机构工作,几年的工作让小胡更加坚定了自己的发展方向,2007 年小胡回到安徽成立了自己的教育辅导机构,自己担任总经理。在小胡的不懈努力下,2008年,此教育机构被授予中国教育辅导机构十大标志性品牌及中国最具品牌影响力教育培训机构,并成为最受网友推崇的教育培训品牌,2009

年,成为安徽省"最具影响力品牌教育机构",并荣获"2009 最具影响力的课外辅导品牌"奖项,同时,小胡也被授予"2009 年度教育创新人物"。

小胡的职业规划无疑是成功的,从小胡的案例中,我们可以总结出开展职业规划的步骤应该包括五个方面:

第一,叩问你的内心

既然要为自己量身打造职业规划,当然应该从了解自己开始。

小胡深知自己不会长期从事教师职业,但热爱教育的他坚定要在教育行业取得长足的发展。自己的个性如何,职业能力如何,有什么兴趣爱好,有无创新精神,能否吃苦耐劳,身体状况与学习基础如何是我们开展自我认知的内容。只有真正深入地了解了自我,才能选择正确的职业定位,进而在个人的职业生活和发展中取得成功。所以通过自我认知明确自己喜欢什么、可以做什么、能够做什么是职业规划的第一步。

这个环节的完成可以通过深入剖析自己、聆听他人的声音以及借助于职业测评来完成。

第二,洞察周围的环境

在对目标的确认过程中,小胡充分考虑了市场的因素,对此,他的心得是:"很多时候,我们的职业定位都是从自己出发的,但是如果不把自己放到社会的大环境中,你的职业定位就不一定能取得成功。当大家都往教师这条道路上走的情况下,找一份理想的工作就有很大的难度。现在孩子是家庭的中心,帮助孩子拥有一个幸福完整的教育生活是孩子的期望,更是一个家庭的幸福。通过多方面的了解,我将自己的发展方向定在中小学生的个性化辅导上,我的选择可以说是比较充分的考虑了周围的环境。"

现今的社会发展趋势、国家的政策导向、每个职业的职业环境、职业内容、职业技能、任职资格、职业价值观等等是我们知己知彼的过程。只有对环境有了深入地了解后,才能真正结合个人职业理想确定自己的职业发展目标。

第三,可以触及的目标

一个人事业的成败,很大程度上取决于有无正确适当的目标。明确的目标使人自我完善,不断取得进步。在实现目标的过程中,会逐渐地充实自己的知识,增长自己的见识,加强自己的胆识,发掘自己的潜能。

没有目标如同驶入大海的孤舟,没有方向,不知道自己走向何方。确定了目标,就会使自己最大限度地集中精力,提高效率,就会如饥似渴地追求知识,充实自己,完善自己,这样整个大学阶段的学习和生活,就会由被动变为主动,不断地取得进步,逐渐地成熟,越来越完善。

职业目标的设定,是职业规划的核心,也是职业规划中最关键的一步。

第四,为精彩的明天行动

"早起的鸟儿有虫吃",但是真正有多少人愿意做这早起的鸟儿呢? 小胡不无感慨地说:"大学期间,我担任班级和校学生会的干部,多次组织大小型活动,以此来提高自己的策划、决策、管理、语言等方面的能力,并努力把专业知识和外语知识学好,因为我知道要取得大的发展必须去大城市接受挑战和锻炼,扎实的专业知识和良好的外语交际能力是重要的敲门砖,另外,我利用节假日多次去各类教育辅导机构实习,通过校内校外的学习,我的个人综合素质得到提高,也为后来北京的求职和现在的创业奠定了基础。"

有了目标,就要付出实际的行动了,开展自我认知、分析外在环境、明确职业目标、制定详细的行动计划。如果你以一种毫无计划、无所谓的态度,只在心里有一个最好的愿望而无实际行动,那么即使有了职业规划你也不会成功,想天上掉馅饼的人永远也等不到馅饼,职业规划需要你用真诚和激情去实施,需要你用恒心和毅力去坚持,需要你用智慧和反思去评估修正。这也许是你第一次为自己做长线投资,你的收获将是看不到的个人素质和能力的提高,而且是点滴得到的,也许你自己都不能感受到自己的改变和进步,但既然你不否认和怀疑职业规划对未来人生的助推作用,就请你坚定自己的规划,开始行动,做一只早起的鸟儿,天道酬勤,你的付出会有回报!

第五,在修正中前进

"计划赶不上变化",在遇到挫折或行进的路径无法继续时请不要因此而舍弃你的职业规划,你所需要做的是在目标的继续探索过程中,对自己的短期规划进行反馈、评估、调整、修正。

请记住,没有人因为做错自己的规划而失败,而是我们当中的很多人因为没有开展职业规划,没有采取任何行动而与梦想擦肩而过、蹉跎岁月。

二、种瓜得瓜,种豆得豆

大学,是一片神奇的土地,在这块土地上辛勤耕作,自会"种瓜得瓜,种豆得豆";大学,是一个锻炼人的地方,在这里,你可以在尽情施展自己才华的时候,获得一份成熟和老练的回赠。

(一)大学三年,想说爱你不容易——大学生活与职业准备

大学生活对职业发展有着十分重要的意义。职业发展所要解决的问题绝不是一个人走向职业岗位以后才要去思考的,而应该是在迈入大学之前或之时就应当提醒自己思考的。作为一名大学生,你是否在大学期间为自己的未来职业做了充分的准备,是否在知识、能力、心理素质、经验等方面取得进步和提高,都将在一定程度上直接决定毕业后能否进入自己所满意的单位或从事自己所向往的职业,所以,这需要每位大学生尽早真正学会正确认识自我,积极开展科学的职业规划。

爷爷奶奶们后悔什么①

比利时的《老人》杂志曾在全国范围内,对60岁以上的老人开展了一次题为"你最后悔什么"的专题调查。调查结果十分有意思:

72%的老人后悔年轻时努力不够,以致事业无成;

67%的老人后悔年轻时错误选择了职业;

63%的老人后悔对子女教育不够或方法不当;

58%的老人后悔锻炼身体不够;

---

① 关冬梅:《创业技能》,清华大学出版社2008年版,第3页。

56%的老人后悔对伴侣不够忠诚；

47%的老人后悔对双亲尽孝不够；

41%的老人后悔自己未能周游世界；

32%的老人后悔一生过得平淡，缺乏刺激；

11%的老人后悔没有赚到更多的金钱。

老人们的这些判断，对他们来说是一种结论，对年轻人来说却不妨视为忠告。

来到大学，每个人都有一个期望，就是期望能拥有一个光明的前途，但是这个目标不清晰。想有"光明的前途"不是一个好的答案，你必须在校期间就明确自己毕业后想干什么，想要在哪个行业发展，发展成什么样？科学的职业规划，应该从大学入校第一天就开始。具体可以分步为：

1. 测准性格，看清职业

如果将大学期间划分为三个阶段，测准性格，看清职业可以用前期的三分之一的时间来完成。在这个阶段，首先要全面分析自己，了解自己的兴趣、特长，分析自己的气质、性格；其次是要初步了解职业，特别是自己未来想从事的职业或自己所学专业对口的职业。一般来说，大学一年级的时候，就要开始接受职业价值观方面的教育，做一份职业生涯规划。

2. 选对职业，付诸实施

通过第一阶段的分析，就可以大致明确自己的职业选择，保险起见，最好通过兼职、社会实践活动，对职业的选择做更深入地了解，根据实践中自我适应度的反馈信息，反思和调整自己的职业取向，最终确定出与自己能力相吻合的职业选择，同时确定出自己的职业目标，开始付诸实施。

在实施阶段以提高自身的基本素质为主，通过担任班干部、参加学生会或社团等组织，锻炼自己的各种能力，同时学好专业知识；增强英语口语能力，增强计算机应用能力，通过英语和计算机的相关证书考试，并开始有选择地辅修其他专业的知识充实自己。

3. 选对单位，明确发展

经过前两个阶段，明确了自己的职业选择，并进行较为充分的准备，接下来需要完成的是工作单位的选择,即"定点"和"定位",是到事业单位还是到企业,是到经济发达的地区还是留在内地,是到一家已发展壮大的单位还是到一家刚刚起步的单位,选对单位是我们职业生涯规划继续的关键环节之一。在此阶段,为能成功的选对单位,我们需要做求职上的准备,包括就业信息的搜集、求职技能的提高、求职简历的制作。选对单位并成功应聘后继续职业生涯规划,明确自己下一步的发展。

(二)鱼和熊掌要兼得——大学学习与职业发展

1. 识时务者为俊杰——专业与职业相辅相成

在竞争日趋激烈的形势下,扎实的专业知识和过硬的专业技能,是顺利就业和合格从业的必要条件。无论在什么岗位上,没有一定的专业知识和专业技能,都难以履行职责完成本职工作。

只有专业学好了,基础知识扎实了,进入职场才能充分利用专业优势,发挥专业特长,以在职场中取得期望的成绩。所以,一名大学生应首先出色完成本专业的学习,在此基础上,根据自己职业生涯规划的需要来辅修其他专业,这是职业生涯发展的基础,也是实现职业发展目标的基础。

2. 是金子总会发光——正确看待职业变动

来到大学,如果所学专业是自己感兴趣的,那是最好的事,可以快速地全身心地投入专业学习中去,毕业以后找一份专业对口的职业。如果所学专业不是自己感兴趣的,甚至是自己反感的,也不要丧失学习的信心,我们应该认识到:首先要顺利完成学业的学习如期毕业,其次我们需要调整心态,清醒地认识到任何专业学好了,学精通了,都有用武之地。再次要明白今天的大学学习乃是为了进行一定的知识积累,提高自己的综合素质,从而为将来从事某项职业打下一个良好的基础。

众所周知,在历史上做出杰出贡献的伟大人物,他们也不具有传统意义上的专业背景,如马克思是学法律的,毛泽东是学师范的,鲁迅是学医学的,"有志者,事竟成",专业不对口、跨行业就业同样可以做出突出的成绩,重要的是个人的道德水平、能力素质是否达到所要求的水平。

因此,尽量抛开专业的顾虑,是金子总会发光,我们需要努力的就是把自己锻炼成一块金子。

三、天时地利，创业明天

（一）我的地盘我做主——谈一谈大学生创业的动力

什么是"创业"？《现代汉语词典》对创业的解释是，创业乃创立事业。其实，创业并不是什么新鲜名词，我们现在所处的正是创业嘉年华的时代，大学生作为社会中的高级知识群体，背负着国家和社会的期望，在社会经济繁荣发展的同时，大学生创业成为大学生就业之外的新兴的现象。

1. 大学生创业对社会的影响

创业是经济的引擎。当今美国超过 95% 的财富是由 20 世纪 80 年代创业一代创造的。创业作为秘密武器改变了美国和世界的经济和社会结构，并为未来几代人设定了"创业遗传代码"①。21 世纪是创业的世纪，21 世纪的大学生不仅是择业者，更应该是创业者。

创业是就业的动力。当历史进入"泛精英时代"，就业的寒流也一阵阵席卷而来，在风声鹤唳、草木皆兵的就业市场状况下，创业不仅能解决自己的就业，更能给社会注入一丝暖流。

2. 大学生创业对个人的影响

创业让你成长更快。相比较其他就业者而言，大学生创业者需要在判断和决策、有效的沟通、协调安排、积极学习、说服他人、时间管理等方面有更强的工作能力，创业可以让你快速拥有更强的组织协调能力、心理承受能力、团队合作精神和社会适应能力。

创业让你收入更多。卖可思——中国大学毕业生求职与就业研究课题组的研究显示，毕业半年后，大学生创业者的平均月薪是 3412 元，而其他就业者的平均月薪是 2332 元。20 世纪 80 年代，摆个地摊就有可能成为万元户，20 世纪 90 年代，踏入房地产就有可能成为百万富翁，20 世纪末，开家网

---

① ［美］杰弗里·蒂蒙斯著：《战略与商业机会》，周伟民、田颖枝译，华夏出版社 2002 年版，第 4 页。

店就有可能让你成为千万富翁,创业可以更快地让你成为富人。

创业让你活得有价值。我们都羡慕牛根生、马云,不仅因为他们是老板,拥有亿万财富,更仰慕他们为社会带来的贡献,创业可以帮助我们实现自己的理想,证明自己的价值。

3. 大学生创业有不可替代的优势

21 世纪缺少的是什么? 人才! 作为年轻人,大学生不仅拥有丰富的知识,更有着"初生牛犊不怕虎"的冲劲,不仅有智商,更有情商,大学生思维活跃,精力旺盛,有良好的学习习惯,善于触类旁通。

开展创业的先决条件是要有创业主体,创业主体的素质、能力、水平直接关系到创业的结果,大学生有知识、有技能、有创新,是从事创业的最佳人选之一。

(二)生而逢时——说一说大学生创业的优惠

2003 年 5 月 29 日,国务院办公厅下发《关于做好 2003 年普通高等专科学校毕业生就业工作的通知》(国办发〔2003〕49 号),其中第四条规定:"鼓励高校毕业生自主创业和灵活就业。凡高校毕业生从事个体经营的,除国家限制的行业外,自工商部门批准其经营之日起 1 年内免交登记类和管理类的各项行政事业性收费。有条件的地区由地方政府确定,在现有渠道中为高校毕业生提供创业小额贷款和担保。"

2003 年 6 月 26 日,财政部、国家发改委为切实落实国办发〔2003〕49 号文件精神,鼓励高校毕业生自主创业和灵活就业,下发《关于切实落实 2003 年普通高校毕业生从事个体经营有关收费优惠政策的通知》(财综〔2003〕48 号),其中第一条规定:"凡 2003 年应届高校毕业生从事个体经营的,除国家限制的行业(包括建筑业、娱乐业以及广告业、桑拿、按摩、网吧、氧吧等)外,自工商部门批准其经营之日起 1 年内免交登记类和管理类的各项行政事业性收费",具体免收费用有工商部门收取的个体工商户注册登记费、个体工商户管理费、集贸市场管理费、经济合同鉴证费、经济合同示范文本工本费、税务部门收取的税务登记证工本费,民政部门收取的民办非企业单位登记费等。

另外,在金融贷款上,大学生创业者享受优先贷款支持、适当发放信用贷款,简化贷款手续,利率优惠政策。

党的十七大报告明确提出"促进以创业带动就业","完善支持自主创业、自谋职业政策,加强就业观念教育,使更多劳动者成为创业者。"

万科公司董事长王石在谈到成功时感言,"成功的90%取决于环境,个人努力只占10%,但这10%你错过了,给你90%的环境也没有用。机会不会等人,你在寻找它的同时要去培养自己的潜力。我的理想并不是做一名企业家,而是做一名医生,但环境不允许我成为医生,30岁的时候我还很压抑,33岁来到特区,给了我一个环境,我就成功了。"①

现在我们处在一个创业张扬的时代,国家和社会都鼓励、支持大学生创业,好的环境能帮助我们顺风顺水,"冬天来了,春天还会远吗?"时代来了,创业难道不可能吗?

(三)预则立——理一理大学生创业规划书

一份详实的创业规划书对于整个创业过程尤为必要,制定创业规划书不仅可以找到创业成功的钥匙,更能帮助创业者重新认识和梳理自己的创业思路。制定创业规划书可以帮助创业者进一步分析商机,更加细致地选择合作伙伴,更精确地评估创业过程中的困难和风险。如果你怀揣着创业的梦想,并计划为梦想奋斗,你需要制定一份个人创业规划。

个人的创业规划可以有三种方案,即毕业就创业的规划、为创业先就业的规划、不能就业再创业的规划;规划书的格式应该包括封面、扉页、目录、正文、附录;规划书的主要内容可以包括:计划摘要、企业介绍、产品/服务介绍、创业团队、市场预测、营销策略、财务规划、风险评估、发展目标等。

有人说:"现在不能把握的人生是没有希望的人生;现在不能创造的人生是没有价值的人生。失去现在就等于失去整个人生。"为此,前人告诫我们要抓住今天,把握现在。时光在流逝,理想在召唤!让我们的人生从此翻

---

① 张天桥、侯全生、李朝晖:《大学生创业第一步》,清华大学出版社2008年版,第4—5页。

开新的一页,这一页就从《今日诗》开始:

"今日复今日,今日何其少,今日又不为,此事何时了?人生百年几今日,今日不为真可惜,若言始待明朝至,明朝又有明朝事。为君聊赋《今日诗》,努力请从今日始!"

四、心动不如行动,动手实践

(一)动手能力的养成势在必行

1. 事必躬行

当今世界,经济活动全球化,知识和科技进步方兴未艾,人才培养和可持续性发展显得尤为重要。目前的大学生,将成为国家未来发展的脊梁,高校不仅要为大学生传授知识,还要为他们今后的可持续性发展打下坚实的基础。人的发展巅峰时期是大学毕业后 20 年至 30 年之间,大学对培养学生的可持续发展能力负有重要的职责。四种能力对大学生的可持续发展至关重要,急需培养当代大学生国际交流能力、动手能力、创新能力、社会适应能力等。而提高大学生四种能力,重在动手实践能力的培养。

大学不仅是青年学生学习科学文化知识的殿堂,而且是他们培养能力,展示才华,增强自身潜在价值的广阔舞台。随着现代科学技术的迅猛发展,人类社会正在由学历社会向能力社会发展,社会上的用人观念也在转变,用人单位在招聘人才时,不仅要看求职者的文凭和学历,而且要看其是否有真才实学,也就是实践能力、创新能力、就业能力、创业能力等,这些更集中地体现在一个人的动手能力上。古人云:"纸上得来终觉浅,绝知此事要躬行。"一个人对事物的认识的升华和提高离不开动手实践活动。因此,大学生在学习活动中必须通过动手实践,将知识转化为能力。

2. 动手能力

有关动手能力的释义有多种:动手能力是指正确理论指导下的独立操作能力;动手能力一般是指从事某一岗位、某一具体行业工作的实际本领,它是理论的延伸和深化;动手能力是指双手和体力作用于客观物体进行实验加工和制作物品等的能力。如果说观察能力是属于"用脑",那么动手能力就属于"用手"。动手能力不仅是指实验技术能力,也应包括获取信息的能力。学生在检索课中可以学到检索的方法和步骤等有关的知识,但要把这种知识变成能力还需要进行不断的实践。

学是读书,习是动手,学习是两者的结合。但目前存在的问题是学生动手能力不够,造成创新能力不够,就适应不了当前的社会经济发展需要。

3. 多动手的益处

培养动手能力离不开经常动手实践。研究表明,经常动手可以促进大脑运动中枢的发展,手的操作、语言的发展在人类意识形成过程中起着极为重要的作用。多动手是掌握各种知识技能的有利条件。掌握知识是要动脑动手的,写字、画图、体育动作、演奏技巧、生物、理化实验、各种实习等等,无不需要手的操作。多动手可促进记忆和思维能力的发展。人的记忆有形象记忆、逻辑记忆、动作记忆、情绪记忆等分类。在这几种记忆中,最不易忘记的是动作记忆。经常动手还可以培养良好的意志品质,意志是确立目标、支配行动、克服困难、实现预定目标的心理过程。平时动手操作的过程,就是克服困难、解决问题的过程,它可以培养人的坚忍性、自制力等意志品质。

4. 提高动手能力的必要性

(1)动手能力不可或缺

人的认识的提高与升华,离不开动手实践。大学是学习科学文化知识的殿堂,也是培养学生能力,展示才华的舞台。现代社会正在由学历社会向能力社会发展,社会上的用人观念也在转变,用人单位在招聘人才时,不仅要看求职者的文凭和学历,而且要看其能力,特别是看其动手能力,是否有真才实学。

诺贝尔物理奖获得者杨振宁说过这样的话:"中国留学生学习成绩往往比一起学习的美国学生好得多,然而十年以后,科研成果却比人家少得多,原因就在于美国学生思维活跃,动手能力和创新精神强",可见动手能力多么重要。

(2)实践贯通:"做过的才真正明白"

有一句关于动手实践的谚语是这样说的:"我听到的会忘掉,我看到的能记住,我做过的才真正明白。"

　　无论学习何种专业、何种课程,如果能在学习中努力动手实践,做到融会贯通,我们就可以更深入地理解知识体系,可以牢牢地记住学过的知识。因此同学们要多选些与实践相关的专业课。实践时最好是几个同学合作,这样既可经过实践理解专业知识,也可以学会如何与人合作,培养团队精神。如果有机会在老师手下做些实际的项目,或者走出校门打工,只要不影响课业,这些做法都是值得鼓励的。外出打工或做项目时,除非生活上确实有困难否则不要只看重薪酬待遇,有时候,即便待遇不满意,但有许多培训和动手的机会,我们也值得一试。

　　以计算机专业为例,动手实践获得的经验对于软件开发来说更是必不可少的。微软公司一位副总裁说,希望应聘程序员的大学毕业生最好有十万行的编程经验。理由很简单,实践性的技术要在动手实践中提高。计算机归根结底是一门动手实践的学问,不动手是永远也学不会的。因此,最重要的不是在笔试中考高分,而是动手实践能力。但是,他在与中国学生的交流过程中很惊讶地发现,中国某些学校计算机系的学生到了大三还不会编程。如果你不巧是在这样的学校中就读,那你就应该从打工、自学或上网的过程中寻求学习和实践的机会。

　　(3)很强的动手能力是优质就业的保证

　　李开复,IT产业的领袖人物。他在一次与大学生的对话时谈到IT产业的用人理念问题。与全球经济一样,IT产业的整体情况也比较严峻,但确实还在招人,只是要求会比以前更高,招的人数比以前少。李开复说:"无论是本科、硕士或者博士,动手能力都还是非常重要的,也许不在文科或者其他方面,但至少是在工科方面,一个很会写论文,甚至能够得奖的毕业生来到IT企业去应征一个高级研究人员,高级工程师的职位,他如果不能跟本科生一样竞争,做编程的工作,他是没有竞争力的。所以我说一定要动手能力强,而且往往我去高校做招聘的时候,我们对动手能力的要求,比如说写过十万代码,学生都不敢相信,说只写过两千。有时候还会埋怨说学校没有这个机会,但是写代码是自己可以选择的,暑期可以工作的。具备很强的动手能力,我觉得最后这个机会还是可以得到的"。

　　(4)培养大学生动手实践能力是建设创新型国家的需要

党的十六届六中全会通过的《中共中央关于构建社会主义和谐社会若干重大问题的决定》指出："保持高等院校招生合理增长，要注重增强学生的实践能力、创造能力和就业能力、创业能力"，是落实科学发展观、促进高等教育协调发展的需要，是培养高素质人才、提高自主创新能力、建设创新型国家的需要。具体来讲，培养学生的实践能力"是顺利传授高深知识的需要；是养成学生广泛能力的基础，是形成学生广泛能力的组成部分；是塑造学生良好道德和健康身心的需要"。

（二）大学生实践动手能力如何培养？

李政道在中国科技大学少年班做报告时说："美国的孩子从小就有动手做各种用具、家具的习惯，动手已成为不可缺少的内容。18 世纪前，许多发明创造都是中国人搞的，因此不会动手绝不是中国人的传统。现在学生不重视动手，这显然是错误的。"我国的留学生与外国学生相比，动手能力远远不足，其主要原因：一是学校和家庭忽视实践能力培养；二是学生参与实践活动，尤其是劳动的机会太少。

因此，高校要把培养大学生动手实践能力贯彻于学校的教学与管理中，教师在对学生进行培养时要重视学生实践能力的养成；大力加强师资队伍的建设，适应培养大学生动手实践能力的需要。保持专兼职教师合理的比例；多聘任一批既是企事业单位的高级管理人员、高级技术人员同时也能承担授课任务的"双师型"教师。积极进行课程设置的改进，改变课程内容陈旧、课程结构单一的现状。更加重视大学生实践能力和动手能力的培养，从填鸭式的教育改变为实践动手式的教育。

"家庭是孩子的永远眷恋且永不停课的学校，父母是孩子第一任且永不卸任的教师"。家庭也要注意孩子的动手能力培养，多给孩子动手机会。家庭教育是整个教育体系的重要组成部分，具有重要的地位和作用，是一个人成长发展无法离开又不可缺少的。

大学生自己更要重视养成动手实践的好习惯。

要高度重视实践教学。实践教学主要有实验课、计算机操作课、实习和毕业设计等内容。大学生要克服重理论轻实践、重知识学习轻动手能力培养的错误观念,强化实践意识,重视实践教学的每一个环节,充分发挥个人的主观能动性。把知识学习同实践锻炼有机结合起来,从而将自己的知识优势转化为能力优势。

要积极参加第二课堂活动。第二课堂活动是课余时间大学生开展的学术研究、小制作、小发明等科学研究活动,是第一课堂的延伸,是培养大学生实践能力和科研能力的重要环节。大学新生要在搞好第一课堂学习的同时,根据自己的兴趣、特长并结合自己所学的专业,选择自己喜欢的课余学术研究活动,力求通过第二课堂活动培养自己的科研能力和动手能力。

要积极参加社会实践活动。社会实践的内容十分丰富,包括"三下乡、科技和教育扶贫、青年志愿者活动、社会调查"等活动。大学生要力所能及地参加社会实践活动,以加深对社会的认识,增强社会适应能力和社会责任感。

还要强化四种意识。一要强化参与意识,要积极参加课内外、校内外的各种实践活动,使自己在活动中经受锻炼。要重视动手实践参与的过程,而不要过分计较参与的结果;二要强化创新意识;三要有竞争意识,竞争为大学生能力的培养带来压力和动力。大学生要通过各种动手实践机会,培养竞争意识和挑战意识,不怕失败,不怕挫折,经受各种磨练和考验,使自己成为一名具有复合型知识结构的素质高、能力强的优秀人才;四要强化精品意识,无论参加什么实践活动,都要精益求精,善始善终,扮演成功的角色,力求做到不干则已,干则一定干好干出名堂来,而不要滥竽充数或虎头蛇尾、半途而废。

附录 1   调查问卷

　　亲爱的同学,我们正在进行一项有关大学生素质教育方面的调查,问卷调查采用不记名方式进行,不涉及您的个人隐私和您所在学校的利益,数据仅供研究之用,请您客观、真实地回答下列问题,并在选项序号上面打"√",或在画线部分填写适当的文字。谢谢!

一、个人信息

1. 专业_____   2. 年级_____

3. 性别:(1)男   (2)女   4. 入学前所在地:(1)城市   (2)农村

5. 是否独生子女:(1)是   (2)否

二、基本问题(下列问题除 30—35 外,皆为单项选择)

1. 每学年学校组织的素质教育类活动次数:

(1)不组织   (2)1—5 次   (3)6 次以上

2. 你对学校目前开设的有关素质教育类课程的内容感到:

(1)非常满意   (2)满意   (3)不太满意   (4)非常不满意

3. 同学们对学校开展素质教育活动的态度是:

(1)非常欢迎   (2)欢迎   (3)一般   (4)不欢迎   (5)讨厌排斥

4. 你认为一个人的价值取决于:

(1)金钱的多少   (2)权力的大小

(3)社会地位的高低　　　　　　　　(4)社会贡献的多少

5. 你对风水算命之类的活动：

(1)不相信　　　　(2)有点相信　　　(3)说不清楚　　　(4)非常相信

6. 假如国家突遇危难,你会：

(1)国家需要,可以献出一切

(2)别人怎样做,我就怎样做

(3)不损害自己利益的前提下可以有所贡献

(4)与我无关

7. 老师在课堂教学中对学生实施"诚信"、"责任"、"修养"等素质方面的教育情况：

(1)经常进行　　　(2)偶尔进行　　　(3)不进行　　　(4)说不清楚

8. 学校对学生进行与职业相关的法律法规培训情况：

(1)经常进行　　　(2)偶尔进行　　　(3)不进行　　　　(4)不知道

9. 学校在职业指导课中对职业生涯规划的教育：

(1)非常重视　　　(2)比较重视　　　(3)不重视　　　(4)很不重视

10. 你在业余时间最喜欢阅读的书籍属于：

(1)专业类　　　　(2)消遣类　　　　(3)科技类　　　(4)人文类

11. 你在学校经常参加的活动主要是：

(1)知识竞赛　　　(2)技能比赛　　　(3)人文讲座　　　(4)文体活动

12. 你对大学生追求社会时尚有什么看法：

(1)认同,这样做更适应社会发展

(2)应根据自己的经济情况量力而为,不盲目追赶潮流

(3)不应该,应该在学业上有所追求

(4)无所谓,纯属个人私事

13. 大学期间,谁是对你影响最大的人：

(1)辅导员　　　　(2)专业教师　　　(3)管理人员　　　(4)同学

(5)朋友　　　　　(6)父母　　　　　(7)其他

14. 你觉得：

(1)同学们都很理解我

(2)有的同学理解我,有的同学不理解我

(3)没有一个同学能真正理解我,我常常感到孤独

15. 你希望同宿舍的同学:

(1)能有良好的学习风气和较强的上进心

(2)关系和睦,亲如一家人

(3)兴趣相近,宿舍气氛轻松活泼

(4)其他

16. 遇到挫折时,你一般会:

(1)冷静处理　　(2)不知所措　　(3)绝望、沮丧　　(4)大发脾气

17. 你最愿意听的讲座或报告类型是:

(1)科技　(2)文艺　(3)政治　(4)历史　(5)哲学　(6)其他

18. 通过在校学习,你感到收获最大的是(可补充):

(1)知识技能　　(2)思想道德　　(3)职业道德　　(4)自律能力

(5)处事能力　　(6)沟通能力　　(7)实践能力　　(8)做人

(9)法律意识　　(10)责任感　　　(11)社交能力　　(12)人生态度

(13)自理能力　　(14)抗挫能力　　(15)　　　　(16)

19. 中国近代史上第一个不平等条约是:

(1)马关条约　　(2)北京条约　　(3)天津条约　　(4)南京条约

20. 你如何评价作弊行为:

(1)非常不对,这反映个人的诚信度

(2)不对,但是和个人的诚信度没有关系

(3)无所谓,现在这个社会每个人都会作弊

21. 你认为买饭插队:

(1)不道德,我不会这么做

(2)虽不道德,但是我有时也会这么做

(3)无所谓道不道德

22. 你对在课桌上乱涂乱划行为的态度是:

(1)不道德,我不会这么做

(2)知道不道德,但是曾经做过

(3)无所谓道德不道德

23. 你看电影是因为:

(1)故事情节　　(2)明星　　(3)感受各式的美　　(4)纯消遣

24. 你上网的主要目的是:

(1)浏览各种信息,了解社会

(2)利用网上的学习资源,帮助学习

(3)游戏、聊天或其他网上娱乐

(4)其他

25. 目前校园里流行着考级、考证的风潮,你对于这种现象的看法是:

(1)考级、考证是求职的通行证,必须尽可能多地通过认证考试

(2)证书并不是最终目的,获得相应的能力才是最重要的

(3)考级考证完全是一种负担,我认为完全可以取消

(4)其他

26. 你与同学议论最多的话题是:

(1)国家经济问题　　　　　　(2)国家政治问题

(3)日常学习与生活问题　　　　(4)毕业就业问题

(5)其他

27. 你认为目前影响你进步的最大因素是:

(1)社会现状　　　　　　　　(2)家庭状况

(3)自身硬件　　　　　　　　(4)自身精神状况、意志品质等

28. 你现在是否已确立了既远大而又切实可行的人生理想:

(1)是　　　　(2)不是　　　　(3)不好说　　　　(4)其他

29. 有人认为,个人品德最重要,有无法律规范倒在其次:

(1)完全赞同　　(2)赞同　　　(3)说不好　　　(4)否定

(5)完全否定

30. 我国古代儒家经典"四书五经"中的"四书"是指以下哪四本书(多选):

(1)《大学》　　(2)《中庸》　　(3)《论语》　　(4)《孟子》

(5)《老子》　　　(6)《庄子》

31. 中国古典文学的四大名著是(多选):

(1)《三国演义》　(2)《水浒传》　　(3)《西游记》　　(4)《红楼梦》

(5)《封神演义》　(6)《儒林外史》

32. 世界四大文明古国是(多选):

(1)中国　　　　(2)印度　　　　(3)埃及　　　　(4)巴比伦

(5)印加古国　　(6)英国

33. 你认为学校办得较好的学生社团有(最多选五个,也可补充):

(1)歌舞团　　　(2)计算机协会　(3)记者团

(4)心理教育社　(5)登山队　　　(6)武术协会

(7)棋社　　　　(8)文学社团　　(9)话剧社

(10)英语沙龙　　(11)集邮协会　　(12)礼仪模特队

(13)_____　(14)_____　(15)_____

(16)_____

34. 你认为本校应增加或需要加强的人文教育类课程是(最多选五项,也可补充):

(1)音乐美术类　(2)影视欣赏类　(3)婚姻家庭类

(4)心理教育类　(5)语言文学类　(6)体育竞技类

(7)政治法律类　(8)管理经营类　(9)实践技能类

(10)励志成才类　(11)道德修养类　(12)传统文化类

(13)_____　(14)_____　(15)_____

(16)_____

35. 你认为高职学生应具备的人文素质必须包括(最多选五项,也可补充):

(1)诚信　　　　(2)敬业　　　　(3)责任　　　　(4)创新

(5)竞争　　　　(6)团结合作　　(7)良心　　　　(8)公正公平

(9)法律意识　　(10)文学修养　　(11)审美能力

(12)社会交往　　(13)爱心　　　　(14)历史文化知识

(15)职业道德　　(16)自信　　　　(17)_____

（18）_____　　（19）_____　　（20）_____

二、开放问题

你对大学生素质教育的内容与形式有什么样的意见和建议。

附录2　关于大学生素质教育现状的调查报告

当前,在实施教育的具体过程中,由于多种原因或多或少地存在着重视专业技能教育而忽视素质教育的倾向。素质教育在高等教育尤其高职教育中不能削弱。平常在实际的工作中,我们看到员工的综合素质在完成工作的过程中又往往发挥着很大作用,因此我们认为在高等教育中,素质教育并非可有可无,素质正如人之血脉,渗透在人的各个方面。高等教育需要培养全面发展的职业人,素质教育在高等教育中的价值需要深入探索。

为了进一步研究大学生素质现状和高等院校素质教育开展的情况,探索更好地实施素质教育的途径,我们联系了省内部分高等院校,对在校大学生做了问卷调查,调查显示为培养高素质的研究型人才和应用型人才,高校开展素质教育是非常有必要的。

一、调查目的、问卷设计、调查对象和调查内容

(一)调查目的

通过问卷调查了解大学生对素质教育的需求程度、大学生自身素质的现状、高等教育中素质教育的开展现状以及素质教育实施状况与大学生需求之间的差异,进而对加强高校素质教育提出建设性的建议,找到对大学生实施素质教育的策略途径,从而真正贯彻教育要以素质教育为本位的理念,使高等教育朝着积极、健康的方向发展。

（二）调查对象

本调查问卷适用于高等教育层次的普通本科高校和职业技术学院的在校大学生。

考虑到条件方便和调查对象的多样性,本问卷调查被试选取的对象为安徽省的十所高校,地域涉及合肥、芜湖、六安、巢湖、安庆等地。另外,综合考虑了被试者的性别、专业、年级因素,力求被试者具有代表性。

问卷对象分别为安徽医学高等专科学校、皖西学院、安徽工商职业学院、安徽财贸职业技术学院、安庆医药高等专科学校、安徽中医药高等专科学校、安徽机电职业技术学院、安徽水利水电职业技术学院、淮南职业技术学院、安徽行政学院等十所学校的在校学生。共发放问卷10000份,收回有效问卷9532份,有效率为95.32%。

在调查对象中,男生4820人,占总数的48.2%;女生5180人,占总数的51.8%;一年级学生为3130人,占总数的31.3%;二年级学生3770人,占37.7%;三年级学生3090人,占30.9%。调查对象所学专业包括护理、药学、商务英语、国际贸易、计算机、电子商务、营销、模具设计与机械制造、财会、物流等专业。

（三）调查内容

问卷内容归纳起来大致可以分为三类。第一类用来了解大学生对素质教育的理解和态度,具体内容为对素质教育内涵、作用的认识以及对素质教育课程的态度。第二类了解大学生对自身素质状况的评价,具体内容为自身课外阅读、人文知识和技能掌握情况、道德品质、文明修养和价值观。第三类了解学校开展素质教育的情况,具体内容包括对素质教育课程设置、素质教育实施方法、效果及校园文化的评价。

调查内容

对素质教育的理解和态度	素质教育的内涵
	对素质教育必要性的认识
	对素质教育课程的态度

大学生对自身素质的评价	课外阅读
	人文知识和人文技能
	价值观、道德观、人生态度
对学校开展的素质教育情况的评价	对课程设置的评价
	对教育组织和效果的评价
	对教师综合素质的评价
	对校园文化活动、学校文化品位的评价

二、调查结果与分析

（一）对素质教育的理解和态度

对"人文精神"、"素质教育"、"人文教育"的认识,调查显示 14.2% 学生听说过且清楚这些概念,81% 学生听说过但不清楚这些概念,4.74% 学生没听说过。这表明绝大多数学生并不很了解素质教育的内涵。

对素质教育课程必要性的认识,40.4% 学生认为很有作用,58.5% 学生认为有一定作用,还有 1.1% 认为没有作用。从这可以看出,大学生对素质教育课程持认可态度,学习态度是积极的,愿意学习素质教育类的课程。

（二）对自身素质的评价

在课外阅读方面,问卷结果表明学生对东西方名著阅读欠缺,对我国传统经典的阅读量有限,对自己的民族文化了解较少,对文学作品在人生修养上的重要性认识不足,这些令人遗憾。在人文知识和技能方面,学生的历史知识不容乐观,对于中国历史上的大事件,只有 51.8% 回答正确。从被调查的情况来看,学生的知识面比较窄,艺术方面和沟通写作等方面的技能有待提高。关于价值观、道德、人生态度方面,从调查情况来看,多数学生思想上认同我国优秀传统文化和社会规范,知道应该积极为社会奉献、有责任感、讲诚信,但在行为上却表现不足,如 43.2% 学生对所在学校学生的文明修养状况感到"一般",24.3% 感到"不满意",12.5% 感到"很不满意";针对

"买饭插队"这样的行为,74.2%学生选择"虽不道德,但我有时也会这么做",这说明大学生意识到什么是文明的举止,但对于自己的要求却不严格。说明大部分大学生认为自身的综合素质还有提高的空间,有必要通过素质教育成为更有修养的人。

通过问卷发现大学生人文知识严重缺失,知识面较窄,仅有的一点人文知识也只是集中于教科书和影视作品中经常出现的知识,对中国传统的文化知之甚少,人文精神状况不能令人满意,表现为民族自豪感缺乏,没有社会责任感,利己主义、拜金主义和功利思想较为严重,导致世界观、人生观、价值观上的偏差。情况令人担忧。

(三)对学校开展素质教育情况的评价

对素质教育讲座与报告的类型,在自然科技类、文史类、经济学社会学、艺术类、心理学、法学、思想政治类等选项中,学生最希望开的是自然科技类,占总数的50.7%,其次是经济社会类,占50.4%,第3位是文史类,占43.4%,第4位是艺术类,占38.2%,第5位是政治学,占25.4%,第6位是哲学,占24%,第7位是法学,占21.3%。调查结果显示,学生希望通过开设素质教育课程来开拓视野,健全人格,提高修养。作为高校如何设置好素质教育课程来满足学生的需要,这是我们责无旁贷的工作。

在涉及心理健康的问题中,调查显示,对学校开设的心理健康教育课程和开展的咨询辅导,86%认为"有必要",只有14%认为"没必要",这说明大学生面对来自社会、学校、同辈的各种信息、观念难免感到困惑,无所适从,希望有人指导,学校在心理健康教育方面责任重大。在"对于目前影响你进步的最大因素是"这一问题上,28.1%学生认为是"社会现状",40.9%选择"自身精神状况、意志品质等",31%认为是"家庭状况"和"自身硬件";同时,在"学校在职业指导课中对职业生涯规划的教育是否重视?"这一问题上,选择"非常重视"的仅占28%,从这两题的回答上可以看出,大学生需要从入学时起就了解自己的专业内容、前景、学习方法、奋斗目标、实现途径等,需要学校给予职业生涯规划辅导。

素质教育的教学组织和效果方面。对于学校素质教育课程的教学效果,感到"很满意"占 5.4%,感到"比较满意"占 25%,感到"一般"占54.2%,感到"不满意"占 15.3%,那么如何来提高素质教育课程的教学效果呢?通过开放式问题"你对大学生素质教育的内容与形式有什么样的意见和建议?"我们了解到学生喜欢的素质课程教学形式"小组讨论式"占26.7%,"师生互动式"占 58.6%,"讲授式"占 14.6%;对于喜欢的素质教育方式,94.5%同学认为是"社会实践",85.7%同学认为是"讲座和读书指导"。对于学校开展的思想教育活动,43.8%学生喜欢"走到社会中亲身体验",14.8%的学生选择"演讲、辩论",24.6%学生选择"看电教片",7.3%学生选择"专题报告、主题班会",9.5%学生选择"心理咨询"。关于教师素质,7.8%感到"很满意",37.5%感到"比较满意",47.4%感到"一般",7.1%感到"不满意"。这些反映出学校素质教育的实际状况和学生的期望值之间存在较大差距,教师没有给予丰富的内容,也没有采取活泼多样的素质教育形式,学生的回答给我们开展素质教育提供了很好的参考,高校素质教育的实施仍然有改进的空间。

此外,在组织问卷调查的过程中,我们与学生有了更多、更有针对性的接触,通过了解,我们发现他们还明显表现出以下特征:

1. 进了大学,评价标准发生了变化,原有的学习优势不明显了,很多人开始对自己缺乏信心。存在自卑心理、羞怯心理。问他们爱不爱自己,他们会鼓起勇气说爱,但是,私下里,听到最多的却是:"某人多才多艺,我不行";"某人学习真好,我不行";"某人工作能力真强,又乖巧,老师喜欢,同学们喜欢,我哪里能和他比"等自卑的话语。有时,为了谋求心理上的平衡,其猜忌心理也是避免不了的。所以,对这部分学生应该以表扬为主,帮助他们建立自信心,对每一分努力、细小的进步,都要给予肯定,使他们知道,根据国家的发展,个人以及其事业都必将是前途无量的。这个是非常细致的思想工作,对学生的成长是十分重要的。

2. 关于学习态度,没有兴趣读书和不喜欢学习、混及格的学生占到一半,这符合当下大学生尤其是职业学校学生的思想状况和学习特点。但是,通过调查我们也欣喜地看到,有三分之一的学生还是在努力学习、知难而上的。对于努力学习的学生要鼓励,并且可以开小灶,挖掘潜力,对于没有兴趣的学生,应该培养其专业兴趣,端正其学习态度。

3. 在关于学校生活、同学与师生关系方面,44.6%学生感到有压力但通过自我调节心情可以保持良好,49.8%学生感觉心情压抑,经常有无聊、郁闷情绪,感觉前途未卜,5.6%表示无所事事、吃喝玩乐混文凭;在为人处事方面,调查发现大多数人的基本点是厚道、诚恳、直率的,因此接受调查一半以上的学生愿意为别人付出,为他人多做一点。学校要为社会培养出在家庭生活中、社会生活中、职业生活中勤于处事,善待他人的合格学生,要极力打造富有集体观念的学子。

(五)调查综述

本次调查在有关领导的重视、支持下,得到了兄弟院校的大力协助,调查对象的覆盖面较广,涉及的学校、专业有一定的典型性,反映的情况较全面、客观,对进一步地深入研究提供了丰富的第一手资料。本次调查学生在不记名的情况下回答问卷,调查结果较为客观可信。通过对问卷的数据汇总和与学生接触了解到的情况分析,我们将学生的素质状况及高校素质教育开展情况归纳如下:

1. 调查对象对素质教育的必要性有着一定的认识,表现出对素质教育的喜欢,对素质教育课程的学习态度绝大多数端正认真,对于职业能力,大多数学生认识到了沟通能力、社会适应能力、创新能力及职业道德在工作中的重要性,这是我们实施素质教育的基础。但有部分学生对素质教育课程的重要性认识不够深刻,需要进一步认识和了解。

2. 大学生综合素质的弱化不容忽视。对于学生自身的素质现状,本调查表明调查对象的人文知识比较欠缺,对我国传统文化了解不多,课外阅读面比较窄;关于人文方面的技能和职业核心能力,相当学生需要锻炼和提高;关于个人道德素质修养,大多数学生希望提高,表现出对素质教育的迫切要求。具体来说表现为以下几方面:

第一,缺乏足够的中西文化积累。我国优秀的传统文化是中华民族的宝贵财富,丰富的民族文化积累,可以增强民族自豪感,提升爱国主义思想。长期的"应试教育",阻碍了学生对民族文化的广泛吸收。有些大学生对中国历史的认识很模糊,对现实世界、现实社会的认识很肤浅。很多学生没读过多少古代优秀的名篇佳作,相当部分学生对西方优秀文化更是知之甚少,比如希腊罗马文化、文艺复兴、启蒙思想、现代主义,更不用说对西方现代人文精神的深刻体悟。显然,这样培养出来的人是有缺陷的。

第二,知识结构单一。高等院校为满足学生将来职业要求的特殊性,过紧、过严、过专的专业设置使学生缺乏对其他专业的了解。许多学生的知识结构不合理,理工科、技术性知识所占比重过大,人文社会科学知识相对薄弱,导致知识结构失衡,形成了理工科知识占绝对优势的单一结构。尽管部分院校也开设了文学、艺术等人文学科的课程,但大多属选修课,学时数偏少,几年下来,寥寥的几十个课时怎能满足学生对这方面知识的需要,更何况有的学生只是把它作为增加学分的手段。结果在毕业生的自我鉴定、求职信等书面材料中错别字不断,甚至连基本的语言表达能力也不过关。

第三,思维方式的片面性。许多学生由于缺乏想象力、直觉等形象思维的训练,在思维方式上往往带有片面性,考虑问题总是非此即彼,缺乏辩证思维方式。由于社会科学知识缺乏和思维方式的局限,许多人往往形成模式化、程式化的思维定势,这在某种程度上影响了他们的想象力和创新能力。

第四,心理承受能力差。调查显示,很多学生普遍存在心理脆弱现象。他们中的许多人或因没有考上理想的大学而自卑,或因专业不理想而灰心丧气、自暴自弃,甚至萌发退学的念头。科学教育与人文教育的失衡,使他们的心理素质差,许多人承受不了人际关系的压力,更承受不了突如其来事件的打击。他们对社会、对事业缺乏自信,对人类、对自然缺乏爱心,对亲人、对朋友缺乏情谊。尽管他们有技能、能顶岗,但却在相当长的一段时间内不能适应工作环境,不能处理好人际关系。一旦遇到挫折,就容易走极端,不断见诸报端的大学生自杀、杀人、伤人事件的报道,即是残酷的例证。

3. 从高校目前的素质教育现状看,学校所开设的素质教育课程远不能满足学生的需要,素质教育的教学组织也有待改进,教学效果需要增强,教师素质有待提高,学生需要更宽泛的素质教育课程和更好的教育教学组织来提高自身的修养,提高职业核心能力以便求得就业竞争力。

综上所述,高校素质教育现状和大学生的期望值之间有一定距离,为了更好地实现高等教育的人才培养目标,高校需要切实重视素质教育,在素质教育内容上精心选择,并设置合理的课程,采用多种形式的教育方法,满足学生对素质教育的需要,以实现高校培养高素质职业人才的目标。

三、原因分析

问卷调查的统计结果比较客观地反映了目前高校素质教育的现状,具有一定程度的真实性,课题小组通过研究认为,高校素质教育如此状况的原因可能主要集中在以下几方面:

(一)传统观念的影响

受传统上我国应试教育模式的影响,忽视人文教育观念,再加上升学的压力,素质教育在中小学阶段就未能全面实行,应试教育的结果直接导致学生的综合素质缺失。长期以来,我国在高中时代实行文理分科,迫于就业压力,高等教育又过于强调技能的培训,在客观上形成了文理分家、理工分家、专业划分过细、专业口径过窄、人才培养模式单一的局面。调查显示,高等院校不同程度地存在着重技能、轻人文,重专业、轻基础,重功利、轻素质,重智育、轻德育等种种现象。办学理念上把科学技术从人类知识体系中分离出去,使之自成一体,只注重教会学生"做事",而忽视了教会学生"做人",严重忽视了人文精神的传递和学生综合素质的培养,虽保证了大学生通过接受高等教育成为"专才"的可能性,而削弱了社会对人才综合素质的重视。在这种教育模式下培养出来的学生,普遍存在着技能水平尚可,但社会适应能力和心理承受能力较差等素质方面的问题。

(二)对科学与技术的误解

科学技术发展突飞猛进,为人类创造着日新月异的经济奇迹,但我们在享受这种科技发展带来的物质生活的同时,必须清醒地认识到,随着科技进步和经济总量的增加,许多社会问题、科学伦理问题接踵而来:核技术、电子技术应用于现代武器使传统的战争观面临着挑战,环境污染、资源滥用、生态破坏、科技犯罪等全球性问题也不断困扰着人类。这一切都有力地验证着这样一个真理:科学技术是一柄"双刃剑",既可造福人类,也可能给人类带来灾难。盲目推崇科技进步,忽略人类总体利益以及社会发展的基本道德价值原则,人就会沦为科技的奴隶。有识之士都痛切感到,应提高全人类所有成员特别是那些掌握科学技术的人的人文素质,以消除世界范围的人文精神危机。

（三）教育工作者自身的因素

高校素质教育的主要实施者是教师,但调查发现,教师自身的素质状况也并不容乐观。长期以来,高等院校在师资的配备和要求上存在着两种误区:一方面,素质教育教师配备严重不足,而且长时间得不到充实、锻炼、提高,导致知识日渐老化,素质日益下滑,难以承担新时期高校素质教育的任务;另一方面,对专业教师片面强调其专业水平和实践能力,忽视了综合素质的培养,使得专业课程不能渗透素质教育。因此,高等院校素质教育的开展和提高无论对学生还是对教师都显得十分迫切。

（四）对素质教育的认识误区

在今日的中国,素质教育的重要性似已成为共识,素质教育在高等院校受到一定的重视。例如,部分理工类院校兴起了设立人文、社科专业的浪潮,非人文专业开设一定素质教育课程,人文讲座和人文读本在学生中受到欢迎等等。这些当然是可喜的事情。但从反思的层面看,有些现象表明在此过程中我们对高校素质教育的内涵、教育的方式、教育的内容等等的理解,还存在一些误区。

1. 误区之一:将素质教育等同于人文学科知识的传授

人文学科研究人、人性、人生,研究人的观念、存在意义、生活方式等等,有助于认识和陶冶人的品质,提高人文素质,但它只是素质教育的一个基本方面,而不是素质教育的全部。传统素质教育的实施主要是通过人文学科教育,而且侧重在人文学科知识的传授上。素质教育的实施过程中,素质教育仅停留在人文知识识记的层面,忽视了人文知识的内化和人文精神的提升。所以,认为素质教育是人文社会科学教育,人文社会科学教育就是人文学科知识教育,学生的综合素质就是通过这些课程来达成,这一观点有失偏颇。素质教育显然不完全等于人文知识的灌输,在人文知识灌输之外,注重校园人文环境的建设,注意"隐性课程"的作用,注意日常生活中的人性训练和培养,注意文化艺术活动、社团活动的开展等等,这些都是素质教育的重要形式。

2. 误区之二:忽视科学技术教育中人文素养的培养

科学技术教育也能培养人文素养,完善、提高人性。忽视科学技术教育中人文素养的培养不仅导致高校素质教育弱化了科学技术教育的课程,而且使高等教育尤其是高等职业教育成为了专业技术技能的代名词,使高职院校成为了培养"半个人"的大学。素质教育的最终目的是陶冶人的精神,完善、提高人性,促进人的全面发展。这就好比一个苹果扔掉了一半,忽略了人的全面发展中核心组成部分即科学技术教育中人文素养的培养和人性的完善、提高。从理性的高度来看,科学技术中有着丰富的人文底蕴,在专业教育中要对学生进行而且可以进行人文素养的培养。

四、对 策

高等教育的职责在于培养符合社会需要的合格人才,但怎样的人才才是用人单位所需要的呢? 这里不妨听听来自用人单位的声音:由于高校重视加强学生职业技能的训练,现在的高校毕业生尤其是高职学生,走上工作岗位后,实际操作应用能力往往能够胜任岗位需要,但适应社会能力较差,知识面较窄,不能适应现代企业管理及企业文化建设的需要,精神层面上缺少开创性。他们认为,实际工作岗位要求大学生不仅要面对来自科技和经济发展带来的冲击和影响,而且还要面对文化多元化的影响等等。而要使学生不致在这些影响面前无能为力,束手无策,则必须加强他们综合素质的培养。因此,用人单位十分希望在大学阶段开设素质教育课程,提高毕业生的综合素质,增强毕业生的适应能力。

根据高等院校的学制规定和培养模式,结合问卷调查资料分析的情况,课题组认为应从以下几个方面着手:

(一)深入理解素质教育的内涵,从思想上加以重视

我国高等学校素质教育的倡导者和实践者杨叔子院士说:"我们的职业教育,一要教会学生如何做人;二要教会学生如何思维;三要教会学生掌握必要的科学技术与人文社会方面的知识与运用这些知识的能力。"(许苏民:《人文精神论》,湖北人民出版社 2001 年版,第 37 页)可见,在职业教育中实施素质教育非常重要。素质教育是指依据人的发展和社会发展的实际需要,以全面提高全体学生的基本素质为根本目的,以尊重学生主体性和主动精神、注重开发人的智慧潜能、注重形成人的健全个性为根本特征的教育。

为此,高校应在办学理念上变单纯"应用型"人才培养为"复合应用型"人才培养。树立全员育人的教育理念。首先,学校领导层要给予高度重视,从精神、制度到物质的各层面给予有力支持;其次,学校各岗位上的人员要自觉地在日常各项管理中注意渗透素质教育内容,包括文明礼仪、文明行为教育;再次,日常管理的规章制度、管理手段,要改变简单严肃的形式,换成充满人情味,充满文学、艺术情趣的疏导规劝方式。

(二)调整课程设置和内容,加大素质教育力度

高校的素质教育固然可以通过多种途径来实现,但纳入课程体系组织教学仍是主要方式,因此必须改革高校素质教育的课程设置,优化课程结构,重建素质教育课程体系,确立专业知识教育与素质教育同步结合、互补发展的教育教学模式。在课程设置上增设人文科学课程,分为必修课和选修课;加强人文科学教育的实践活动,把素质教育和素质培养融合于多种多样的实践活动之中;系统地开设人文学科讲座,开列人文书籍阅读目录,开展人文科学读书活动,由指定的老师定期针对书目开展咨询、答题活动,利用第二课堂加大人文学科讲座开设力度。进一步发挥"两课"主渠道作用,拓展"两课"教学与人文科学相结合、相渗透的功能,有意识、有目的地加重

人文科学知识在课程体系中的比重。在重视发展科学教育的同时,把素质教育放在同等重要的位置上。

（三）举办形式多样的素质教育活动,营造浓厚的校园文化氛围

开展丰富多彩的校园文化活动,营造具有浓厚人文氛围的校园文化,是达到素质教育目标的有效途径。积极举办有利于提高大学生科学文化素质的系列讲座;通过开展人文知识竞赛、人文专题征文、校园文艺汇演、阅读经典、诗歌朗诵、影视精品展播与评论等形式,使学生的情感得到升华,知识得到扩展,责任感、使命感、义务感、奉献精神得到强化;加强校园自然景观、人文景观设施建设,设置和开通具有高品位文化特色的视听媒体,使学生在高雅的校园环境中思想得到启迪、情操得到陶冶、精神得到升华。

（四）提高全体教师的人文素养,打造实施素质教育的生力军

采取积极措施,建设和培养一支思想素质好、业务水平高、教学经验丰富的人文专业及专业技术与人文社会科学相交叉学科的教师队伍。教师是实施素质教育的主力军,每一个教师都应养成实施素质教育的自觉性,将素质教育渗透到各专业学科的教学中。教师在讲授专业课时,应自觉地将人文精神和科学精神的培养贯穿于专业教育始终,充分挖掘和发挥专业课对学生素质培养的潜移默化的作用,使学生在学好专业课的同时,提高自身的综合素质。实践证明,只有将素质教育与专业课教育结合起来,并贯穿于专业教育的全过程,使学生在掌握专业学科基本知识和技能的同时,感受和领略到专业学科中的科学精神和人文精神,成为综合素质高的合格毕业生,高校才能真正达到教书育人的目的。

（五）加强对素质教育工作的领导,形成群策群力的局面

加强素质教育的关键在领导,领导要亲自抓,充分调动各方面的积极性,并身体力行地亲自参与素质教育第一线的工作;要发挥全局管理的优势,为素质教育投入一定的经费;要定期做好检查督促工作,将文化素质教育工作的好坏,作为衡量学校有关部(处)、系工作实绩的重要标准之一;作为教学管理人员,应当在自身工作中,多学习和领会一些人文管理的经验,并将其应用于自身管理实际中,以自身高雅的综合素质教育感化周围的学生。通过学校领导层的大力倡导,在整个校园里形成素质教育的浓厚氛围,促进素质教育的开展。

(六)充分发挥学生的主体性,善用各种教学策略

素质教育时代对学生的学习能力要求很高,要将以往以教师为中心的教学模式转变为以学生为中心的教学模式,唤醒学生的主体意识,采用恰当的教学模式,使学生有独立的思维能力,达到应有的教学效果。

素质教育应该是一种尊重学生主体性的教育。素质教育要求发挥学生积极主动的精神,挖掘和调动每个学生的内在潜能,实现学生的全面发展及个性发展。要尊重和发展学生的主体意识和主动精神,培养和形成学生的健全个性和精神力量,使学生生动活泼的成长。

所有真正的学习都是主动的,素质教育课程的学习也不例外,它需要运用头脑,不仅仅要靠记忆,它还是一个发现的过程,在这个过程中,学生才是主要角色,教师要关注的是教学策略。比如提问和讨论作为一种教学策略,被广泛地用于教学之中,这种方法能巧妙地启发学生,并使之做出自己的价值判断。运用有利于联想的直观性技巧,调动学生各种感官来学习,如"看一看"、"议一议"、"写一写"、"试一下"、"动手做"、"评一评"等。为了缓解学生的紧张和恐惧情绪,将学生分组学习,让学生单独答问。通过多种策略的综合运用,增强学生的参与意识,使其全身心地投入到学习中去,开发自身潜能。

在高等职业教育中,把学生放在学习的主体地位上显得尤其重要。每个学生都是素质教育的承担者和体现者,素质教育要尊重学生的主体地位,培养学生的主体意识,充分发挥学生的主观能动性,促进学生积极主动和生动活泼地发展,形成独立的人格和健康高尚的风貌。努力创造和谐的课堂氛围,形成民主互动的师生关系。引导学生积极参与教学,力求达到主体与主导的互动,学生与教师的共鸣,学法与教法的共振,知识与能力的辩证统一,认识和情感的同步发展,从而最大限度地提高课堂教学的效率,实现教

学相长,促进学生综合素质的提高。

(七)构建科学的素质教育评价体系,推进素质教育的深入开展

素质教育活动如何开展,在遵循一定前提和理论原则的同时,更应注重从实际出发,特别是通过评价体系及时获得受教育者的各项信息指标,这样有助于素质教育的主导者准确地考察出学生掌握知识的程度,判断学生的学习安排是否合理,综合素质是否全面发展。然后,根据评价指标所得出的反馈信息,对教学计划、教学方法、教学过程、教学目标等做出适当的调整,用科学的教育方法对学生进行教育、引导,使学生在素质教育上和谐统一地发展。教育工作者也能就素质教育工作的实施情况向教育部门及时汇报,这更有利于教育部门在人才培养计划的决策上立足当下、高瞻远瞩,了解学校素质教育工作开展的大体状况,了解素质教育工作中存在的难点和问题,为全面推进大学生素质教育工作,开出有利于素质教育工作蓬勃开展的方子,并逐步把这项工作纳入大学生综合培养计划,最终为培养高素质的人才奠定方针和政策上的基础。

"十年树木,百年树人",大学生是我国未来建设事业的主力军,高等教育肩负着为未来培养人才的重任,要充分认识到高素质人才的培养更是一项长期而艰巨的任务,我们一定要树立素质教育要长期坚持的意识,明确做好做深素质教育是人文知识、人文教化长期积累和内化的结果,非一朝一夕之功。素质教育是一件"随风潜入夜,润物细无声"的工作,其成果展现既在现在更在未来,因此必须摈弃急功近利而须长期努力、长期坚持、全员参与,将大学生素质教育落实在学校工作的方方面面。

由于学制所限,学校素质教育课程的内容不可能面面俱到,我们在以上对策的基础上,经过广泛的调查研究,分析了学生的需求、了解了学校的实际,抓住高校素质教育的核心内容,开发了这本针对学生素质教育需要的校本教材,供师生教与学使用。本教材围绕学生如何做人、帮助学生形成良好的个性并具备相关专业的综合素养、职业生涯教育等设置了十八个专题,对于落实大学生的素质教育不无裨益。

编者的话

2008 年 5 月 3 日，中共中央总书记胡锦涛同志在与北京大学师生代表座谈时，寄语广大教师和青年学生："要在提高综合素质上狠下功夫，既努力学习科学知识，又积极陶冶文明素养，既努力增加知识积累，又积极加强品德修养，既努力锻炼强健体魄，又积极培养良好心理素质，真正实现自身的全面发展。"胡锦涛总书记的殷切期望，为新时期我国高等教育的改革，尤其是大学生素质教育的发展指明了方向。将大学生培养成为德智体美全面发展的社会主义建设者和接班人，是高校光荣的使命和义不容辞的责任。

为了解大学生综合素质现状，我们在省内十所高校万名在校大学生中进行了问卷调查。调查结果直接或间接地反映出，当代大学生爱党、爱国、爱人民，有强烈的民族自尊心和集体荣誉感，有较强的权利意识、自主意识、创新意识和个性特征，但也存在一些如知识面有待拓宽、与人沟通能力和写作能力还需加强、道德认知与道德行为存在脱节、理想信念不够坚定等不尽如人意的地方。

为针对当代大学生实施素质教育，丰富教学内容，我们组织编写了《大学生素质教育十八讲》，从思想道德素质、文化素质、科学素质、身心素质、创新(业)素质等多个方面入手，设置了十八讲内容，希望能从某些侧面帮助大学生提高自己、超越昨天，达到启迪智慧、陶冶情操、提高素质、全面发展的目的。

本书的编写几易其稿，力求做到观点明确，内容充实，语言生动，案例详实，这本身就是解读人文、感悟真谛、启迪思想的一次尝试。尽管如此，由于水平有限,难免有不妥和疏漏之处,欢迎批评与赐教。在问卷调查中,得到了皖西学院、安徽行政学院、安徽医学高等专科学校、安徽工商职业学院、安徽财贸职业技术学院、安庆医药高等专科学校、安徽中医药高等专科学校、安徽机电职业技术学院、安徽水利水电职业技术学院、淮南职业技术学院等高校的支持与帮助;在编写过程中,参考和借鉴了一些专家、学者的论文、专著及网络资源,在此谨表深深的谢意!

特别感谢中共安徽省委王明方副书记为本书代序,安徽省教育厅程艺厅长、安徽省卫生厅高开焰厅长为本书点评,中共安徽省教工委副书记高开华为本书题写书名。

编　者

二〇一〇年十月于合肥

责任编辑:孙 牧 陈鹏鸣
封面设计:徐 晖
责任校对:周 昕

图书在版编目(CIP)数据

大学生素质教育十八讲/高超 主编. -北京:人民出版社,2010.12
ISBN 978 - 7 - 01 - 009529 - 5

Ⅰ.①大… Ⅱ.①高… Ⅲ.①大学生-素质教育-研究 Ⅳ.①G640

中国版本图书馆 CIP 数据核字(2010)第 245247 号

大学生素质教育十八讲

DA XUESHENG SUZHI JIAOYU SHIBA JIANG

高 超 主编

人民出版社 出版发行
(100706 北京朝阳门内大街 166 号)

北京龙之冉印务有限公司印刷 新华书店经销

2010 年 12 月第 1 版 2011 年 4 月北京第 2 次印刷
开本:700 毫米×1000 毫米 1/16
字数:320 千字 印张:19

ISBN 978 - 7 - 01 - 009529 - 5 定价:38.00 元

邮购地址 100706 北京朝阳门内大街 166 号
人民东方图书销售中心 电话 (010)65250042 65289539